O JUSTO 2

O JUSTO 2
Justiça e verdade e outros estudos

Paul Ricoeur

Tradução
IVONE C. BENEDETTI

SÃO PAULO 2008

Esta obra foi publicada originalmente em francês com o título
LE JUSTE II
por Éditions Esprit, Paris.
Copyright © Éditions Esprit 2001.
Copyright © 2008, Livraria Martins Fontes Editora Ltda.,
São Paulo, para a presente edição.

1ª edição 2008

Tradução
IVONE C. BENEDETTI

Acompanhamento editorial
Luzia Aparecida dos Santos
Revisões gráficas
Sandra Garcia Cortes
Mauro de Barros
Produção gráfica
Geraldo Alves
Paginação/Fotolitos
Studio 3 Desenvolvimento Editorial

Dados Internacionais de Catalogação na Publicação (CIP)
(Câmara Brasileira do Livro, SP, Brasil)

Ricoeur, Paul
  O justo 2 : justiça e verdade e outros estudos / Paul Ricoeur ; tradução Ivone C. Benedetti. – São Paulo : WMF Martins Fontes, 2008.

  Título original: Le juste II.
  ISBN 978-85-7827-016-2

  1. Direito – Filosofia 2. Ética 3. Justiça 4. Justiça (Filosofia) 5. Verdade I. Título. II. Série.

08-00608   CDU-340.114

Índices para catálogo sistemático:
1. Justiça : Direito   340.114

Todos os direitos desta edição reservados à
Livraria Martins Fontes Editora Ltda.
Rua Conselheiro Ramalho, 330 01325-000 São Paulo SP Brasil
Tel. (11) 3241.3677 Fax (11) 3101.1042
e-mail: info@martinsfontes.com.br http://www.wmfmartinsfontes.com.br

ÍNDICE

Introdução 1

PRIMEIRA PARTE
ESTUDOS

Da moral à ética e às éticas 49
Justiça e verdade 63
Autonomia e vulnerabilidade 79
O paradoxo da autoridade 101
O paradigma da tradução 119

SEGUNDA PARTE
LEITURAS

Princípios do direito de Otfried Höffe 137
Categorias fundamentais da sociologia de Max Weber. 149
Promessas do mundo de Pierre Bouretz 167
O guardião das promessas de Antoine Garapon 175
O fundamental e o histórico: Charles Taylor ... 187

TERCEIRA PARTE
EXERCÍCIOS

A diferença entre o normal e o patológico como fonte de respeito 209

Os três níveis do juízo médico 221
A tomada de decisão no ato médico e no ato judiciário 239
Justiça e vingança 251
O universal e o histórico 261

EPÍLOGO

Depoimento como testemunha: o desgoverno 283

INTRODUÇÃO

O justo 2 difere de *O justo 1* no emprego do adjetivo justo no título e no corpo da obra. Em *O justo 1*, o eixo principal passava pela relação entre a idéia de justiça como regra moral e a justiça como instituição. Neste volume, o adjetivo justo volta à sua fonte terminológica e conceitual, tal como se vê nos *Diálogos socráticos* de Platão. O adjetivo é usado na força do neutro grego: *tò díkaion* (que será também a do neutro latino e alemão), alçado à posição de um adjetivo substantivado. É como eco daquela força de choque que digo: *O justo*.

Esse retorno ao uso propriamente radical do adjetivo neutro, erigido em substantivo, autoriza uma abertura do campo conceitual explorado maior do que no *Justo 1*, conforme demonstra o primeiro grupo colocado sob a rubrica "Estudos". As "Leituras" e os "Exercícios" que se seguem exploram em diferentes estilos o espaço de sentido aberto grosseiramente na seqüência dos estudos. Deixando as "Leituras" sem comentário supérfluo, confrontarei nesta introdução os "Estudos" e os "Exercícios".

I

No primeiro estudo, intitulado "Da moral à ética e às éticas", traço o círculo mais vasto de minha exploração, a saber, a maneira como estruturo hoje o conjunto da problemática moral. Anuncio essa tentativa sistemática como um complemento e uma correção feita àquilo que, por modéstia e ironia, chamei de "pequena ética", situada no fim de *Soi-même comme un autre*, obra oriunda das *Gifford Lectures* dadas em Edimburgo em 1986.

A correção é dupla. Em primeiro lugar, eu não tinha percebido, naquela época, a força do elo que liga essa ética à temática do livro, a saber, a exploração dos poderes e dos não-poderes que fazem do homem um ser capaz, que atua e sofre a ação. O traço de união consiste na capacidade específica designada pelo termo imputabilidade, a saber, a aptidão para nos reconhecermos como capazes de prestar contas (raiz *putare*) de nossos próprios atos na qualidade de verdadeiros autores desses atos. Posso considerar-me capaz de prestar contas, imputável, da mesma maneira como posso falar, agir sobre o curso das coisas, contar a ação por meio da urdidura de acontecimentos e personagens. A imputabilidade é uma capacidade homogênea para a série de poderes e não-poderes que definem o homem como capaz. Não direi mais nada a respeito da imputabilidade nesta introdução, uma vez que o segundo ensaio encerra a sua análise em torno do próprio conceito de justiça, e o terceiro a coloca como pano de fundo dos poderes e não-poderes pertinentes à condição humana mais fundamental.

Segunda correção: em *Soi-même comme un autre,* adotei a ordem cronológica da sucessão das grandes filosofias morais: ética do bem na esteira de Aristóteles, moral do dever na linha kantiana, sabedoria prática perante situações singulares de incerteza. Dessa categorização calcada na história das doutrinas resultava a impressão de uma justaposição e de uma conflituosidade parcamente arbitrada. O primeiro ensaio desta obra tem a ambição de reconstruir tematicamente todo o campo da filosofia moral, tomando como eixo de referência a experiência moral ao mesmo tempo mais fundamental e mais comum, a saber, a conjunção entre a posição de um si autor de suas escolhas e o reconhecimento

INTRODUÇÃO 3

de uma regra que obriga: no entrecruzamento do si-mesmo que se põe e da regra que se impõe, a autonomia tematizada pela filosofia prática de Kant. É em relação a esse nível mediano de referência que vejo o reino da ética desdobrar-se entre uma ética fundamental que se pode dizer anterior e um conglomerado de éticas regionais que podem ser ditas posteriores. Por que esse desdobramento que, aliás, parece em conformidade com o uso dos termos? Pareceu-me, por um lado, que o enraizamento da experiência moral no desejo que, assim como Aristóteles, pode ser chamado de raciocinado ou razoável, não se esgota no ato de pôr à prova a pretensão à validade universal das máximas de nossa ação. O que desejamos fundamentalmente? Essa me parece ser a pergunta de fundo que Kant se empenha em pôr entre parênteses na sua iniciativa de purificação racional da obrigação moral. Essa pergunta faz remontar da moral da obrigação à ética fundamental. Por outro lado, a jusante da moralidade, vejo a ética distribuir-se entre campos dispersos de aplicação, tais como a ética médica, a ética judiciária, a ética dos negócios e, hoje, a ética do meio ambiente. É como se o fundo de desejo raciocinado, que nos faz aspirar à felicidade e procura estabilizar-se num projeto de vida boa, só pudesse mostrar-se, expor-se, exibir-se passando, sucessivamente, pelo crivo do juízo moral e pela prova da aplicação prática em campos de ação determinados. Da ética às éticas, passando pela moral da obrigação, essa me parece dever ser a nova fórmula da "pequena ética" de *Soi-même comme un autre*.

Mas onde está o justo em tudo isso? – perguntarão. Eis a resposta. O justo está em ação em cada uma das fases da busca ética e moral. Melhor: ele designa a circularidade delas. A experiência moral, definida pela conjunção do si mesmo com a regra, sob o signo da obrigação, faz referência àquilo que é justo, a partir do momento em que está implicado na formulação da regra um outro a quem ele pode prejudicar, portanto que pode ser tratado de maneira injusta. Nesse aspecto, não é por acaso que nos *Diálogos socráticos* de Platão o injusto – *tò adikon* – é costumeiramente citado antes do justo. É justo fundamentalmente aquele que não comete injustiça ou mesmo que considera melhor sofrer a injustiça do que cometê-la. De modo mais formal, o injusto e o justo são citados em Kant no nível da segunda formulação do imperativo categórico: não tratarás o outro apenas como meio – aí está a injustiça essencial –, mas como fim; é justa a conduta que respeita a dignidade do outro tanto quanto a própria; nesse nível, justiça equivale a igualdade na partilha da estima. O justo ressurge no caminho que remonta da obrigação moral ao desejo raciocinado e ao querer viver bem. Pois esse querer mesmo requer ser compartilhado. Viver feliz com e para os outros em instituições justas – dizia eu na pequena ética. Mas, aquém de qualquer instituição capaz de enquadrar as interações em formas estáveis, reconhecidas, mais duráveis do que cada uma de nossas existências singulares, está a orientação para outrem de todas as virtudes. Diz Aristóteles no Livro V da *Ética nicomaquéia*:

> O justo – *tò díkaion* – é aquilo que está em conformidade com a lei e respeita a igualdade, sendo o injusto – *tò adikon* – aquilo que é contrário à lei e desrespeita a igualdade (*Ética nicomaquéia*, 1228 b).

Desrespeita realmente a igualdade quem toma mais do que lhe é devido e menos do que constitui sua parte em males. Nesse sentido, todas as outras virtudes – temperança, magnanimidade, coragem etc. – estão compreendidas na virtude da justiça, no sentido completo e integral da palavra:

> Ela é uma virtude completa, no mais alto grau, porque implica o uso da virtude completa, e é completa porque o homem de posse dessa virtude é capaz de usá-la em relação aos outros, e não somente para si mesmo [...] Entre todas as virtudes, só essa é considerada como um bem alheio (*allótrios*) porque tem relação com outrem (*ibid.*,1129 b).

Nesse aspecto, a justiça e a amizade têm em comum a mesma preocupação que a comunhão de interesses (1129 b).

Mas – observa já Aristóteles – essa virtude completa, integral, indivisa só se deixa apreender na realidade social no plano da justiça (*katà méros*) particular (*hos méros*), quer se trate de distribuição de honras e riquezas, quer de honestidade nas transações privadas (1130 b). É essa também minha tese no que se refere à aplicação da virtude da justiça em esferas determinadas de ação; estamos então diante de éticas regionais: ética médica, judiciária etc., como será mostrado na terceira parte desta obra. O justo e o injusto avançam no mesmo passo para essa dialética na qual a obrigação moral garante a transição entre a ética fundamental e as éticas regionais.

* * *

O segundo estudo, "Justiça e verdade", insere-se da seguinte maneira na série dos estudos dedicados às grandes articulações da filosofia moral segundo *Soi-même comme un autre*. A divisão entre ética, moral e sabedoria prática é retomada nessa obra, antes da nova ordenação proposta acima, em que a moral da obrigação é tomada como plano de referência entre o que está antes da ética fundamental e depois das éticas regionais. Essa revisão, por mais importante que seja, não põe em xeque as duas considerações principais que estruturam essa filosofia moral, ou seja, por um lado a preeminência da categoria do justo em cada um dos compartimentos da "pequena ética", por outro, a convertibilidade admitida pelas grandes idéias de justo e verdadeiro numa especulação de alto nível sobre os transcendentais.

A primeira consideração ainda faz parte de uma releitura da "pequena ética", não mais para modificar sua ordem de construção, mas para tomar como alvo cada uma das etapas de seu percurso sobre o justo e a justiça. Nesse sentido, essa releitura acaba por reinserir a dialética inteira da "pequena ética" no campo do justo, tomado no sentido do adjetivo neutro do grego, do latim e do alemão. Os parâmetros propostos de leitura põem à mostra o justo em duas relações diferentes: uma relação horizontal pautada pelo modelo da tríade si-mesmo, próximos, outros, e uma relação vertical pautada no modelo da hierarquia bom, obrigatório e conveniente. A primeira tríade é repetida em cada um dos três níveis: teleológico, deontológico, prudencial; e em cada nível a justiça aparece em terceira posição: posição não inferior, mas realmente culminante. O desdobramento daquilo que se designa com o termo geral alteridade é da maior eficácia no plano da filosofia prática: ele soma ao movimento do si-mesmo para o outro o passo que vai do próximo ao distante. Esse passo é dado já no nível de uma ética inspirada na *Ética nicomaquéia* pelo movimento que vai da amizade à justiça. A progressão é feita de uma virtude privada para uma virtude pública, que se define pela busca da justa distância em todas as situações de interação. Na versão de *Soi-même comme un autre,* falando do querer viver bem com e para os outros em instituições justas, comecei relacionando o desejo de justiça com instituições. Aristóteles o fazia indiretamente, ao incluir à sua definição de justiça a conformidade à lei e o respeito à igualdade. A *isótes,* equilíbrio frágil entre a disposição a tomar mais, ou avidez, e a disposição a tomar menos de sua parte nos males – que hoje seria chamado de incivismo – anuncia-se claramente como uma virtude cívica na qual a instituição é designada como, ao mesmo tempo, já instaurada e como projeto de instauração, sendo a mesma palavra tomada no sentido substantivo e no sentido verbal transitivo.

Nesse primeiro nível, o justo pode ser considerado não como uma alternativa ao bom, mas como sua figura desenvolvida com as feições da justa distância. É também em terceira posição que a justiça aparece no segundo nível, o da moralidade propriamente dita. O si-mesmo é aí o si-mesmo da autonomia, que se põe pondo a norma. É tão forte e primitivo o elo entre a obrigação moral e a justiça, que a revisão proposta no estudo anterior o constitui como termo de referência de toda a iniciativa da filosofia moral. Com a norma vêm a formalização e a prova do teste de universalização das máximas da ação. Proponho não separar a fórmula bem conhecida do imperativo categórico de sua reescrita sob as espécies das três formulações famosas: considerar a lei moral como análogo prático da lei natural, respeitar a humanidade em minha pessoa e na do outro e considerar-me ao mesmo tempo legislador e súdito na cidade dos fins. Essa tríade de imperativos constitui o homólogo da tríade dos desejos da ética fundamental: vida boa, solicitude, justiça. Sou sucinto em termos de análises contemporâneas capazes de desenvolver e corrigir a herança kantiana de uma maneira que seja digna de Kant. Menciono apenas em algumas palavras a *Théorie de la justice* de Rawls, à qual dedico dois estudos em *O justo 1*: "É possível uma teoria puramente procedimental da justiça?" e "Depois de *Théorie de la justice* de John Rawls". Na continuidade, cito o projeto de pluralização da idéia de justiça em Michael Walzer em *Spheres of Justice*. Aí também remeto ao estudo que dedico a essa obra no ensaio de *O justo 1*, "Pluralidade das instâncias", em paralelo com *De la justification: les économies de la grandeur* de Luc Boltanski e Laurent Thévenot. Também cito rapidamente a obra de Jean-Marc Ferry, *Les Puissances de l'expérience* (cujo tomo II se intitula "Les ordres de la reconnaissance", para o qual chamara a atenção na época da publicação). Essa obra poderia nos remeter à obra de Habermas de que Jean-Marc Ferry é um excelente intérprete, obra que diz respeito diretamente à outra discussão sobre o lugar do justo e do injusto em relação ao si-mesmo.

Realmente, se existe uma revisão convincente já proposta do kantismo histórico no plano da filosofia prática, é a reformulação feita por Karl-Otto Apel e Jürgen Habermas da regra de justiça, de sua forma monologal presumida para a forma dialogal proposta. Os dois fundadores da moral comunicacional consideram que só se pode enunciar uma "fundamentação racional da ética na era da ciência" nos termos de uma "ética da discussão" (K.-O. Apel, *Moral e comunicação*). A fundamentação que Kant dá ao fato da razão prática, a saber, a conjunção sempre pressuposta do si-mesmo com a regra, essa fundamentação não poderia ser distinguida das exigências de validade que emitimos quando produzimos atos de linguagem que supõem uma norma. Cabe então a uma pragmática formal do discurso depreender essas exigências de validade. É a partir daí, na esfera da linguagem já investida pela intercomunicação, e não mais na esfera da consciência considerada solitária, que deve ser buscada a fundamentação última da moralidade. A argumentação é o próprio espaço no qual são travados os elos entre o si-mesmo, os próximos e os outros. Enquanto em Kant, pelo menos aquém do exame das três formulações do imperativo categórico, a busca das condições de coerência dos sistemas morais é feita sem consideração pela dimensão dialógica do princípio da moralidade, em Apel e Habermas a teoria da argumentação se desenrola de cabo a rabo no âmbito da ação comunicacional. Assim exigem as situações de conflito engendradas pela ação cotidiana. O que remete à questão de uma formulação última de natureza comunicacional são argumentações realmente ocorridas entre participantes, e não – como em Rawls – na ficção de uma situação original e na fábula do contrato hipotético. A possibilidade de (como Apel) remontar até uma fundamentação última que calasse definitivamente a boca dos céticos é algo de duvidar, com faz o próprio Habermas, que se limita a uma corroboração da alçada de uma terapêutica, ou de uma maiêutica, extraída da psicologia e da sociologia genética aplicada ao desenvolvimento da consciência moral e jurídica.

Seja o que for essa hesitação em torno da fundamentação do juízo moral na ética da discussão, a iniciativa pode ser considerada uma reconstrução a partir do último elo (a justiça) da tríade inteira formada, conjuntamente, pelo querer viver bem, pela solicitude em relação ao próximo, pela justiça entre todos os membros de uma comunidade histórica, virtualmente estendida a todos os seres humanos em situação de comunicação pela linguagem.

Essa preeminência do justo no plano da filosofia prática só pode ser reforçada quando as situações de conflito e violência, que alimentam o trágico da ação, suscitam a formação de máximas de sabedoria em circunstâncias de incerteza e urgência. Tal como na "pequena ética" de *Soi-même comme un autre*, pleiteio diretamente a passagem de uma concepção estritamente deontológica da justiça para a sua reinterpretação em termos de sabedoria prática, de "prudência", na esteira da *phrónesis* dos trágicos gregos e da ética aristotélica. Eu poderia ter extraído argumentos das dificuldades enfrentadas pela moral comunicacional no caminho da aplicação, prezada pelos defensores de uma razão hermenêutica, segundo o vocabulário de Jean Greisch. O trajeto retroativo, que reconduz da norma à sua fundamentação, não dispensa do trajeto progressivo da norma à sua efetuação. A marca cultural, em suma, histórica, exibida pelos conflitos inerentes às situações concretas de transação, obriga a levar em conta o caráter contextual das realizações da ética da discussão. Essas condições de efetuação não podem deixar de afetar a própria regra de justiça. Impõe-se então o caráter histórica e culturalmente determinado das estimativas que orientam as distribuições de bens mercantis e não mercantis, bem como das posições de poder e comando, dos cargos e honrarias, que são o tema da teoria da justiça segundo John Rawls. Não existe sistema universalmente válido de distribuição (no sentido mais amplo da palavra); de um ponto de vista contextualista, devem ser levadas em conta escolhas revogáveis, associadas às lutas que marcam a história violenta das sociedades. Se não quisermos nos deixar encerrar numa vã disputa entre universalismo e contextualismo ou comunitarismo, será preciso – como proponho em *O justo 1* – articular corretamente, no processo da tomada de decisão, a argumentação e a interpretação no curso de aplicação das normas. Nesse sentido, a argumentação em sua forma codificada e estilizada nada mais é que um segmento abstrato num processo de linguagem que, nos casos de complexidade, põe em jogo uma diversidade de jogos de linguagem. É nesse nível que a exemplaridade de certas narrativas exerce ação pedagógica e terapêutica no ponto de junção entre a argumentação e a interpretação. Assim, o longo caminho que conduz dos problemas de fundamentação aos de aplicação das normas é o mesmo caminho que, para além da regra de justiça, restitui à idéia de eqüidade a força que Aristóteles lhe atribuíra em seu tratado sobre a virtude da justiça.

* * *

No segundo ensaio deste volume, adoto um caminho mais direto e curto em direção às éticas aplicadas. Menciono rapidamente as situações típicas representadas pelos conflitos entre normas de valor aparentemente igual, pelos conflitos entre o respeito à norma e a solicitude para com as pessoas, pelas escolhas entre cinzento e cinzento, em vez de entre preto e branco, enfim – aqui a margem se encolhe – entre o ruim e o pior. Um estudo inteiro será dedicado a esses casos exemplares na terceira série de nossos estudos com o título "Tomada de decisão no juízo médico e no juízo judiciário"; nele se verificará a afirmação de que, no âmbito da ação judicial, proferir o direito, pronunciar a palavra de justiça é levar a regra de justiça ao plano prudencial da eqüidade. Julgar com eqüidade será a expressão mais elevada da preeminência do justo no fim da ação judicial durante a qual vimos o bom, segundo o querer viver bem, manifestar-se, pluralizar-se e instituir-se, no sentido mais forte do verbo.

Por mais importante que seja essa peregrinação através dos compartimentos da filosofia prática no intuito de ressaltar a preeminência da idéia de justiça e de justo, não era esse o alvo privilegiado deste ensaio. Este ambicionava, nada mais nada menos, que reinserir essa idéia na tábua dos "grandes gêneros", como foram chamados os transcendentais: o bem, o verdadeiro, o belo. Aí estariam, de acordo com esse modo especulativo de pensar, três noções mestras capazes de converter-se uma na outra, sob a égide da noção sem-gênero do ser. Essa especulação, confesso, não me é

INTRODUÇÃO 11

habitual. Deparei com ela, porém, em meu ensino da história da filosofia já na década de 50 a propósito dos Diálogos platônicos, tais como *Teeteto*, o *Sofista*, *Parmênides*, *Filebo*, mas também por ocasião do famoso texto da *Metafísica*, Livro III de Aristóteles, segundo o qual o ser se diz de múltiplas maneiras. Fui levado de volta a essa meditação soberana por ocasião da organização do número do centenário da *Revue de métaphysique et de morale*, dedicado à reatualização da meta de Félix Ravaisson, um dos fundadores da revista, que ligava à sua origem "Metafísica e moral". Incentivado pela vigorosa reflexão de Stanislas Breton, desejei então dar destaque, como ele, ao prefixo *meta-*. Eu enxergava seu brilho no ponto de encontro entre os Diálogos platônicos, mencionados acima, e o famoso texto da *Metafísica* de Aristóteles. Acaso não se poderia dizer – como sugiro de novo num artigo não reproduzido aqui, intitulado "Inquietante estranheza" – que o ser aristotélico tomado pelo ângulo da atualidade e da potencialidade, governa de longe e do alto a pirâmide das figuras do agir, a partir do plano da antropologia fundamental até o plano das modalidades de poder e não-poder mencionadas no ensaio precedente – ao passo que os "grandes gêneros" platônicos orientariam as divisões principais, tais como ser e não-ser, mesmo e outro, um e múltiplo, repouso e movimento, conforme pressupõe o próprio título de *Soi-même comme un autre*? Pareceu-me ser nesse nível de radicalidade que se situa a famosa especulação dos medievais sobre os transcendentais e sua conversibilidade mútua. Desse grande entrelaçamento só considerei no ensaio aqui mencionado um trajeto, aquele que, tomando o justo como ponto de referência, desimplica o verdadeiro.

Que dizer da verdade do justo, admitindo-se que no justo culmina a visão do bom? Verifica-se que essa questão, tão pacientemente trabalhada pelos medievais, volta com força na filosofia analítica de língua inglesa, preocupada com o ceticismo, e também, como vimos acima, na pragmática transcendental de Apel e Habermas. A preocupação daquela e destes, ao falarem de verdade moral, é proteger as propostas morais da arbitrariedade subjetiva ou coletiva, ou então da redução naturalista dos enunciados deônticos (isso deve ser) aos enunciados de forma constativa (isso é). Nesse aspecto, pareceu-me que a estrutura sintética *a priori* constitutiva da autonomia, uma vez que junta um si-mesmo que se põe e uma norma que se impõe, respondia – à custa da reescrita dialógica de que falamos – ao desafio do ceticismo e do reducionismo. Tal como Charles Taylor, que menciono longamente em um dos ensaios do segundo grupo, vejo o Si-mesmo e o Bem ligar-se numa unidade profunda no plano daquilo que o autor chama "avaliação forte".

Portanto, se eu tivesse algo com que contribuir para esse debate, seria algo diferente de uma teoria da verdade moral – a saber, uma reflexão epistemológica sobre a correlação existente entre as proposições morais e as pressuposições antropológicas que presidem o ingresso na moral. Essas pressuposições versam sobre o modo de ser de um sujeito considerado acessível a uma problemática moral, jurídica e política. Reencontramos aqui a idéia de imputabilidade, desta vez não considerada do ponto de vista de sua relação com as outras figuras de poder contempladas em *Soi-même comme un autre*, mas do ponto de vista de seu teor epistêmico próprio. Que teor de verdade tem a proposição que afirma que devo conta de meus atos e, por isso, sou seu autor verdadeiro, solicitado a reparar os danos e obrigado a sofrer a pena? Que teor de verdade tem o autoposicionamento do homem capaz? Reencontro aí o tema da asseveração (*attestation*), elaborado em *Soi-même comme un autre*. Reafirmo seu caráter fiduciário, não irrefutável, mas contestável, não submetido à dúvida, mas à desconfiança. Acrescento a isso minha descoberta mais recente dos textos de Thomas Nagel sobre a parcialidade e a imparcialidade. A capacidade à imparcialidade chamou minha atenção principalmente porque Nagel aproxima essa idéia da idéia de igualdade: "Toda vida conta, e nenhuma é mais importante que outra." Ora, desde os gregos igualdade é sinônimo de justiça; é a capacidade de pronunciar esse juízo de impor-

INTRODUÇÃO 13

tância que faz parte dos pressupostos antropológicos do ingresso na ética. Ela merece uma formulação distinta, uma vez que a capacidade para a imparcialidade não exclui os conflitos de pontos de vista, portanto a busca de arbitragem com o fito de estabelecer uma justa distância entre as partes opostas. Não estará em jogo aqui uma capacidade mais primitiva ainda, a capacidade de sentir o sofrimento alheio, o que nos levaria para Rousseau e os moralistas de língua inglesa do século XVIII em torno da piedade? Mas é realmente de asseveração que se trata em cada estágio da exploração dos pressupostos antropológicos do ingresso na moral. Quanto às arbitragens exigidas pelas situações de conflito, são da alçada da interpretação, tanto quanto da argumentação, conforme mostra a busca da solução apropriada e conveniente não só nos *hard cases* à Dworkin, como também em toda e qualquer situação conflituosa levada perante os tribunais, como será lembrado nos ensaios do terceiro grupo deste volume. O mesmo ocorre em ética médica, na prática histórica e no exercício do juízo político. Em todas essas situações, o juízo de adequação, que designa a coisa que deve ser feita aqui e agora, não tem uma dívida menor com a asseveração do que o juízo de capacidade mais geral aplicado pela idéia de imputabilidade da qual partimos. A verdade asseverativa assume então a forma da justeza.

No fim desse ensaio exprimo meu pesar por não ter sabido ou podido completar e equilibrar o movimento de desimplicação do verdadeiro a partir do justo com um movimento semelhante que mostrasse o justo a emergir da esfera do verdadeiro, em virtude da idéia antiga da conversibilidade dos transcendentais entre si.

Gostaria de esboçar aqui as linhas mestras desse trabalho que continua por fazer.

Assim como para as proposições morais como tais não procurei um modo de verdade denominado verdade moral, mas apenas para as pressuposições antropológicas do ingresso na esfera moral, também não procurarei para as proposições científicas uma nota moral que as torne não só verdadeiras, mas também justas; procurarei essa nota nas disposições morais pressupostas pelo acesso à esfera veritativa considerada em toda sua amplitude.

A verdade científica se auto-avalia como verdadeira sem recorrer a um critério de moralidade. Já não há objeto de controvérsia em se tratando de natureza física. Desde Galileu e Newton, não há outra forma de conhecimento digna de ascender ao status de ciência além daquela que passa pela formulação de hipóteses, com a ajuda da imaginação de modelos quantificáveis e pela verificação (ou pelo menos falsificação) desses modelos pela observação direta ou pela experimentação. E o espírito de descoberta aplica-se ao jogo combinado entre modelização e verificação/falsificação. Se só pode ser assim, é porque o espírito humano não tem acesso ao princípio de produção da natureza por si mesma ou por outro que não ela. Só podemos recolher os dados naturais e tentar – como se diz – "salvar os fenômenos". Não é pouco, tão ilimitado é o campo do observável e tão pujante é a aptidão a estender o campo da imaginação científica e a substituir os modelos segundo o conhecido processo de mudança de paradigma. Nisso se empenha o espírito de descoberta.

Com os fenômenos relativos ao ser humano, esse ascetismo da modelização e da experimentação é compensado pelo fato de que temos acesso parcial à produção desses fenômenos a partir daquilo que se entende como ação. É possível o espírito remontar dos efeitos observáveis de nossas ações e paixões às intenções que lhes dão sentido e às vezes até aos atos criadores que engendram essas intenções e seus resultados observáveis. Assim as ações e as afeições correspondentes não são apenas mostradas, tal como todos os outros fenômenos naturais, de que a ação e a paixão fazem parte, mas também são compreensíveis a partir dessas expressões que são ao mesmo tempo efeitos e sinais das intenções que lhes dão sentido e mesmo dos atos que às vezes as produzem. A partir daí, o espírito de descoberta não vai atuar num plano único, o da observação e da explicação que

INTRODUÇÃO 15

– como acabamos de dizer – se empenham em "salvar os fenômenos"; atua na interface da observação natural com a compreensão reflexiva. É nesse nível que se situam as discussões como as que travei com Jean-Pierre Changeux sobre a relação entre ciência neuronal e conhecimento reflexivo. Cumprirá dizer por isso que a busca do verdadeiro está na dependência da obrigação moral, e que, portanto, o verdadeiro está sob controle do justo? Por mais irredutível que o conhecimento reflexivo seja ao conhecimento natural, sua pretensão à verdade é tão independente de critérios morais quanto este último. Assim, em história, há situações nas quais é preciso compreender sem condenar e às vezes compreender e condenar, mas em dois registros diferentes, como propõe um dos protagonistas da controvérsia dos historiadores que menciono em *La Mémoire, l'histoire, l'oubli*.

Dito isto, a situação no ponto de encontro da reflexão voltada para a simples compreensão com o juízo moral é incrivelmente complexa. A reflexão sobre a ação e seu reverso de paixão não pode deixar de interseccionar preocupações morais, uma vez que a ação de um agente sobre um paciente dá ensejo a danos e prejuízos, portanto deve incidir sob a vigilância do juízo moral. Não há identificação entre a dimensão veritativa da reflexão e essa vigilância inspirada pelo respeito, mas sim cruzamento no mesmo ponto: assim, os debates atuais sobre a experimentação com embriões humanos e até sobre a clonagem terapêutica se situam no nível em que o espírito científico de descoberta interage com a interrogação acerca do grau de respeito devido à vida humana em seu início. O que se toca aí indiretamente não são as pressuposições antropológicas cuja posição em relação ao juízo moral destacamos acima; está agora em causa a sua posição em relação ao espírito de pesquisa, impaciente com coerções e censuras. É o tipo de discurso de que tratam as comissões de ética em torno do domínio da vida, em primeiro plano, mas também a atividade judiciária e penal, o campo dos negócios e das finanças. Passo a passo, o que demanda proteção não é só a vida como fato de natureza e como suporte da vida psíquica, mas também a natureza inteira como meio do ser humano; o cosmos inteiro incide sob a responsabilidade humana: onde houver poder, haverá possibilidade de contaminar, portanto necessidade de vigilância moral. No entanto, se considerarmos que, nesses comitês de ética e em outros lugares de discussão e controvérsia, os cientistas se confrontam com representações de famílias culturais e espirituais diferentes e com outros membros da sociedade civil, caberá admitir que a epistemologia não esgota a reflexão sobre a ciência. Resta enfatizar a atividade científica como uma espécie de prática, a prática teórica. É por esse ângulo que a implicação do justo no verdadeiro se mostra direta e manifesta. A questão já não se apresenta apenas no plano das ciências humanas, no qual se busca a dialética da explicação e da compreensão, mas no plano em que o compreender intersecciona as preocupações antropológicas do ingresso na esfera da moralidade e, através destas, os requisitos éticos e morais da justiça. Finalmente, a questão se coloca à altura da *epistéme* tomada na amplitude de seu projeto, que é o projeto mesmo da razão. É no nível daquilo que, tal como Jean Ladrière[1], cabe chamar de hermenêutica da razão. Já não se trata da hermenêutica como método considerado antagonista da observação natural, portanto como procedimento cognitivo distinto, vinculado à reconstituição compreensiva das ações e das paixões cujo caráter de reefetuação conjectural, indireta e probabilista dos processos reais caiba apreciar. Nesse nível, a interpretação figura como uma variedade de método explicativo, que deve ser posto no mesmo plano das outras modalidades de reconstituição do real a partir de um princípio, efetuável com base num modelo. Trata-se, nesse outro nível, de uma hermenêutica da *epistéme* equiparada à razão. A questão é sa-

---

1. Jean Ladrière,"Herméneutique et épistémologie", em Paul Ricoeur (org.) Jean Greisch e Richard Kearney), *Les Métamorphoses de la raison herméneutique,* Paris, Cerf, col."Passages", 1991, pp. 107-25.

ber o que dizer do projeto racional, "daquilo que o gera, daquilo que o inspira, daquilo que o incita".

Pois, como observa Ladrière,

o caminho não está traçado de antemão [...] Ele se propõe no próprio agir que o promove. [Deve ser apreendido] a partir da contingência de uma historicidade feita de surpresas e improbabilidades. Contingência que remete a um momento instaurador [...] Mas a própria instauração, como evento sempre de novo adveniente, deve, por sua vez, ser interrogada quanto a seu sentido (pp. 123-4).

É nesse plano de radicalismo que a verdade reivindicada pelo saber científico tem implicações éticas que verificam a conversibilidade entre o verdadeiro e o justo, implicações tomadas dessa vez a partir do verdadeiro em direção ao justo. Essa conversibilidade não deve ser buscada alhures, mas sim no par procurar-encontrar; no plano prático, este par acompanha o par modelizar/verificar/falsificar do plano epistemológico. A ciência já não se define sem o cientista como homem. Sua atividade não é solitária, mas implica um trabalho em equipe em gabinetes de estudo, laboratórios, clínicas, lugares de pesquisa; interesses do poder interferem em projetos de pesquisa; a ética da discussão é posta à prova durante uma atividade comunicacional muito específica, com seus jogos de linguagem específicos, sob a divisa da honestidade intelectual. Essas relações interpessoais e institucionais, que engendram a dinâmica compartilhada pelo conjunto da comunidade científica, fazem da pesquisa científica a busca aleatória magnificamente descrita por Jean Ladrière: imersa na história, ligada a fatos intelectuais, tais como grandes descobertas, mudanças de paradigma, achados, avanços, mas também polêmicas e jogos de poder. Sobre essa busca, definida com razão como busca da verdade e apreendida em sua normatividade imanente à atividade científica como prática teórica, pode-se dizer que só reconhece o destino de seu caminho ao traçá-lo.

A questão ulterior consiste em saber como essa prática se insere entre as outras práticas não propriamente científicas nem mesmo teóricas (como é também a especulação sobre os transcendentais que fazemos aqui), a saber, práticas tais como técnicas, atividade moral, jurídica, política. É em seu ponto de junção que prática teórica e não teórica projetam, de modo arriscado e sempre revisável, o horizonte de sentido em relação ao qual se define a humanidade do homem. Assim, o verdadeiro não é dito sem o justo, nem o justo sem o verdadeiro. Faltaria dizer a beleza do justo e do verdadeiro e sua junção harmoniosa naquilo que os gregos chamavam *tò kalòn kagathón*, o belo-e-bom, horizonte último do justo.

* * *

Pus na terceira posição dessa série de estudos o ensaio intitulado "Autonomia e vulnerabilidade". A noção de autonomia apareceu pela primeira vez no primeiro ensaio da parte relativa à obrigação moral, na articulação entre um si-mesmo que se põe e uma regra que se impõe. Mas essa definição só punha sob essa sigla a dimensão ativa da aptidão à imputabilidade, ancestral de nossa noção mais familiar de responsabilidade; faltava esclarecer a face não iluminada dessa capacidade, a saber, as formas de incapacidade referentes à vertente de passividade da experiência moral. Levar em consideração esses dois aspectos do ser humano capaz é emparelhar o lado atuante e o lado passivo da própria obrigação moral. O título do ensaio declara sem rodeios o caráter paradoxal desse par nocional: paradoxal, mas não antinômico, como o são na ordem teórica as "antinomias da razão pura". Mas em que sentido paradoxal? Em três sentidos.

Num primeiro sentido, atividade e passividade concorrem juntas para a constituição daquilo que é designado com o termo simples sujeito de direito, anunciado no seminário do Institut des hautes études sur la justice (IEHJ), inaugu-

INTRODUÇÃO 19

rado com essa conferência. Então, já não se trata do justo no sentido neutro do termo, que qualifica a ação, mas do homem justo, na qualidade de autor de ações consideradas injustas ou justas. O par autonomia/vulnerabilidade constitui um paradoxo por pressupor a autonomia como condição de possibilidade da ação injusta ou justa e do juízo feito sobre esta pela instância judiciária; e ao mesmo tempo como a tarefa que deve ser realizada por sujeitos instados, no plano político, a sair do estado de submissão ou, como se dizia no tempo do Iluminismo, do estado de "menoridade": condição e tarefa, assim se mostra a autonomia fragilizada por uma vulnerabilidade constitutiva de seu caráter humano.

O par considerado constitui também paradoxo no sentido de que a autonomia apresenta características de grande estabilidade em decorrência daquilo que em fenomenologia se chama descrição eidética, visto que nela se revela um fundo nocional característico da condição humana mais geral e comum, bem como a vulnerabilidade dos aspectos mais instáveis para os quais concorre toda a história de uma cultura, de uma educação coletiva e privada. É o paradoxo entre o universal e o histórico. Pareceu-me que os traços mais característicos da autonomia, considerados ao mesmo tempo como pressuposição e como tarefa por cumprir, tinham caráter mais fundamental do que as marcas de vulnerabilidade. Ora, não sabemos bem fazer uma composição entre o fundamental e o histórico, em se tratando da estrutura moral da ação. Esse aspecto do paradoxo pareceu-me tão importante, que a ele dedico todo um ensaio que situo expressamente no fim da série "Exercícios", que constituem a terceira parte deste volume.

Para levar a bom termo essa investigação, era preciso retomar as coisas mais de cima e recolocar a imputabilidade como pano de fundo das outras modalidades de poder e de não-poder, constitutivas do atuar e do sofrer a ação, considerados em toda a sua amplitude. Do mesmo modo, esse ensaio contribui diretamente para a reformulação da "pequena ética" de *Soi-même comme un autre,* ao vincular mais estreitamente a imputabilidade aos três temas do eu posso falar (capítulos 1 e 2), eu posso agir (capítulos 3 e 4), eu posso narrar (capítulos 5 e 6). A imputabilidade acrescenta uma quarta dimensão a essa fenomenologia do eu posso: eu posso considerar-me o autor verdadeiro dos atos lançados à minha conta. Ao mesmo tempo que completa o quadro dos poderes e dos não-poderes, a imputabilidade confirma o traço epistemológico atribuído à afirmação referente à capacidade e aos estados de poder e de não-poder. Como todos os outros poderes, a imputabilidade não pode ser provada nem refutada; só pode ser asseverada ou posta sob suspeita. Nessa oportunidade, falo de afirmação-asseveração. É essa constituição epistêmica frágil que propicia o paradoxo que acabamos de mencionar. Esse elo entre a imputabilidade e as outras modalidades de poder e não-poder é tão estreito, que as primeiras fragilidades recapituladas pelas experiências de heteronomia são as que afetam o poder de dizer, o poder-agir e o poder-narrar: trata-se de formas de fragilidade certamente inerentes à condição humana, mas reforçadas e até instauradas pela vida em sociedade e por suas desigualdades crescentes; em suma, por instituições injustas no primeiro sentido do termo, em virtude da equação entre justiça e igualdade sucessivamente afirmada por Aristóteles, Rousseau e Tocqueville. Quanto às formas de fragilidade inerentes à busca da identidade pessoal e coletiva, vinculam-se claramente ao poder-narrar, uma vez que a identidade é uma identidade narrativa, conforme propus na conclusão de *Temps et Récit III*. A identidade narrativa é reivindicada como uma marca de potência por ter como defrontante a constituição temporal de uma identidade, assim como sua constituição dialógica. Fragilidade das coisas humanas submetidas à dupla prova da distensão temporal e da confrontação com a inquietante alteridade dos outros seres humanos. A imputabilidade, portanto, não entra em cena como uma entidade absolutamente heterogênea em relação à história dos costumes, como poderia levar a crer a referência à obrigação, obrigação de fazer o bem, de reparar os danos, de sofrer a pena.

INTRODUÇÃO   21

O que sem dúvida há de novo nessa capacidade constitutiva da imputabilidade é a conjunção entre o si-mesmo e a regra em que Kant viu, com razão, o juízo sintético *a priori* que, sozinho, define o nível moral da ação. Daí resultam formas inéditas de vulnerabilidade em relação às formas inerentes aos três grandes domínios prévios do poder-falar, poder-agir e poder-narrar e, entre estas formas, a dificuldade de entrar numa ordem simbólica qualquer e de fazer sentido com a noção cardinal de norma, de regra que obriga. Nessa oportunidade, tangencio as dificuldades ligadas à noção de autoridade em sua dimensão política, à qual será dedicado o quarto ensaio. A crise de legitimação da qual se falará então com mais vagar é abordada no terceiro ensaio apenas sob o ângulo da autoridade moral.

Contudo, não deixo sem réplica as perplexidades relativas à entrada num mundo simbólico. Esboço com muita prudência e, provavelmente, com muita brevidade uma meditação sobre o símbolo como signo de reconhecimento, na linha de meus trabalhos mais antigos sobre a função simbólica e de meus trabalhos mais recentes sobre o imaginário social, na forma expressa da ideologia e da utopia.

No fim do percurso, pergunto o que aconteceu com a idéia de justo. Nos dois estudos anteriores, a idéia de justo fora tomada na força do neutro: *tò díkaion*: é o justo e o injusto nas ações. No estudo de agora, o justo designa a disposição às ações justas daquele que o seminário do IHEJ designava como sujeito do direito.

* * *

Com o quarto ensaio,"O paradoxo da autoridade", entra de novo em cena o paradoxo, ou seja, uma situação intelectual na qual duas teses contrárias opõem igual resistência à refutação e, por conseguinte, exigem ser conservadas ou abandonadas em conjunto. Ao apresentar essa definição no início da aula anterior, eu distinguia paradoxo e antinomia pelo fato de que, na antinomia, é possível repartir as duas teses entre dois universos diferentes de discurso, como faz Kant com a tese e a antítese no plano da confrontação entre liberdade e determinismo. O paradoxo entre autonomia e fragilidade não possibilitava essa saída: elas se defrontavam no mesmo campo prático, de tal modo que uma se tornava o pressuposto da outra. A questão da autoridade propõe uma situação semelhante.

A bem da verdade, o paradoxo da autonomia continha em germe o paradoxo da autoridade na forma de autoridade moral exercida por uma ordem simbólica portadora de normas. Era o lado normativo da autonomia – o lado nômico – que dava ensejo ao paradoxo, a saber, a autoridade de uma ordem simbólica só é operante se reconhecida. Ora, o que é aqui reconhecido, senão a superioridade da ordem simbólica? Mas o que garante que a norma de tal ordem simbólica é realmente superior e merece acatamento, reconhecimento? Não haveria então um círculo que não se sabe dizer se é vicioso ou virtuoso, entre a exigência de ser obedecido, reivindicada pelos de cima, e a crença dos que estão embaixo na legitimidade da autoridade reivindicada?

A mesma dificuldade retorna com o paradoxo da autoridade política, mas ao preço de um deslocamento que transfere o eixo de discussão da problemática propriamente moral para uma problemática que já é mais precisamente cívica. O que está em jogo já não é a norma em sentido lato, como fonte de obrigação no par formado pelo si-mesmo e pela regra, mas o poder de se fazer obedecer por parte de uma autoridade encarregada do governo dos seres humanos. Em resumo, o deslocamento ocorre da autoridade de obrigação para a autoridade de comando. Em certo sentido, é o mesmo problema de fundo, uma vez que a questão proposta é a da legitimidade que uma autoridade de comando se autoriza, um poder no sentido político da palavra. Mas isso não é exatamente o mesmo, uma vez que a ênfase se deslocou da força de coerção moral, constitutiva da obrigação moral, para a força de coerção social, psicológica e política, constitutiva do poder de se fazer obedecer. A questão da le-

INTRODUÇÃO

gitimidade vincula-se aí a um poder mais que a uma obrigação: o poder de comandar e, comandando, de se fazer obedecer. O que credencia, digamos, tal poder? A principal vantagem desse deslocamento do eixo do campo moral para o político é trazer logo à tona a questão espinhosa da natureza do ato de autorizar que, em termos de linguagem, traz para o primeiro plano a força do verbo na fonte do substantivo autoridade. Por sua vez, o verbo credenciar, sinônimo de autorizar, orienta a investigação para o lado da crença, da credibilidade – da confiabilidade –, mas também do fazer crer e de suas artimanhas. A questão de legitimidade, formulada de início em termos de autorização prévia, especifica-se em questão de legitimidade reconhecida retrospectivamente. Ela se torna espinhosa a partir do momento em que nos perguntamos de onde vem a autoridade. O que autoriza a autorização? Nosso problema anterior de fragilidade, automaticamente, mudou de forma; tornou-se problema da crise de legitimação, numa época em que a descredibilização da autoridade das pessoas e das instituições autorizadas parece dar o tom no plano da discussão pública.

Acreditei poder ter como alvo do exame o componente enunciativo da autoridade, para distingui-lo do componente institucional. É assim ressaltada a parte dos enunciados culturais, dos chamados textos fundadores, na genealogia da crença na legitimidade da autoridade. Voltamos assim à questão do poder de persuadir que emana daquilo que, no ensaio anterior, chamamos de ordem simbólica portadora de normas; trata-se agora de um discurso de legitimação em apoio de uma reivindicação de autoridade, ou seja, do direito de comandar. A bem da verdade, a distinção entre autoridade enunciativa e autoridade institucional é apenas provisória e de ordem didática, uma vez que se trata de instituições legitimadas por discursos e escritos, e estes são produzidos, enunciados e publicados por instituições carentes de legitimação.

Recorrendo ao método dos ideais-tipo usado por Max Weber, examino dois ideais-tipo de autoridade com dominante enunciativa, que se sucederam em nossa era cultural, o da cristandade medieval, com base nas Escrituras bíblicas e seus comentários "autorizados", e o do Iluminismo, no texto da *Encyclopédie* de Diderot e D'Alembert. No modelo da cristandade medieval, autoridade institucional e autoridade enunciativa estão estreitamente imbricadas, visto que o magistério eclesiástico tomava por autoridade as Escrituras, e os intérpretes das Escrituras, o magistério eclesiástico. No entanto, observo que a instituição eclesiástica, além disso, foi beneficiada por uma origem política heterogênea em relação a esse campo escriturário, a autoridade do *imperium* romano. É tese de Hannah Arendt que os romanos, diferentemente dos gregos, beneficiaram apenas Roma com o sentido da fundação sagrada, Roma, a cidade por excelência: *Urbs – ab urbe condita –*, e que a *religio* conseguiu comunicar a energia dessa fundação por toda a era da dominação romana até a grande Igreja Católica, chamada de romana com razão. Essa origem romana explicaria o estado de concorrência, durante a Idade Média, entre a autoridade eclesiástica e o poder monárquico no âmbito de uma teológico-política dilacerada.

A autoridade que a *Encyclopédie* se atribuiu, por outro lado, pretendeu ser fundamentalmente enunciativa, à altura da autoridade escriturária reivindicada pela Igreja; nesse sentido, ela não bastou para engendrar, sozinha, uma revolução – a Revolução Francesa –, ainda que se tenha confrontado politicamente com o poder absoluto por meio da luta contra a censura e contra a repressão às heresias, com a ajuda de sua defesa da "publicidade".

Ao sair da competição entre os dois ideais-tipo, competição da qual o segundo saiu vencedor graças à Revolução Francesa, surge o problema da natureza da autoridade oriunda da vontade do povo soberano: esse poder acaso poderá ser considerado o equivalente político da autoridade moral, da maneira como ela foi definida no ensaio anterior, no cruzamento do si-mesmo com a norma? Se considerarmos que, para Kant, essa síntese constituía um "fato de razão", em outras palavras, o reconhecimento do fato estrutural constitutivo da experiência moral segundo nosso primeiro ensaio, qual seria o equivalente político desse "fato de razão"? Não me adiantarei mais na rememoração das dificuldades teóricas ligadas às teorias contratualistas da origem da autoridade política. Considero com menos brevidade as dificuldades práticas que pesam sobre a aplicação, em circunstâncias históricas dadas, de um pacto – o contrato social – de essência anistórica. Legitimar o princípio é uma coisa, inscrever essa legitimidade nos fatos é outra. O paradoxo da autoridade ressurge nos termos formulados por autores romanos, distinguindo a *auctoritas* dos Antigos da simples *potentia* do povo, como se a vetustez do poder constituísse, por si só, fator de legitimidade.

Confesso que esse ensaio hoje me parece incompleto. Ao longo das dificuldades teóricas associadas ao processo de legitimação da autoridade, o leitor encontrará no ensaio dedicado às categorias fundamentais da sociologia de Max Weber uma exploração sistemática da dialética aberta para o plano da legitimação da autoridade entre a demanda de reconhecimento oriunda da autoridade de fato e a capacidade de reconhecimento da parte subordinada. O caráter profundamente fiduciário da relação entre o alto e o baixo passa então para o primeiro plano. É em termos de crença na legitimidade que se apresenta a partir daí o paradoxo da autoridade.

Desde a redação deste ensaio, não parei de virar e revirar em todos os sentidos esse paradoxo que pode ser aguçado da seguinte maneira: como, numa sociedade democrática, articular o eixo horizontal do querer viver junto com o eixo vertical que Max Weber chama de eixo da dominação? Se o eixo vertical se mostra irredutível ao eixo horizontal – o que é implicitamente admitido desde que se definiu a autoridade como poder de comandar, de se fazer obedecer, sendo esse poder tido como legítimo e não redutível à violência, na qualidade de poder em busca de reconhecimento –, de onde vem esse poder? Não é fácil desvencilhar-se dessa pergunta. Observo seu retorno com as novas formas da grandeza: a grandeza não desapareceu com o poder absoluto, centrado na figura do rei, do príncipe; ela se multiplicou, dispersou-se no que Luc Boltanski e Laurent Thévenot chamam de "economias da grandeza". Por que grandeza? Essa é minha atual reflexão no plano teórico, no prolongamento do exame das dificuldades criadas pelo paradigma contratualista da autoridade. Continua pouco compreendido o reconhecimento vinculado à espécie de superioridade pressuposta pela idéia de grandeza.

Quanto às dificuldades associadas à inscrição histórica da autoridade oriunda da soberania do povo, vejo que hoje elas se concentram em torno da democracia representativa, na esteira das reflexões de Claude Lefort, Marcel Gauchet, Pierre Rosanvallon. As democracias contemporâneas resolveram bem ou mal a questão da eleição; mas não resolveram a da representatividade dos eleitos. Essa dificuldade não se reduz a uma questão de delegação, mas culmina numa questão de força simbólica. Dito isto, a questão do paradoxo político é reconduzida para a região da ordem simbólica na qual a autoridade nos pareceu inerente à constituição da autonomia, em toda a amplitude de seu reino político, jurídico e moral.

* * *

Espero convencer meus leitores de que o ensaio sobre a tradução pertence ao ciclo do *Justo 2* e encontrou seu lugar correto no fim dos "Estudos" que constituem a base da obra.

O ensaio não versa sobre a tradução, do ponto de vista da tradutologia, mas sobre o paradigma da tradução. Do ponto de vista filosófico, procura-se saber o que constitui modelo no ato de traduzir.

Um primeiro índice do caráter exemplar da operação é apresentado pela própria amplitude do fenômeno, na qualidade de problema com dois acessos: tradução de uma língua para outra e tradução interna à língua falada. Esta se-

INTRODUÇÃO 27

gunda consideração amplia consideravelmente a área do fenômeno: sempre que há estranheza, há lugar para a luta contra a não-comunicação.

Em decorrência da releitura desse ensaio, gostaria de ressaltar dois aspectos sob os quais a tradução revela seu caráter paradigmático. Por um lado, a dificuldade para traduzir; por outro, as armas da tradução – por um lado, a presunção de intraduzibilidade; por outro, o próprio trabalho da tradução, no sentido em que se fala do trabalho de memória e do trabalho de luto.

Considerando o lado escuro do problema da tradução – a saber, a presunção de intraduzibilidade –, é notável que o ingresso na problemática pela tradução de uma língua para outra tem a vantagem de pôr em cena já de início o importante fenômeno da diversidade das línguas, subtítulo dado por Wilhelm von Humboldt à sua obra sobre o *kawi*. A ameaça inicial de incomunicabilidade, contida nessa condição inicial, deve ser imputada às modalidades de vulnerabilidade mencionadas várias vezes nos ensaios anteriores; essa ameaça se inscreve, mais precisamente, entre as figuras de não-poder que afetam o poder falar e, consecutivamente, o poder-dizer, o poder-narrar e até a imputabilidade moral. Na raiz desse não-poder, uma forma de vulnerabilidade resulta da irredutível pluralidade das línguas. Essa vulnerabilidade específica afeta uma capacidade também específica, a de traduzir, que será objeto da segunda parte desta meditação. Essa capacidade dos sujeitos falantes para traduzir – tradução improvisada ou tradução profissional –, antes de ser capacidade de sujeitos falantes, é capacidade das próprias línguas. O que ocorre com a traduzibilidade, com a dificuldade para traduzir e até mesmo com a intraduzibilidade de dada língua? De qual natureza é sua intraduzibilidade presumida? Será ela tão radical, que a tradução deve ser declarada impossível de direito? E se a tradução existe de fato, como operação efetivamente praticada, o que a torna teoricamente possível no plano da estrutura profunda da língua?

Não retomo em detalhes as discussões provocadas pela alternativa traduzibilidade–intraduzibilidade no plano da etnolingüística, da lexicografia, da gramática comparada ou no plano das especulações sobre a língua universal, seja esta buscada nas origens ou no horizonte de uma reconstrução sistemática. Atenho-me aqui ao que há de paradigmático no problema antes de examinar o que pode haver de paradigmático na réplica, a saber, o incansável trabalho da tradução. A diversidade das línguas realmente toca uma estrutura importante da condição humana, que é a pluralidade. Esta, por sua vez, afeta a identidade, como lembra o título do famoso capítulo II, 22, do *Essai* de Locke "Of Identity and Diversity". Não há identidade para si sem diversidade em relação aos outros. Entre os seres humanos abre-se o intervalo da pluralidade. *Inter homines esse*, gosta de repetir Hannah Arendt. Ora, esse traço de pluralidade não afeta apenas as línguas, mas a sociabilidade tomada em toda a sua amplitude. A humanidade só existe fragmentada. Em populações, etnias, culturas, comunidades históricas, crenças e religiões. Distinguimos acima um corolário no plano dos sistemas jurídicos, das instituições de justiça, das políticas penais. E novamente por ocasião da divisão entre a universalidade dos princípios de moralidade e o caráter histórico das justificações demonstradas em situações de conflito. A política, mais do que qualquer coisa, é afetada por essa condição de pluralidade. Há Estados porque, de início, há comunidades históricas distintas às quais a instância política confere capacidade de decisão. Nesse nível altamente conflituoso, a relação amigo/inimigo tende a transformar em inimizade intratável a diversidade política graças à reivindicação de soberania, forma política da identidade. Nem mesmo as religiões deixam de ressaltar o regime irrevogavelmente pluralista da condição humana. Aqui talvez tenhamos tocado o ponto enigmático da conversão da pluralidade em hostilidade: se o sagrado, na qualidade de objeto do qual ninguém pode se apropriar, é objeto de inveja rivalitária e só oferece a saída do todos contra um no ritual do bode expiatório, então é preciso considerar a pluralidade, no plano das crenças básicas, como a mais temível ocasião de falibilidade e queda.

INTRODUÇÃO 29

Esse percurso da pluralidade ao ódio foi outrora amplificado na linguagem dos mitos de origem pelo famoso relato hebraico, denominado Torre de Babel, que tenho o prazer de citar na magnífica tradução de Chouraqui; dois aspectos da pluralidade lingüística são nele designados: a dispersão no plano espacial e a confusão no plano da comunicabilidade. Que essa condição bífida tenha sido precedida por um estado de coisas no qual existia "um só lábio, de única palavra" (Chouraqui), que ela tenha advindo no tempo com os traços de uma catástrofe, essas são interrogações que decorrem do tom narrativo dos mitos de origem. Importa-nos no plano do sentido o tratamento em forma de evento de um advento no sentido próprio imemorial, de uma adveniência, que é a da própria condição da linguagem. Por sua vez, esse fragmento mítico foi inserido pelo narrador — javista ou outro — numa seqüência de eventos fundadores que, juntos, narram em escala cósmica o progresso da distinção e da separação em relação ao caos e à confusão, desde a dissociação da luz e das trevas, até a ruptura do elo de consangüinidade pelo fratricídio, em decorrência do qual a fraternidade deixa de ser um dado e passa a ser uma tarefa; a dispersão e a confusão das línguas inserem-se nessa linhagem das separações. O mito de Babel confere ao povoamento da terra – forma de algum modo inocente da pluralidade – o tom dramático da dispersão e da confusão. Como toda a seqüência de narrativas de separação coroada pelo caso da Torre de Babel, o mito pode ser lido como o advento puro e simples da condição de fato da linguagem: nenhuma recriminação, nenhuma lamentação, nenhuma acusação... A partir dessa realidade, "vamos traduzir!".

Essa conversão da adversidade em tarefa por cumprir expressa-se em meu ensaio sobre o paradigma da tradução por meio da substituição de uma alternativa especulativa (traduzibilidade contra intraduzibilidade) por uma alternativa prática, fidelidade contra traição. Na mesma medida em que a primeira é insolúvel no estado atual da discussão, a segunda se mostra negociável. É um fato: sempre se traduziu; viajantes, comerciantes, diplomatas, espiões, todos sempre praticaram esse negócio, sob o controle dos bilíngues e dos poliglotas, antes da existência de tradutores e intérpretes profissionais, portanto antes do estabelecimento da tradutologia como disciplina. Se eles traduzem – pergunto eu –, como traduzem? É na resposta a essa pergunta que o ato de traduzir revela sua segunda exemplaridade. Mencionei, na esteira de Antoine Berman, em *L'Épreuve de l'étranger*, o desejo de traduzir que está por trás do esforço de traduzir. Qual é o obstáculo no caso? Por que o dilema fidelidade/traição? A razão deve ser buscada na articulação entre o problema teórico de traduzibilidade e o problema prático da atividade de tradução, a articulação entre competência e desempenho no nível do sujeito falante. Antes do dilema prático – não há fidelidade sem traição – o paradoxo teórico: na falta de um terceiro texto que mostre a identidade de sentido, a única saída é procurar uma equivalência de sentido entre a mensagem da língua de origem e a mensagem da língua de chegada. É essa equivalência presumida que dá ensejo ao dilema prático fidelidade/traição, dilema para o qual só existem soluções em forma de paradoxo: levar o leitor ao autor, levar o autor ao leitor. É a isso que tende não só o trabalho do intérprete solitário à escuta do discurso ou diante do texto, mas também a cadeia daqueles que, sem descanso, retraduzem; pois onde se lê melhor o desejo de traduzir do que no desejo de retraduzir?

É aí que a tradução em ato, movida pelo desejo de traduzir, revela seu caráter paradigmático. É exemplar não só a dificuldade, mas também o trabalho mobilizado para vencê-la. Nesse aspecto, arrisquei-me a falar de hospitalidade da linguagem, para expressar a virtude que assenta sua nota moral no desejo e no prazer de traduzir.

É essa virtude que agora me empenho em pormenorizar para além do ensaio que comento. Gostaria de, para começar, restituir ao trabalho de tradução a amplidão de seu campo. É hora de lembrar que a tradução é um problema com dois acessos: tradução de uma língua para outra, mas

INTRODUÇÃO   31

também tradução interna para uso da língua própria, também chamada materna. Esta segunda abordagem é privilegiada por George Steiner em *Après Babel*. Diz ele: *Après Babel* "compreender é traduzir". Em que sentido esse uso da tradução é exemplar? No sentido de que a tradução interna a uma língua traz à tona os incríveis recursos da autointerpretação das línguas naturais, recursos passíveis de ser transpostos para a tradução das línguas estrangeiras e, além delas, para as situações nas quais a compreensão é confrontada com a incompreensão. Ora, essa é a situação original que toda hermenêutica leva em conta. Para nos fazer entender, não paramos de interpretar um termo de nossa linguagem por meio de outro termo da mesma linguagem (o que se chama definir) e um fragmento de discurso por outro (o que se chama explicar), e também um argumento inteiro por outro equivalente da mesma língua (o que se chama discutir). Ora, isso não ocorre a sós, mas em situações de diálogo cujo exemplo mais próximo é a conversação ordinária. Dizer a mesma coisa de outro modo é o segredo da caça às ambigüidades da palavra, aos equívocos da frase, aos mal-entendidos do texto. Para além dessas estratégias discursivas, precisamos avançar com Steiner até os usos da linguagem que desafiam a tradução e apontam para o enigma, o artifício, o hermetismo, o segredo. Aqui a prática da linguagem já não está confrontada com a prova do estrangeiro, segundo palavras de Antoine Berman, mas com aquela espécie de intraduzibilidade que pode ser não só suportada como uma imperfeição, mas cultivada como uma forma superior de maestria, a intraduzibilidade do segredo. A prova então já não é a do estrangeiro fora de nossas portas, mas a da estranheza portas adentro; também precisamos nos acolher como a outrem. Inexorável pluralidade de um lado, impenetrável solidão de outro. Luta pela transparência de um lado, cultura da opacidade de outro. A tradução se confronta com esses dois desafios antitéticos. Mas, quer se trate de tradução de uma língua para outra, quer de tradução interna à própria língua, nos dois casos trata-se de dizer a mesma coisa de outro modo, sem nunca ter a certeza de estar dizendo duas vezes a mesma coisa, por não se poder medir a equivalência das mensagens pela identidade presumida do sentido. São esses imensos recursos contrastantes do trabalho de tradução que fazem da hospitalidade da linguagem, no sentido mais amplo, um modelo poderoso fora da esfera da linguagem propriamente dita. Para defender essa idéia, basta-nos adotar o percurso proposto acima, da pluralidade à inimizade. A tradução é de ponta a ponta o remédio para a pluralidade em regime de dispersão e confusão.

Isso se aplica inicialmente ao próprio plano das produções literárias, culturais e intelectuais dos grandes conjuntos lingüísticos. Pensemos apenas na tradução para o grego feita pelos Setenta da Torá hebraica; depois, na tradução latina da Bíblia por São Jerônimo; na sua tradução para o alemão, feita por Lutero: culturas inteiras nasceram dessas travessias de fronteira que eram ao mesmo tempo transgressões lingüísticas consideráveis. No outro extremo do mundo, o budismo passou do sânscrito para o chinês, transpondo outro abismo lingüístico. A mesma vitória se vê no plano da gênese dos conceitos filosóficos e científicos; Cícero cria literalmente o latim erudito traduzindo os idiomas filosóficos do grego; nós mesmos ainda somos herdeiros daqueles achados. O que seria do conhecimento da filosofia grega para o Ocidente latino sem os marcos árabes e hebraicos? As línguas literárias da Europa do Renascimento também nasceram da elevação das línguas vernaculares ao nível do latim dos clérigos, línguas que assim se livraram de sua ganga rústica. Kant sempre anota em latim seus achados conceituais enunciados em alemão. Atualmente, o francês filosófico só foi arrancado de sua gloriosa auto-suficiência cartesiana pela tradução do alemão kantiano, hegeliano, nietzschiano e heideggeriano e, em menor grau, pelos empréstimos tomados à bela língua inglesa dos séculos XVII e XVIII.

A origem estrangeira de uma tradução só poderia ser esquecida sem prejuízo à custa da ingenuidade de se acreditar que o conceito pode ser dito a nu, sem a roupagem factícia de nossa língua. O que acaba de ser dito sobre o trabalho de tradução interna da língua sobre si mesma pode frustrar a crença ilusória na inocência do conceito. A metafórica na qual são engendrados os conceitos trabalha subterraneamente nossas abstrações à maneira de uma hermenêutica silenciosa. Esse trabalho de tradução interna à língua muitas vezes é aguilhoado pela tradução de uma língua para outra; e os empréstimos daí resultantes não cessam de – como disse alguém – puxar as línguas para onde elas não querem ir, à custa de uma violência indubitável, exercida sobre o espírito que elas reivindicam. Quando esse trabalho imanente é trazido à tona, os dilemas silenciados também se expressam claramente: na tradução, caberia ter em vista a produção de um texto substituto que dispensasse o conhecimento do original? Ou, ao contrário, será preciso dar a sentir suas asperezas, a ponto de dificultar a leitura? Os tradutores profissionais conhecem esses dilemas que nos levam de volta à alternativa prática da tradução como serviço ambíguo a dois senhores que ela está condenada a trair alternadamente. A equivalência sem identidade, na falta de critérios absolutos, nos deixa à mercê do juízo de gosto – e da arbitragem da retradução.

Essa batalha com a pluralidade, seus malefícios e benefícios, prossegue em esferas cada vez mais distantes do trabalho propriamente dito com a língua e as línguas. É nesse caminho da ampliação da problemática que a tradução opera como paradigma. Como dizíamos, a humanidade só existe fragmentada. Nesse sentido, as comunidades históricas, com seus traços étnicos, culturais, jurídicos e políticos, com suas religiões dominantes, podem ser comparadas a conjuntos lingüísticos heterogêneos preocupados em proteger sua identidade confrontada com a diversidade. Eu falaria aqui de "pacotes de sentidos", para referir-me a esses conjuntos orgânicos que se constituíram com base em textos fundadores e fizeram que estes últimos se irradiassem para além de seu centro luminoso.

No domínio religioso, os grandes credos cristãos do Ocidente e do Oriente não se reduzem a proposições dogmáticas, a artigos de fé; são espécies de totalidades de linguagem propostas à adesão do pensamento, do coração e da vontade. Esses idiomas, com suas regras internas de interpretação, são oferecidos como línguas estrangeiras aos de fora. Pacotes de sentido, pacotes por traduzir. A compreensão que pode ser então exercida de um conjunto confessional a outro é um duplo trabalho de tradução de minha língua à tua, mas também no interior de minha língua com o intuito de criar em mim outra maneira de formular os problemas e, simultaneamente, de reformular de maneira diferente os próprios termos de conflitos seculares. Para além das dificuldades técnicas que os intérpretes mais ou menos treinados no trabalho de tradução se empenham em reduzir, há o espírito da tradução, que consiste em transportar-se da esfera de sentido da língua estrangeira para a esfera da língua de chegada e nesta acolher o discurso do outro, à custa da dupla traição de que falamos. Também aí traduzir é retraduzir.

Ampliando para mim mesmo a esfera de exame, falarei do mesmo modo das relações entre filosofia e crença religiosa como de uma espécie de tradução. São grandes conjuntos textuais que se cruzam e recruzam em minha leitura, suscitando, por meio de uma interpretação mútua, esboços de tradução de um conjunto para o outro, por exemplo, no nível dos textos fundadores, entre os Salmos de Davi e a tragédia grega, entre os textos sapienciais, tais como os de Jó, do *Eclesiastes* e o *Cântico dos Cânticos* e os temas pré-socráticos e socráticos.

Ampliando gradativamente a área da tradução para a dimensão dos grandes conjuntos culturais freqüentemente designados por um nome próprio, estenderei essa noção de "pacote de sentidos", por sua vez resultante de uma tradução interna na fronteira da metáfora e do conceito, para os conjuntos orgânicos que – como se disse no ensaio sobre a autoridade e seu componente "enunciativo" – se constituíram em torno de textos fundadores e se disseminam em criações artísticas, em utopias políticas etc. Assim, falamos de espírito medieval escolástico, de espírito do Renascimento, da época do Iluminismo, da herança da Revolução Francesa, do componente romântico da modernidade. Repetir aquilo que foi dito alhures sobre determinada égide cultural com os recursos semânticos de sua própria cultura, é essa "a tarefa da tradução", para retomar o título de Walter Benjamin. Alguém perguntará, terminada esta grande divagação, bem além dos tormentos da tradutologia, o que é feito do justo em meio a tudo isso. Mas, se não paramos de falar dele! Traduzir é fazer justiça ao espírito estrangeiro, é instaurar a justa distância entre um conjunto lingüístico e outro. Tua língua é tão importante quanto a minha. É a fórmula da eqüidade-igualdade. A fórmula da diversidade reconhecida. Além disso, o elo com a idéia de justiça talvez seja o mais dissimulado, porém o mais forte, na renúncia ao sonho da tradução perfeita que mencionei no fim de meu ensaio. Falei então do luto que se deve fazer da idéia de perfeição. Esse luto é a condição existencial mais rigorosa à qual o desejo de traduzir é convidado a submeter-se. Trabalho de tradução, como trabalho de memória, não passa sem trabalho de luto. Ele torna aceitável a idéia de equivalência sem identidade, que é a própria fórmula da justiça no campo da tradução.

II

Os ensaios reunidos sob o título "Exercícios" ilustram a "pequena ética" de *Soi-même comme un autre* na fase final da sabedoria prática. O juízo é exercido em regiões determinadas da prática moral, principalmente a atividade médica e a atividade judiciária penal. Trata-se, pois, de duas éticas regionais, e o plural gramatical "as éticas" serve de contraponto para o singular gramatical "a ética", que convém no nível fundamental da reflexão moral, atravessando o plano da obrigação moral e jurídica. Se o plural as éticas ressalta a pluralidade das éticas regionais, é porque a vida cotidiana, antes de qualquer organização das práticas e de qualquer instituição determinada, propõe uma pluralidade de situações empíricas às quais essas práticas e essas instituições correspondem, principalmente o sofrimento e o conflito. São situações-limite, no sentido que Karl Jaspers e Jean Nabert deram, sem acordo prévio, àquela condição insuperável de que compartilham inelutavelmente as inúmeras situações consideradas contingentes, não repetíveis, mas igualmente coercitivas com as quais se confronta a ação premeditada. Elas têm em comum o fato de realçarem a passividade, a fragilidade, a vulnerabilidade que nossas análises da responsabilidade depararam várias vezes com defrontante e avesso. Mas, apesar de terem em comum o fato de existirem desde sempre e de desde sempre serem "suportadas", elas são irredutivelmente distintas e simplesmente múltiplas, como confirma o sentimento popular. Só as práticas por elas suscitadas lhes dão ensejo de expressar-se, formular-se, comunicar-se, dar-se a entender.

* * *

Encabecei essa série final de ensaios com a conferência proferida diante de diversos públicos – psiquiatras, educadores confrontados com a deficiência psíquica: "A diferença entre o normal e o patológico como fonte de respeito". De fato, é a partir do plano biológico e, mais precisamente, na situação patológica, que há lugar para o exercício do respeito, considerado virtude comum à moral e ao direito. Encontrei na reflexão de G. Canguilhem sobre o normal e o patológico um respaldo decisivo para a tese de que é a própria diferença entre os dois regimes de vida, entre as duas relações opostas à saúde, que incita o respeito. Essa conclusão só pode ser percebida à custa de uma paciente preparação referente, sucessivamente, à relação entre o ser vivo e seu meio, reformulada em termos de confrontação, de "ex-

INTRODUÇÃO

plicação-com", e ao estatuto da doença como outro que falta, como deficiência, como impotência, como organização outra, em relação com um "meio encolhido", mas portador de valores positivos, alternativos aos valores da saúde. Essa reavaliação da doença, a partir do plano biológico, está na fonte de uma argumentação dirigida contra a depreciação dos próprios doentes e contra os preconceitos que provocam sua exclusão até no plano institucional. Desse modo se faz um reparo à tendência, detectável até em meus ensaios especulativos, a caracterizar a vulnerabilidade como simples deficiência, como puro déficit. Se a doença é portadora de valores, que, na esteira de Canguilhem, foi possível sobrepor ao plano vital, ao plano social e ao plano existencial, não é apenas a autonomia da pessoa que deve ser vista como fonte e objeto de respeito, mas sim essa mesma vulnerabilidade, em que a doença acrescenta à nota de passividade a nota do patológico. É em sua diferença em relação ao normal e com base em valores vinculados a essa diferença que o patológico é digno de estima e respeito. Assim, pode-se fazer justiça ao patológico perante os preconceitos que concorrem para sua exclusão social.

* * *

No ensaio seguinte, "Os três níveis do juízo médico", a problemática do justo é abordada por meio do juízo, no caso o juízo médico. Com o termo juízo designo ao mesmo tempo uma asserção característica da prática considerada, no caso a prescrição médica, e a tomada de posição por parte dos protagonistas, médicos de um lado, pacientes do outro.

É a estratificação do juízo em três níveis – prudencial, deontológico e teleológico – que nos dá a estrutura de referência do ensaio. O leitor discernirá facilmente, numa ordem invertida dos termos, a tripla articulação da experiência moral proposta na "pequena ética" de *Soi-même comme un autre*. O estudo que encabeça esse volume propõe outra reorganização do assunto, pondo em primeiro lugar o ponto de vista deontológico para depois o enquadrar entre uma ética a montante, decorrente da reflexão fundamental, e éticas a jusante, ligadas à preocupação com a aplicação prática da obrigação moral e jurídica. Mas convinha a um ensaio pertencente aos planos éticos regionais e centrado na orientação terapêutica (clínica) da bioética dar início à investigação no plano mais próximo da prática efetiva, no plano do juízo prudencial, tendo-se em mente que a *prudentia* dos latinos e dos medievais traduz a *phrónesis* dos trágicos gregos, virtude do homem atilado.

Portanto, a análise parte do pacto de tratamento como pacto de confiança. Essa relação pessoal entre um paciente e um médico, por sua vez, teve origem no sofrimento, na situação-limite mencionada algumas linhas acima. A partir desse nível, formam-se preceitos que implicam saberes práticos e o compromisso pessoal dos protagonistas. São esses preceitos que dão conteúdo ao juízo prudencial e põem no caminho do juízo deontológico.

Quanto à abordagem deontológica característica da concepção kantiana de moralidade, vejo sua contribuição nas diversas funções atribuídas ao juízo médico tanto no plano jurídico quanto no plano moral. Aparecem primeiramente as regras da deontologia médica válidas em todas as circunstâncias terapêuticas: exclusividade do sigilo médico, direito a conhecer a verdade do caso e do tratamento, exercício do consentimento esclarecido. Em seguida, vêm as regras de coordenação, que organizam em forma de código a deontologia da profissão médica. Por fim, vêm as regras capazes de arbitrar os conflitos que nascem no entrecruzamento da deontologia médica com as obrigações decorrentes de considerações não terapêuticas: interesse do conhecimento científico no plano da experimentação, preocupação com a saúde pública em termos de organização institucional e de gastos públicos.

Nos confins desse uso crítico do julgamento em situações de conflito, a deontologia implícita nos Códigos médicos alia-se profundamente às preocupações de ordem teleoló-

INTRODUÇÃO 39

gica de uma ética fundamental. É o caso de comprovar a tese mencionada no estudo 1, segundo a qual as exigências da ética fundamental, outrora carreadas por uma tipologia das virtudes e pela exibição de grandes exemplos, estão hoje tão enterradas, que somente as éticas regionais lhes oferecem um espaço de manifestação na forma de aconselhamento apropriado às situações de incerteza e urgência. É o que ocorre no campo médico: sob o manto dos "não-ditos dos códigos", os interesses extremos da bioética e do direito da vida e dos seres vivos avançam mascarados, ora a serviço das pessoas, ora a serviço da sociedade. É uma longa história da solicitude que se encontra assim concentrada e resumida nas fórmulas lapidares e às vezes ambíguas de nossos códigos; cabe-lhes tematizar os pontos de convergência entre as convicções fundadoras do consenso ostentado no frontão das sociedades democráticas avançadas.

O elo com a temática do justo não se reduz então à proximidade que o juízo como ato intelectual tem com a justiça; expressa-se também à própria justeza à qual esse juízo visa nesses três níveis de efetividade. Por fim, a preocupação com os interesses cruzados da pessoa e da sociedade fica confiada à guarda da concepção de justiça que governa as relações sociais e políticas vigentes nas sociedades democráticas avançadas. Ora, essa concepção de justiça só se legitima graças ao espírito de composição entre as famílias espirituais que, juntas, não param de contribuir para a reformulação do pacto social nessas sociedades. Por esse motivo, acreditei ser apropriado mencionar na conclusão as fórmulas que extraio de John Rawls acerca do "consenso por intersecção" e do reconhecimento de "desacordos razoáveis". É nesses termos que o justo está diretamente implicado nos "não-ditos dos códigos".

* * *

Procede-se a uma ampliação do campo do juízo em "A tomada de decisão no ato médico e no ato judiciário".

Esse desdobramento não é inesperado, uma vez que desde o primeiro estudo a defesa das éticas aplicadas assumiu a idéia de diversidade de éticas regionais. A pluralidade dos campos de aplicação, nesse sentido, pode ser explorada para além da dupla campo médico e campo judiciário, até onde a problemática do juízo o permita. Caberia considerar sob o mesmo ângulo o juízo histórico referente, por exemplo, à imputação causal singular na linha de Max Weber e de Raymond Aron, bem como o juízo político concernente a critérios de "bom governo", segundo expressão de Charles Taylor. Mas em todos os casos se trata de juízo no sentido de subsunção, ficando claro que a relação entre a regra e o caso pode ocorrer da regra para o caso (juízo determinante) e do caso para a regra (juízo reflexivo), o que prevalece em todo o império da *Critique du jugement*, que Kant limitara ao juízo estético e ao juízo teleológico aplicado aos seres organizados.

As diferenças entre as duas espécies de juízo procedem da dualidade das situações-limite que os provocam: sofrimento de um lado, conflito do outro. As situações iniciais são comparáveis de ambos os lados: conversa no consultório médico por um lado, ação judicial por outro. Comparáveis são também os atos finais: prescrição médica, sentença judiciária. O que opõe esses dois tipos de juízo são as funções. O juízo médico reúne os protagonistas no pacto de tratamento; o juízo judiciário separa os antagonistas na situação da ação judicial. Pode-se falar, porém, de diferenças que afetam as situações iniciais e as situações finais em termos de variação de distância: conjungir, disjungir; essas variações, por sua vez, podem ser vistas como figuras opostas, mas complementares, da justa distância. Por um lado, o pacto de tratamento não se dissolve na confusão dos papéis e na fusão das pessoas e preserva a distância do respeito; por outro, a sentença que põe o agressor e a vítima em lugares distintos não abole o elo humano da consideração devida pelo semelhante ao semelhante. Essa busca da justa distância põe o ensaio inteiro, como ocorre com os outros, sob o signo do justo.

INTRODUÇÃO

Dito isto, ressalto aqui os dois pontos nos quais o ensaio pode inovar. O primeiro diz respeito à progressão na escala do juízo, do plano da ética fundamental ao plano das éticas regionais; o segundo diz respeito ao tratamento do espaço de permeio percorrido pelo trabalho do juízo do plano das normas ao plano das situações concretas. Adotando a progressão já familiar do plano prudencial para o plano deontológico e depois para o teleológico, mas segundo a ordem inversa da ordem percorrida em *Soi-même comme un autre*, observo que a coluna central das regras éticas constitutivas do pacto de tratamento na ordem médica (tal como eu traçara no ensaio anterior) mostra-se agora ladeada por duas colunas adjacentes, estruturadas por regras de grande peso: coluna das ciências biológicas e médicas, por um lado, coluna das políticas públicas da saúde, por outro. O par formado pelo campo médico e pelo judiciário encontra aí uma primeira verificação: o ato central do procedimento da ação judicial também está respaldado, por um lado, no saber jurídico de cunho doutrinário dos juristas e, por outro lado, nas exigências legais da autoridade ou do poder judiciário e nas disposições referentes à política penal do Estado considerado. Assim, na ordem do judiciário penal, pode-se discernir um enquadramento comparável ao do ato médico.

Quanto à segunda inovação, diz respeito à fase intermediária da operação judicatória. Limitamo-nos acima a comparar as situações iniciais da conversa médica privada e do processo judiciário e as situações finais; suas diferenças e semelhanças foram relacionadas com a dualidade originária do sofrimento e do conflito. Faltava explorar o parentesco no nível intermediário das operações que unem de ambos os lados as situações iniciais do juízo às situações finais. Essas operações unem saberes e normas a situações concretas de julgamento. Volto aí a uma discussão esboçada em *Soi-même comme un autre* e tratada com mais vagar em *O justo 1*, no ensaio sobre argumentação e interpretação no julgamento judiciário. Abordei então a controvérsia a partir da problemática geral da normatividade no âmbito da pragmática transcendental inaugurada por Karl-Otto Apel e explicitada por especialistas de lógica jurídica como Robert Alexy. É sobre esse plano de fundo que devem ser recolocadas as considerações do atual ensaio no qual prevalece a preocupação com o paralelismo entre a ordem médica e a ordem judiciária. A idéia proposta é de que a dialética da argumentação e da interpretação é mais legível no plano judiciário do que no plano médico porque codificada por um procedimento conhecido e distribuído entre uma pluralidade de papéis: partes do processo, advogados, juízes do ministério público ou não. Então, a tomada de decisão na ordem médica ganha na comparação com seu paralelo judiciário: em particular, entende-se melhor a elevação da deontologia médica do nível moral da bioética ao nível mais judiciário da *Biolaw* que rege os aspectos legais do direito da vida e do ser vivo e, em seu prolongamento, a judiciarização em curso de toda a relação médica. Por isso, não deixa de ter importância lembrar, na hora certa, de que situações iniciais procede todo o processo de ambos os lados: sofrimento, de um lado; conflito, de outro. Também não é indiferente entrecruzar as finalidades próximas e distantes inscritas nas situações iniciais: curar, por um lado; pacificar, por outro. Será exagerado sugerir que as finalidades remotas do tratamento médico e da ação judicial se unem em algo como uma terapêutica dos corpos e do corpo social?

* * *

O tema "Justiça e vingança" se me impôs no cruzamento de duas linhas de pensamento: por um lado, uma longa meditação sobre as incapacidades, as formas de fragilidade e vulnerabilidade que, juntas, indicam a vertente de passividade do homem capaz, sujeito do agir e do sofrer a ação; por outro lado, o exame, iniciado em *O justo 1*, dos limites e dos fracassos do esforço de justiça, considerado principalmente em sua expressão penal. A resistência do espírito de vingança ao senso de justiça está claramente vinculada a

INTRODUÇÃO 43

essas duas grandes problemáticas que os outros ensaios trataram de entrecruzar. O ponto alto do ensaio vem depois da rememoração das conquistas às quais devemos a elevação da virtude da justiça ao nível de instituição: tutela do Estado, registro escrito das leis, instauração dos tribunais, codificação do processo judiciário e de seu arcabouço argumentativo, condução dessa cerimônia de linguagem até a pronúncia da palavra de justiça, que põe em seus justos lugares, de acordo com a justa distância, o autor do dano e sua vítima.

Agora é a punição, a pena e sua violência específica que passam para o primeiro plano com aquilo que Hegel chamava, em sentido amplo, de administração da justiça. A violência é pela primeira vez apontada por ocasião da definição weberiana de Estado como monopólio da violência legítima. Violência mais legitimada que justificada pela crença cujo estatuto discuto no ensaio dedicado às categorias básicas da sociologia de Max Weber.

A violência é nomeada pela segunda vez ao se tratar da ameaça de coerção que confere força de imposição à decisão de justiça. Tocamos aí na diferença principal entre moral e direito: a moral só é sancionada pela reprovação que, erroneamente, se chama de condenação; o direito é sancionado pela punição, em outras palavras, pela pena. Nesse aspecto, são conhecidas as reflexões fulgurantes de Pascal sobre a dialética de justiça e força. Daí decorre o paralelismo entre uma escala das penas e uma escala dos delitos, segundo uma regra de proporcionalidade que se pretende racional. Chega-se assim ao ato final da ação judicial, reconhecido em sua dupla face de palavra de justiça e cominação da pena.

É nesse ponto que chegamos ao problema perturbador do ressurgimento da vingança no âmago do próprio exercício do ato de justiça. A pena faz sofrer. A pena soma um sofrimento a outro e assim imprime a marca da violência numa palavra que pretende dizer o direito.

Alguém objetará que não se deve falar com tanta facilidade do retorno da vingança por ocasião da cominação da pena: como se diz, é a satisfação dada à vítima pela condenação de seu ofensor que dá ensejo a sentimentos vingativos inevitáveis e, em muitos aspectos, legítimos; esses sentimentos dizem respeito à subjetividade da vítima que tem o reconhecimento de seu direito e, na medida do possível, reparação e compensação por sua desgraça; mas – insiste o argumento – a maneira subjetiva de receber satisfação não faz parte do sentido da pena como punição. Apenas o caráter merecido da pena importa a seu sentido e, por via de conseqüência, justifica a penibilidade da pena.

Entendo o argumento: ele satisfez pensadores racionais tão exigentes quanto Kant e Hegel. Ele deve ser entendido como réplica a uma consideração puramente pragmática cujo eco pode ser encontrado em meu ensaio quando menciono como simples fato a ausência de alternativa à privação da liberdade, mas acrescentando a admissão desolada de que não dispomos de nenhum projeto viável de abolição das prisões. Eu diria hoje que não é por falta de alternativa melhor – como um resto – que se deve afirmar o dever de preservar para os detentos a perspectiva de reinserção na comunidade dos cidadãos livres. Essa obrigação não atende apenas ao respeito e à consideração devida aos detentos como simples seres humanos e muito menos decorre da comiseração ordinária; ela faz parte do próprio sentido de pena; constitui sua finalidade; nesse sentido, deve ser incorporada à argumentação que se esforça por dissociar a satisfação da vítima, no sentido jurídico do termo satisfação, dos sentimentos vingativos que constituem a outra vertente da satisfação. Todas as medidas referentes à reforma das prisões ocupam seus devidos lugares no raciocínio, como disposições pragmáticas a serviço do projeto de reabilitação, mencionadas no ensaio de *O justo 1* intitulado "Condenação, reabilitação, perdão". Nem por isso repudio o argumento final do presente ensaio, segundo o qual não há soluções que não sejam pragmáticas para o dilema da justiça e da vingança, no sentido de que o projeto de reabilitação é da alçada do conjunto de medidas privadas e institucionais colocadas sob o signo da sabedoria prática. Aquilo que durante muito tempo ficará como resíduo de violência na prática da justiça decorre da face frágil e vulnerável de todas as ações desse ser humano capaz que nunca deixamos de caracterizar como ser que age e sofre a ação.

* * *

Opto por terminar esta coletânea com o ensaio "O universal e o histórico". Essa conferência, feita para um grande público fora da França, propõe um último percurso dos três níveis da reflexão moral, tomados não mais apenas do ponto de vista de seu encadeamento, mas do confronto com cada um dos níveis considerados entre o universal e o histórico. Essa dificuldade nunca deixou de estar presente em análises anteriores. Em se tratando da dialética entre autonomia e vulnerabilidade, pôde-se notar que a autonomia apresenta traços de universalidade mais pertinentes que a vulnerabilidade, mais modulada esta até em sua passividade originária pelas circunstâncias culturais que a história desenrola. Ao mesmo tempo como pressuposto e como tarefa, a autonomia eleva uma pretensão à universalidade que faz parte de sua constituição de princípio, ao passo que os signos da vulnerabilidade se inscrevem numa história da passividade que confere a esta uma historicidade irredutível.

Esse desdobramento do paradoxo da autonomia da vulnerabilidade no plano de sua apreensão conceitual não poderia deixar de atingir as doutrinas morais mais preocupadas com coerência. Assim, pude propor, no âmbito das "Leituras" situadas no centro deste volume, a releitura da obra de Charles Taylor, *The Self and the Good*, à luz da dialética entre universal e histórico: a conexão entre *o si-mesmo e o bem* é apresentada como o universal que estrutura todo o empreendimento; mas o percurso que, através dos grandes racionalismos que culminam no Iluminismo, leva da escola do olhar interior (dotada de um desenvolvimento distinto) ao romantismo e às éticas da vida e do meio ambiente é um percurso eminentemente histórico. Se nesse aspecto há um conceito altamente dialético, esse conceito é o de modernidade, entendido ora como projeto com pretensão universal, ora como o nome de uma época, designando-se a cada vez como portador da ruptura entre o novo e o velho, o antigo, o ultrapassado.

Essa dialética entre universal e histórico é reconstruída no ensaio final deste volume nos seguintes três níveis sucessivos: ética fundamental, obrigação moral e sabedoria prática. A reavaliação da herança kantiana por Rawls, por um lado, e por Apel e Habermas, por outro, dá a oportunidade de reformular a transição da obrigação moral para a sabedoria prática e para as éticas regionais nos termos da correlação entre universal e histórico. Uma vez que são suscitadas por situações eminentemente históricas, como o sofrimento e o conflito, essas éticas exprimem-se apenas em proposições marcadas pelas culturas históricas. O trágico da ação é o lugar no qual o universal e o histórico se interseccionam e entrecruzam.

Não será essa mesma dialética que confronta o universal com o histórico que confere dinamismo fundamental ao *Justo*, considerado na força do adjetivo neutro?

PRIMEIRA PARTE
Estudos

Da moral à ética e às éticas*

Os especialistas de filosofia moral não se entendem sobre a distribuição de sentido entre os termos moral e ética[1]. A etimologia não tem utilidade no caso, uma vez que um dos termos vem do latim, e o outro, do grego, e ambos se referem de uma maneira ou de outra ao campo comum dos costumes. Mas, embora não haja acordo no que se refere à relação, hierárquica ou outra, entre os dois termos, existe acordo quanto à necessidade de dispor de dois termos. Procurando orientar-me nessa dificuldade, proponho considerar o conceito de moral como o termo fixo de referência, atribuindo-lhe duas funções: a de designar, por um lado, a região das normas, em outras palavras, princípios do permitido e do proibido, e, por outro, o sentimento de obrigação como face subjetiva da relação de um sujeito com normas. Na minha opinião, aí está o ponto fixo, o cerne da questão. E é em relação a ele que se deve fixar um emprego para o termo ética. Vejo então o conceito de ética partir-se em dois: um

---

* Publicado em *Un siècle de Philosophie, 1900-2000*, Paris, Gallimard/Centre Pompidou, 2000, pp. 103-20.

1. Peço ao leitor que teve conhecimento daquilo que chamo de "minha pequena ética" em *Soi-même comme un autre* que considere este ensaio como um pouco mais do que esclarecimento e um pouco menos do que *retractatio*, como teriam dito os escritores latinos da Antiguidade tardia. Digamos que se trata de uma reescrita. Quanto aos que desconhecem esse texto que tem cerca de doze anos, posso garantir que o texto que lerão já se basta.

ramo designa algo como o que está a montante das normas – falarei então de ética anterior – e outro ramo designa algo que está como que a jusante das normas – e falarei então de ética posterior. A linha geral de minha exposição consistirá em duas demonstrações. Por um lado, gostaria de mostrar que precisamos de um conceito ainda clivado, partido, disperso de ética: a ética anterior aponta para o enraizamento das normas na vida e no desejo; a ética posterior tem em vista inserir as normas em situações concretas. A essa tese principal somarei uma tese complementar, ou seja, a de que a única maneira de tomar posse do anterior das normas visado pela ética anterior é revelar seus conteúdos no plano da sabedoria prática, que outro não é senão o da ética posterior. Assim, estaria justificado o emprego de um único termo – ética – para designar o que está a montante e o que está a jusante das normas. Portanto, não seria por acaso que designamos por ética ora algo como uma metamoral, uma reflexão de segundo grau sobre as normas, ora dispositivos práticos que convidam a usar a palavra ética no plural e acrescentar-lhe um adjunto, como quando falamos de ética médica, ética jurídica, ética dos negócios etc. É espantoso que esse uso às vezes abusivo e puramente retórico do termo ética para designar éticas regionais não consiga abolir o sentido nobre do termo, reservado àquilo que se poderia chamar de éticas fundamentais, tais como *Ética nicomaquéia* de Aristóteles ou *Ética* de Espinosa.

Começarei, portanto, por aquilo que aparecerá *in fine* como reino intermediário entre a ética anterior e a ética posterior, a saber, o reino das normas. Como disse no começo, considero essa acepção do conceito de moral como o ponto de referência principal e o cerne de toda a problemática. O melhor ponto de partida, nesse aspecto, é a consideração do predicado obrigatório ligado ao permitido e ao proibido. Nesse sentido, é legítimo partir, como fez G. E. Moore, do caráter irredutível do dever-ser e chegar ao ser. Esse predicado pode ser enunciado de vários modos, conforme seja tomado de modo absoluto – isto deve ser feito – ou de modo relativo – isto é melhor que aquilo. Mas em ambos os empregos o direito é irredutível ao fato. Ao assumir essa afirmação, o filósofo apenas presta conta da experiência comum, segundo a qual há um problema moral porque há coisas que devem ser feitas ou que devem ser feitas mais do que outras. Se agora considerarmos que esse predicado pode ser associado a uma grande diversidade de proposições de ação, é legítimo especificar a idéia de norma com a idéia de formalismo. Nesse sentido, a moral kantiana pode ser considerada, em suas linhas mestras, como uma resenha exata da experiência moral comum, segundo a qual só podem ser consideradas obrigatórias as máximas de ação que passem na prova de universalização. Por isso, não é necessário considerar o dever como inimigo do desejo; só estão excluídos do título de obrigação os candidatos que não satisfaçam a referido critério; no sentido mínimo, o elo entre obrigação e formalismo nada mais implica do que uma estratégia de depuração que tem em vista preservar os usos legítimos do predicado obrigação. Nesses limites estritos, é legítimo assumir o imperativo categórico em sua forma mais sóbria: "Age unicamente de acordo com a máxima que, ao mesmo tempo, te faça querer que ela se torne lei universal". Nessa fórmula não se diz como se formam as máximas, ou seja, as proposições de ação que dão conteúdo à forma do dever.

Propõe-se então outra vertente do normativo, a saber, a posição de um sujeito de obrigação, de um sujeito obrigado. Cabe então distinguir do predicado obrigatório, que se diz das ações e das máximas de ação, o imperativo que se diz da relação de um sujeito obrigado com a obrigação. O imperativo, na qualidade de relação entre mandar e obedecer, diz respeito ao defrontante subjetivo da norma, que pode ser chamado de liberdade prática, seja qual for a relação dessa liberdade prática com a idéia de causalidade livre defrontada com o determinismo no plano especulativo. A experiência moral não pede nada mais que um sujeito capaz de imputação, entendendo-se por imputabilidade a capacidade de um sujeito para designar-se como autor verdadeiro de seus próprios atos. Numa linguagem menos dependente da letra da filosofia moral kantiana, direi que uma norma – seja qual for seu titular – implica como defrontante um ser capaz de entrar numa ordem simbólica prática, ou seja, de reconhecer nas normas uma pretensão legítima a regular as condutas. Por sua vez, a idéia de imputabilidade como capacidade deixa-se inscrever na longa enumeração das capacidades com as quais gosto de caracterizar, no plano antropológico, aquilo que chamo de homem capaz: capacidade de falar, capacidade de fazer, capacidade de narrar-se; a imputabilidade soma a essa seqüência a capacidade de colocar-se como agente.

Se agora reunirmos as duas metades da análise, a saber, a norma objetiva e a imputabilidade subjetiva, obteremos o conceito misto de auto-nomia. Direi que a moral requer, no mínimo, apenas a posição mútua da norma como *ratio cognoscendi* do sujeito moral e a imputabilidade como *ratio essendi* da norma. Pronunciar o termo autonomia é propor a determinação mútua entre norma e sujeito obrigado. A moral não pressupõe nada mais do que um sujeito capaz de pôr-se, pondo a norma que o põe como sujeito. Nesse sentido, pode-se considerar a ordem moral como auto-referencial.

A ética fundamental como ética anterior

Por que – perguntarão – remeter de uma moral da obrigação que, segundo se diz, se bastaria a si mesma, sendo nesse sentido auto-referencial, a uma ética fundamental que chamo aqui de ética anterior para distinguir das éticas aplicadas, entre as quais se distribui a ética a jusante, a ética posterior? A necessidade de tal recurso ficará mais reconhecível se partirmos da vertente subjetiva da obrigação moral: do sentimento de estar obrigado. Este marca o ponto de sutura entre o reino das normas e a vida, o desejo. Foi dito acima: o formalismo não implica condenação do desejo; neutraliza-o como critério de avaliação tanto quanto todas as máximas de ação oferecidas ao juízo moral, uma vez que a função crítica é reservada por Kant ao critério de universalização. Mas a questão da motivação continua intacta, conforme demonstra, no próprio Kant, o grande capítulo dedicado na *Critique de la raison pratique* à questão do respeito, sob o título geral dos móbeis racionais. Ora, em minha opinião, o respeito constitui apenas um dos móbeis capazes de inclinar um sujeito moral a"cumprir seu dever". Seria preciso exibir a gama inteira, se fosse possível, dos sentimentos morais, como começou a fazer Max Scheler em sua *Éthique matérielle des valeurs*. Pode-se citar a vergonha, o pudor, a admiração, a coragem, o devotamento, o entusiasmo, a veneração. Gostaria de pôr num lugar de honra um sentimento forte, como a indignação, que mira em negativo a dignidade alheia tanto quanto a própria dignidade; a recusa a humilhar exprime em termos negativos o reconhecimento daquilo que constitui a diferença entre um sujeito moral e um sujeito físico, diferença que se chama dignidade, dignidade esta que é uma grandeza estimativa diretamente apreendida pelo sentimento moral. A ordem dos sentimentos morais constitui assim um vasto domínio afetivo irredutível ao prazer e à dor; talvez fosse até preciso chegar a dizer que o prazer e a dor, na qualidade de sentimentos moralmente não marcados, podem mesmo tornar-se moralmente qualificados por sua ligação com este ou aquele sentimento moral, o que a linguagem corrente ratifica ao falar de dor moral e de prazer em cumprir o dever. Por que não gostar de fazer o bem a outrem? Por que não ter prazer em saudar a dignidade dos humilhados da história?

Entre que coisas os sentimentos morais estabelecem uma sutura? Entre o reino das normas e da obrigação moral, por um lado, e o reino do desejo, por outro. Ora, o reino do desejo foi objeto de uma análise precisa nos primeiros capítulos da *Ética nicomaquéia* de Aristóteles. É nele que se encontra um discurso estruturado sobre a *práxis*, que faz muita falta em Kant. Tudo se baseia no conceito de *proaíresis*, capacidade de preferência racional; é a capacidade de dizer:

isto é melhor que aquilo, e de agir de acordo com essa preferência. Em torno desse conceito-chave gravitam os conceitos que o precedem na ordem didática, tal como o bom grado e o mau grado, ou que lhes sucedem, como a deliberação; o defrontante intencional dessa cadeia conceitual é constituído pelo predicado bom que logo somos tentados a opor ao predicado obrigatório que rege a ética kantiana; na minha opinião, não há por que opor esses dois tipos de predicados: eles não pertencem ao mesmo nível reflexivo; o primeiro pertence, evidentemente, ao plano das normas, mas o segundo pertence a uma ordem mais fundamental, a ordem do desejo que estrutura a totalidade do campo prático; o fato de essa capacidade ser rapidamente absorvida no contexto da cultura grega por meio de uma enumeração das excelências da ação com o nome de virtudes não deve nos surpreender nem limitar; não deve surpreender porque se passa facilmente da preferência racional à idéia de virtude por intermédio da idéia de *héxis* (*habitus,* hábito), consistindo a virtude essencialmente numa maneira de agir sob a orientação da preferência racional. A transição entre as miradas limitadas das práticas (profissões, tipos de vida etc.) e a mirada da vida boa é possibilitada pelo conceito mediador de *érgon,* tarefa – que orienta uma vida humana considerada em sua integridade. A tarefa de ser homem extravasa e envolve todas as tarefas parciais que configuram como boa cada prática. Quanto à enumeração dessas excelências da ação que são as virtudes, ela não deve barrar o horizonte da meditação e da reflexão. Cada uma dessas excelências recorta sua mirada do bem sobre o fundo de uma mirada aberta, magnificamente designada pela expressão vida boa, ou melhor, viver bem; esse horizonte aberto é povoado pelos projetos de vida, por nossas antevisões de felicidade, pelas utopias, enfim, por todas as figuras móveis daquilo que consideraríamos sinais de uma vida realizada. Adiante voltaremos para a fragmentação do campo ético de acordo com os contornos distintos das virtudes enumeradas; projetadas sob o horizonte da vida boa, essas excelências estão abertas a todos os tipos de reescrita do *Traité des vertus*, que mencionaremos na última parte deste ensaio.

Se é em Aristóteles que se encontram os fundamentos mais bem desenhados da ética fundamental, não renuncio à idéia de encontrar um equivalente seu até mesmo em Kant; não só as duas abordagens, que foram encerradas nos rótulos didáticos teleologia e deontologia, não são rivais (porquanto pertencem a dois planos distintos da filosofia prática), como também se interseccionam em alguns pontos modais significativos. O mais notável deles é indicado pelo conceito latino *voluntas*, que desenrola sua própria história de maneira contínua dos medievais aos cartesianos, aos leibnizianos e até mesmo a Kant. Evidentemente, esse conceito de vontade, no qual se pode ver o herdeiro latino da preferência racional, é fortemente marcado, em nossa história cultural, pela meditação cristã sobre a vontade má, sobre o mal, meditação que contribuiu para separar a moral dos Modernos da moral dos Antigos. Mas o elo entre a intenção voluntária e a mirada da vida boa não se rompeu. Como se poderia esquecer a declaração com a qual se iniciam os *Fondements de la métaphysique des moeurs*:

> E de tudo o que é possível conceber no mundo e mesmo em geral fora do mundo, nada há que possa sem restrição ser considerado bom, a não ser apenas uma *vontade boa*.

É verdade que a seqüência da obra procede a uma redução drástica do predicado bom à norma e aos critérios de universalização que a validam. Mas essa redução pressupõe, em termos problemáticos, a preconcepção de alguma coisa que seria a bondade de uma vontade boa.

Ora, essa preconcepção não é esgotada por sua redução deontológica, por sua redução ao dever: tem-se um sinal da resistência ao formalismo quando, no capítulo 3 da *Critique de la raison pratique,* se leva em conta a questão dos "móbeis da razão pura prática", ou seja, do "princípio subjetivo", como diz Kant, da determinação da vontade de um ser cuja razão, em virtude de sua natureza, não está já necessariamente em conformidade com a lei fundamental. Mencionamos uma primeira vez esse tema dos sentimentos morais; é preciso voltar a ele de novo. Do que se trata? Daquilo que tem "influência sobre a vontade", daquilo que a inclina a pôr-se sob a lei ou, como dizíamos acima, a entrar numa ordem simbólica capaz não só de coagir a uma ação conforme, mas de estruturar e educar a ação. É sob esse segundo aspecto – capacidade estruturadora – que o sentimento moral desenha seu lugar em negativo numa teoria da *práxis* que, depois de Aristóteles, só se mostrou com toda sua envergadura em Hegel, principalmente nos *Principes de la philosophie du droit*.

Um elo forte, que a tradição escolar ocultou, une assim a *proaíresis* da *Ética nicomaquéia* ao desejo de "viver bem" que a coroa ao conceito de vontade boa dos *Fondements de la philosophie du droit* e ao conceito de respeito da *Critique de la raison pratique*.

Permitam-me acrescentar um último argumento a favor do parentesco subterrâneo entre duas abordagens do problema da ética fundamental que a tradição congelou com as expressões ética teleológica e ética deontológica. Esse argumento é extraído do último recurso de Kant à idéia de bem em *Religion dans les limites de la simple raison*. Esse recurso parece discordante em comparação com uma moral considerada hostil à idéia de bem, principalmente numa obra que angariou para seu autor julgamentos reprovadores. Não é de surpreender que a idéia retorne no *Essai sur le mal radical*. O problema apresentado pelo mal é, na verdade, o problema da impotência a agir bem – ferida, chaga aberta no coração de nosso querer viver bem. A ocasião do recurso à idéia de bem é notável: no momento de fazer a distinção entre o mal radical e a idéia intolerável de pecado original, urge impor um limite à acusação que ameaça pôr totalmente fora do circuito a vontade boa: isso é feito declarando que a propensão (*Anhang*) ao mal não afeta a disposição (*Anlage*) para o bem, que, por sua vez, possibilita toda a empreitada de regeneração da vontade na qual se resume "a religião nos limites da simples razão". Eis aí reencontrado o conceito de vontade boa no fim da obra kantiana, sob o aguilhão da meditação sobre o mal, ou seja, precisamente do tema que, na esteira do cristianismo, é considerado responsável pela separação entre a moral dos Modernos e a dos Antigos.

A possibilidade de a moral dos Antigos e a dos Modernos poderem unir-se, reconhecer-se e saudar-se mutuamente nesse conceito não decorre da ética nem da moral, mas de uma antropologia filosófica que fizesse da idéia de capacidade um de seus conceitos diretivos. A fenomenologia das capacidades que desenvolvo nos capítulos de *Soi-même comme un autre*, que antecedem a "pequena ética", prepara o terreno para essa capacidade propriamente ética, a imputabilidade, capacidade de reconhecer-se como autor verdadeiro de seus próprios atos. Ora, a imputabilidade pode ser tanto associada ao conceito grego de preferência racional quanto ao conceito kantiano de obrigação moral: é do núcleo dessa capacidade que se projeta o querer "grego" viver bem e se abre o drama "cristão" da incapacidade de fazer o bem por si mesmo sem uma aprovação vinda do alto e dada à "coragem de ser", outro nome daquilo que foi chamado disposição para o bem e que é a própria alma da vontade boa.

Éticas posteriores como espaços da sabedoria prática

Chegou a hora de argumentar a favor da segunda pressuposição deste ensaio, a saber, que o único meio de dar visibilidade e legibilidade ao fundo primordial da ética é projetá-lo no plano pós-moral das éticas aplicadas. A essa empreitada dei o nome de sabedoria prática em *Soi-même comme un autre*.

É possível encontrar tanto em Kant quanto em Aristóteles os sinais da necessidade dessa transferência da ética anterior para as éticas posteriores. De fato, é notável que Kant tenha achado necessário completar o enunciado do imperativo categórico com a formulação de três variantes do imperativo, variantes que, despojadas da terminologia que as exposições escolares gravaram no mármore, orientam a obrigação em direção a três esferas de aplicação: o si-mesmo, o outro e a pólis. A primeira analogia entre lei moral e lei natural, segundo a primeira formulação, numa filosofia moral que oponha a ética à física só tem em vista ressaltar a espécie de regularidade que aproxima a legalidade do reino moral da legalidade do reino físico, a persistência de si mesmo (*maintien de soi*) através do tempo, pressuposta no respeito à palavra dada na qual se baseiam promessas, pactos, acordos e tratados. Ipseidade é outro nome dessa persistência de si mesmo. É a fórmula da identidade moral em oposição à identidade física do mesmo. É verdade que a persistência de si mesmo representa tão-somente o componente subjetivo da promessa e deve entrar em composição com o respeito a outrem no intercâmbio das expectativas em que consiste concretamente a promessa. É esse outro componente da promessa que a segunda formulação do imperativo kantiano assinala, solicitando que a pessoa, em mim e em outrem, seja tratada como um fim em si, e não apenas como um meio. Mas o respeito, como sugerimos acima, constitui só uma das configurações do sentimento moral; propus chamar de solicitude a estrutura comum a todas essas disposições favoráveis a outrem que subjazem a relações curtas de intersubjetividade; não se deveria hesitar em incluir entre essas relações o cuidado consigo mesmo, como figura refletida do cuidado com outrem. Por fim, a obrigação de considerar-se ao mesmo tempo súdito e legislador na cidade dos fins pode ser interpretada de maneira extensiva como a fórmula geral das relações de cidadania num Estado de direito.

Por sua vez, essas fórmulas ainda gerais que distribuem o imperativo por uma pluralidade de esferas – persistência de si mesmo, solicitude para com o próximo, participação cidadã na soberania – só se tornam máximas concretas de ação quando retomadas, retrabalhadas, rearticuladas em éticas regionais e especiais, tais como ética médica, ética judiciária, ética dos negócios, ética do meio ambiente e assim por diante, numa enumeração aberta.

Ora, a ética "grega" de Aristóteles propunha um programa comparável de multiplicação e dispersão das estimativas fundamentais colocadas sob o signo da virtude. A *Ética nicomaquéia* desenrola-se num vai-e-vem entre a virtude e as virtudes. Reduzido a si mesmo, de fato, o discurso sobre a virtude, embora construído com base nas idéias substanciais de preferência racional e polarizado pela idéia de vida boa, tende a fechar-se numa característica formal comum a todas as virtudes, a saber, o caráter de "mediação", de meio escarpado e justo – que em cada virtude separa um excesso de uma deficiência. A partir daí, só a reinterpretação fundamentada das figuras de excelência das ações possibilita dar corpo e substância à idéia nua de virtude. Vem então a enumeração das situações típicas da prática e das excelências que lhes correspondem. Nesse aspecto, coragem, temperança, liberalidade, mansuetude e justiça são o produto quintessenciado de uma cultura comungada e elucidada por uma grande literatura – Homero, Sófocles, Eurípides –, pelos mestres da oratória pública e por outros sábios, de profissão ou não. A letra desses pequenos tratados que ainda hoje lemos com alegria, porém, não deveria obstar o movimento de reinterpretação iniciado por esses textos no âmago de sua própria cultura. A compreensão que, pela leitura, ainda temos desses perfis de virtude deveria convidar-nos não só a reler esses tratados, mas também a reescrevê-los em benefício de alguma moderna doutrina das virtudes e dos vícios.

O próprio Aristóteles ofereceu uma chave para essas releituras e reescrituras ao separar das virtudes que ele chama de éticas uma virtude intelectual, a *phrónesis*, que se tornou a prudência dos latinos e que podemos considerar a matriz das éticas posteriores. Consiste ela na capacidade, na aptidão de discernir a reta regra, o *orthòs lógos*, nas difíceis circunstâncias da ação. O exercício dessa virtude é inseparável da qualidade pessoal do homem de sabedoria – o *phrónimos* – o homem atilado². Entre a prudência e as "coisas singulares" o elo é estreito. É então nas éticas aplicadas que a virtude da prudência pode ser submetida à prova da prática. Nesse sentido, a própria *phrónesis*, que, como se supõe, é exercida dentro da prática cotidiana das virtudes, deveria poder também governar a reinterpretação da tabela das virtudes na esteira dos modernos tratados das paixões.

Gostaria de propor dois exemplos – um extraído da ordem médica, outro da ordem judiciária – de tal reelaboração da sabedoria prática em éticas regionais. Cada uma dessas éticas é aplicada a suas regras próprias, mas seu parentesco *fronético*, se me permitirem a expressão, conserva notável analogia formal entre elas, no nível da formação do juízo e da tomada de decisão. Dos dois lados, cumpre passar de um saber constituído de normas e conhecimentos teóricos para uma decisão concreta em situação: prescrição médica, por um lado, e sentença judiciária, por outro. E é no juízo singular que ocorre essa aplicação. No entanto, a diferença das situações é considerável: do lado médico, é o sofrimento que provoca o pedido de tratamento e a conclusão do pacto de tratamento que liga um doente a um médico. Do lado judiciário, a situação inicial típica é o conflito; ele provoca o pedido de justiça e encontra no processo o seu enquadramento codificado. Daí a diferença entre os dois atos finais: prescrição médica e sentença judiciária. Mas a progressão do juízo é semelhante em ambos os lados. O pacto de tratamento firmado entre um médico e um paciente submete-se a regras de vários tipos. Primeiramente, regras morais reunidas no *Code de déontologie médicale:* neles se lêem regras como a obrigação do sigilo médico, o direito do doente a conhecer a verdade de seu caso, a exigência do consenti-

---

2. A distinção entre eqüidade e justiça oferece um exemplo notável dessa passagem da norma geral à máxima correta em circunstâncias nas quais a lei seja demasiadamente geral ou, como se diria hoje, o assunto seja delicado, o caso difícil.

mento esclarecido antes de qualquer tratamento de risco e regras referentes aos conhecimentos biológicos e médicos que o tratamento em situação clínica submete à prova da realidade; por fim, regras administrativas que, no plano da saúde pública, regem o tratamento social da doença. Esse é o triplo enquadramento normativo do ato médico concreto que redunda na decisão concreta, na prescrição e, de um plano ao outro, no juízo, na *phrónesis* médica.

É esse entremeio que o exercício do juízo na ordem judiciária possibilita articular melhor, por ser rigorosamente codificado. O âmbito, como dissemos, é o processo. Este põe a nu as operações de argumentação e interpretação que levam à tomada de decisão final, a sentença, também chamada julgamento. Essas operações são divididas entre protagonistas múltiplos e regidas por rigoroso procedimento. Mas, tal como no juízo médico, o que está em jogo não será a aplicação de uma regra jurídica a um caso concreto, o litígio em exame? A aplicação consiste, ao mesmo tempo, na adaptação da regra ao caso, por meio da qualificação delituosa do ato, e do caso à regra, por meio de uma descrição narrativa considerada verídica. A argumentação que guia a interpretação da norma e do caso abebera-se nos recursos codificados da discussão pública. Mas a decisão continua singular: tal delito, tal réu, tal vítima, tal sentença. Esta é ditada como a palavra de justiça pronunciada numa situação singular.

Tais são as semelhanças estruturais entre dois processos de aplicação de uma regra a um caso e de subsunção de um caso a uma regra. São elas que garantem a semelhança entre as duas modalidades de tomada de decisão em meio médico e em meio jurídico. Ao mesmo tempo, essas semelhanças ilustram a transferência da ética anterior, mais fundamental que a norma, para éticas aplicadas, que extrapolam os recursos da norma.

A que característica da ética fundamental a ética médica dá visibilidade e legibilidade? À solicitude, que exige socorro a toda pessoa em perigo. Mas essa solicitude só se torna manifesta ao passar pelo crivo do sigilo médico, do direito do doente a conhecer a verdade de seu caso e do consentimento esclarecido – regras estas que conferem ao pacto de tratamento as características de uma deontologia aplicada. Quanto à tomada de decisão que redunda na sentença no âmbito do processo judiciário, encarna numa formulação concreta a idéia de justiça que, aquém de qualquer direito positivo, é do domínio do querer viver bem. Uma das teses da "pequena ética" de *Soi-même comme un autre* era que a intenção ética, em seu nível mais profundo de radicalidade, se articula numa tríade na qual o si mesmo, o outro próximo e o outro distante são igualmente honrados: viver bem, com e para os outros, em instituições justas. Enquanto a ética médica fala em nome do segundo termo da seqüência, a ética judiciária encontra na vontade de viver em instituições justas a exigência que liga o conjunto das instituições judiciárias à idéia de vida boa. É esse querer viver em instituições justas que encontra visibilidade e legibilidade na palavra de justiça proferida pelo juiz na aplicação das normas que, por sua vez, estão no cerne da moralidade privada e pública.

Em conclusão, podem ser consideradas equivalentes as duas formulações seguintes: por um lado, pode-se ver a moralidade como o *plano de referência* em relação ao qual se definem de ambos os lados uma ética fundamental que lhe seria anterior e éticas aplicadas que lhe seriam posteriores. Por outro lado, pode-se dizer que a moral, em seu desdobramento em normas privadas, jurídicas e políticas, constitui a *estrutura de transição* que guia a transferência da ética fundamental em direção às éticas aplicadas que lhe dão visibilidade e legibilidade no plano da *práxis*. A ética médica e a ética judiciária, nesse aspecto, são exemplares, uma vez que o sofrimento e o conflito constituem duas situações típicas que imprimem na *práxis* o selo do trágico.

Justiça e verdade*

O ensaio que proponho é de natureza puramente exploratória. Sua meta mais distante é justificar a tese de que a filosofia teórica e a filosofia prática são de níveis iguais; como nenhuma delas é filosofia primeira em relação à outra, mas ambas são "filosofia segunda" em relação àquilo que Stanislas Breton caracterizou como função *meta-* (eu mesmo, no número do centenário da *Revue de métaphysique et de morale*, defendia essa reformulação da metafísica nos termos da função *meta-*, na qual seriam unidos "os gêneros máximos" da dialética dos últimos *Diálogos* de Platão e a especulação aristotélica sobre a pluralidade dos sentidos do ser ou do ente). Não é dessa função meta-, assumida hipoteticamente, que falarei hoje, mas daquilo que chamei igualdade de nível das duas filosofias segundas. Para nos atermos a essa tese, proponho considerar as idéias de justiça e verdade como idéias reguladoras de mais alto nível na condição de secundaridade em relação à função meta-. O objetivo da demonstração seria atingido se mostrássemos duas coisas: 1. que essas duas idéias podem ser formuladas independentemente uma da outra: seria a primeira figura de igual-

---

* Texto apresentado na conferência ocorrida em outubro de 1995 no Institut catolique de Paris, no centenário da Faculdade de Filosofia e publicado em P. Capelle, *Le Statut contemporain de la philosophie première*, Paris, Beauchesne, 1996.

dade; 2. que elas se entrecruzam de maneira rigorosamente recíproca: seria a segunda figura de igualdade. Portanto, num primeiro momento, pensar a justiça e a verdade uma sem a outra; num segundo momento, pensá-las no modo da pressuposição recíproca ou cruzada. Essa empreitada nada tem de revolucionária; situa-se na linha das especulações sobre os transcendentais, na distinção entre eles e em sua convertibilidade mútua. Colocando-nos assim sob essa antiga égide, trazemos à tona a ausência da idéia do belo em nossa empreitada, ausência cuja reparação suscitaria provavelmente uma meditação comparável em torno da irredutibilidade dessa instância e de sua imbricação com as outras duas. Nesse sentido, o presente estudo padece de uma limitação reconhecida e assumida.

A objeção imediata oposta a essa empreitada diz respeito à substituição do bom pelo justo no ápice da ordem prática. A ela respondo que, na primeira abordagem, esses dois predicados eminentes podem ser considerados sinônimos. Sua relação verdadeira, que já quero caracterizar como dialética, aparecerá ao longo do exame. Digamos por ora que parecerá mais fácil – o argumento, portanto, é puramente didático – justificar, por um lado, a pretensão do justo a ocupar o ápice da hierarquia prática e, por outro, sua imbricação na busca da verdade como constituinte de um projeto prático, digamos, o projeto de uma prática teórica. Nessa dupla justificação consistirá o caráter moderno de uma reavaliação da tradição dos transcendentais, reavaliação que incide na distinção e no modo de convertibilidade deles.

Num primeiro momento, tomarei a idéia de justo como termo de referência e defenderei a supremacia do justo, pensado sem o verdadeiro, na hierarquia das idéias reguladoras de ordem prática. Num segundo momento, tratarei de mostrar de que maneira específica o justo arregimenta de alguma maneira o verdadeiro em sua circunscrição.

Supremacia do justo no campo prático

Ao abordar o primeiro estágio de minha análise, pensei na declaração de Rawls no início de *Théorie de la justice*: "A justiça é a primeira virtude das instituições sociais, assim como a verdade é a primeira virtude das teorias."Duas coisas são afirmadas simultaneamente aí: a disjunção entre justiça e verdade e o emparelhamento entre justiça e instituições. A segunda parte da tese parece comprometer a ambição da primeira, que é de promover a justiça ao ápice da prática. Portanto, é importante mostrar em que sentido as duas metades da tese são interdependentes.

Farei a demonstração da primeira parte da definição de Rawls com os recursos postos à disposição na parte ética de *Soi-même comme un autre*, a fim de garantir o estatuto eminente da justiça. Proponho duas leituras cruzadas da estrutura da moralidade. Uma leitura horizontal leva-me a derivar a constituição do si da tríade formada por querer vida boa, com e para os outros, em instituições justas. Uma leitura vertical segue a progressão ascendente que, partindo de uma abordagem teleológica guiada pela idéia do viver-bem, atravessa a abordagem deontológica na qual dominam norma, obrigação, proibição, formalismo e procedimento, terminando seu percurso no plano da sabedoria prática, que é o plano da *phrónesis*, da prudência como arte da decisão eqüitativa em situações de incerteza e conflito, portanto no ambiente do trágico da ação. Segundo essa leitura cruzada, a justiça está situada na intersecção dos dois eixos porque, por um lado, ela figura pela primeira vez em terceiro lugar na tríade cujos termos relacionei e, por outro, favorecida pela transposição da tríade de um plano para outro, a justiça continua até o fim como terceira categoria nomeada. A justiça poderia ser considerada a categoria mais alta do campo prático se pudéssemos mostrar que há progressão do primeiro ao terceiro termo da tríade básica no plano horizontal e também no eixo vertical que faz a idéia de justiça culminar na idéia de eqüidade. Essa é a tese que agora eu gostaria de defender, especificando o tipo de progressão que reina ao longo dos dois eixos.

A tríade pertencente ao eixo horizontal não consiste absolutamente na simples justaposição entre o si, o próximo e o distante; a progressão é a mesma da constituição dialética do si. O querer viver bem enraíza o projeto moral na vida, no desejo e na carência, como marca a estrutura gramatical do querer. Mas sem a mediação dos outros dois termos da tríade, o querer vida boa se perderia na nebulosa das figuras variáveis da felicidade, sem poder pretender igualar-se ao famoso bem platônico que Aristóteles não se abstém de ironizar. Eu diria que o curto-circuito entre o querer vida boa e a felicidade resulta do desconhecimento da constituição dialética do si. Essa constituição dialética faz que o caminho de efetivação do querer vida boa passe pelo outro. A fórmula de *Soi-même comme un autre,* nesse sentido, é uma fórmula primitivamente ética que subordina a reflexividade do si à mediação da alteridade do outro. Mas a estrutura dialética do querer vida boa fica incompleta quando pára no outro das relações interpessoais, no outro segundo a virtude da amizade. Falta ainda a progressão, o desdobramento, o coroamento constituídos pelo reconhecimento do outro como estranho. Esse passo do próximo ao distante, ou mesmo da apreensão do próximo como distante, é também o passo da amizade à justiça. A amizade da relações privadas recorta-se sobre o fundo da relação pública da justiça. Antes de qualquer formalização, de qualquer universalização, de qualquer tratamento procedimental, a busca de justiça é a busca de uma justa distância entre todos os seres humanos. Justa distância, meio-termo entre a pouquíssima distância própria a muitos sonhos de fusão emocional e o excesso de distância alimentado pela arrogância, pelo desprezo, pelo ódio ao estranho, desconhecido. Eu veria na virtude da hospitalidade a expressão emblemática mais próxima dessa cultura da justa distância.

É em relação a essa busca da justa distância que pode ser pensado uma primeira vez o elo entre justiça e instituição. A função mais geral da instituição é garantir o nexo entre o próprio, o próximo e o distante em alguma coisa como uma pólis, uma república, um Commonwealth. É nesse sentido, ainda indiferenciado da instituição, que o nexo pode ser dito instituído, ou seja, instaurado. E é ao preço dessa indiferenciação inicial que o querer de viver em instituições justas já pertence ao plano teleológico definido pela meta de vida boa. Antes de considerar a progressão da idéia de justiça no eixo vertical que leva à preeminência da sabedoria prática e, com ela, da justiça como eqüidade, pode-se fazer uma primeira observação referente à relação entre bondade e justiça. A relação não é nem de identidade, nem de diferença; a bondade caracteriza a meta do desejo mais profundo e, assim, pertence à gramática do querer. A justiça como justa distância entre o si e o outro, encontrado como distante, é a figura inteiramente desenvolvida da bondade. Sob o signo da justiça, o bem torna-se bem comum. Nesse sentido, pode-se dizer que a justiça desenvolve a bondade que a envolve.

Mas a primazia moral da idéia de justiça só é plenamente reconhecida ao cabo do percurso sobre o segundo eixo da constituição da moralidade. Sob o signo da norma, categoria rainha do ponto de vista deontológico, a justiça passa pela prova de universalização, formalização e abstração procedimental. Ela também é levada ao nível de imperativo categórico. Transposta para esse plano formal, a progressão interna à tríade formada por próprio, próximo e distante coincide com as três formulações do imperativo kantiano e, conforme diz Kant nos *Fondements...*, ela vai da unidade à pluralidade e à totalidade. Assim transposta para o plano da norma, a tríade básica torna-se tríade formada por autonomia do si, respeito à humanidade na pessoa do si e de outrem e projeção da cidade dos fins na qual cada um seria ao mesmo tempo súdito e legislador.

É em relação a essa tarefa de instaurar a cidade dos fins que o elo entre instituição e justiça pode ser articulado uma segunda vez. Ele se deixa representar pela noção "das ordens de reconhecimento" proposta por Jean-Marc Ferry em *Les puissances de l'expérience*. Com isso são designados os sistemas e subsistemas entre os quais se distribuem nossas múltiplas fidelidades. É nesse nível que prossegue a discussão entre os defensores de uma concepção unitária dos princípios de justiça, com base no modelo de *Théorie de la justice* de John Rawls, ao preço de uma redução drasticamente procedimental desses princípios, e os defensores de uma concepção pluralista das instâncias de justiça à maneira de Michael Walzer e dos comunitaristas. Mas, mesmo assim fragmentada em "esferas de justiça" segundo a terminologia deste último, a idéia de justiça continua sendo idéia reguladora suprema, no mínimo como regra de vigilância nas fronteiras que cada uma das esferas tende a transgredir quando à mercê da paixão de dominação. Mas, através das regras procedimentais que presidem a distribuição dos papéis, das tarefas e dos encargos, continua a fazer-se ouvir a reivindicação dos mais desfavorecidos nas partilhas desiguais. Com isso fica marcada a filiação da justiça segundo a norma a partir da justiça segundo o querer.

Falta lembrar em algumas palavras de que modo a passagem do ponto de vista deontológico ao ponto de vista da sabedoria prática acarreta uma última transformação da idéia de justiça. Ela incide sobre decisões difíceis que devem ser tomadas em circunstâncias de incerteza e conflito sob o signo do trágico da ação, quer se trate de conflito entre normas de peso aparentemente igual, quer de conflito entre o respeito à norma e a solicitude às pessoas, quer de escolhas que não seriam feitas entre o branco e o preto, mas entre o cinzento e o cinzento, quer enfim de escolhas nas quais seja estreita a margem entre o mal e o pior. Dizer o direito nas circunstâncias singulares de um processo, portanto no âmbito da forma judiciária das instituições de justiça, constitui um exemplo paradigmático daquilo a que nos referimos aqui com a idéia de justiça como eqüidade. Aristóteles deu sua definição nas últimas páginas de seu tratado sobre a justiça:"Tal é a natureza do eqüitativo: é ser um corretivo da lei, lá onde a lei deixou de estatuir devido à sua generalidade." Esse texto de Aristóteles dá a entender que não é apenas diante daquilo que Ronald Dworkin considera *hard cases*, caso difíceis, que a justiça deve se tornar eqüidade, mas em todas as circunstâncias nas quais o juízo moral seja posto em situação singular e nas quais a decisão é marcada do selo da íntima convicção.

Nesse ponto termina o percurso da idéia de justiça. Ela pode ser considerada como a regra prática mais elevada por ser ao mesmo tempo o último termo da tríade iniciada pelo querer viver bem e o último termo do percurso de nível em nível que termina na sabedoria prática. Quanto à relação com o bom, resume-se na fórmula proposta já no exame da tríade básica: o bom designa o enraizamento da justiça no querer viver bem, mas é o justo que, desdobrando a dupla dialética, horizontal e vertical, do querer viver bem, põe o selo da prudência na bondade.

Implicação do verdadeiro no justo

Chegou a hora de dizer em que sentido a verdade está implicada na justiça. Não me parece constituir pista promissora a procura da verdade em enunciados sucessivos que demarquem o discurso que acabamos de proferir, quer se trate da tríade inicial, quer do encadeamento dos pontos de vista teleológico, deontológico e prudencial. Realmente, alguém pode me perguntar se considero verdadeiro aquilo que acabo de articular aqui. Mas considerá-lo verdadeiro con siste tão-somente numa reiteração das proposições práticas acompanhadas por um sim de assentimento. Mas este não provém de nenhuma outra fonte senão da força do autoposicionamento do próprio querer viver bem na qualidade de instância prática e não teórica. A regra de justiça sob os três enunciados sucessivos que propusemos, culminando na idéia do justo como eqüitativo, não tem outra verdade senão sua força de injunção. Nesse sentido, afasto-me dos moralistas de língua inglesa que defenderam a idéia de verdade moral. Compreendo suas razões. Eles querem preservar as proposições morais tanto da arbitrariedade subjetiva ou coletiva, quanto da redução naturalista dos chamados fatos morais a fatos sociais ou biológicos. Quanto ao perigo de arbitrariedade, é conjurado uma primeira vez pela constituição dialética que leva o bom para o nível do justo, graças à mediação do outro, próximo ou distante. É conjurado uma segunda vez pela mesma razão que advertiu a reflexão moral contra a redução naturalista. Essa razão outra não é senão a preservação da diferença entre aquilo que Charles Taylor chama, com razão, de "avaliações fortes" e os fatos ou acontecimentos naturais. A correlação que o autor estabelece na primeira parte de *Sources of the Self* ocorre imediatamente entre a auto-afirmação do si e sua orientação entre as figuras do bem. *The Self and the Good* constituem-se simultânea e mutuamente. Portanto, não há verdade suplementar ou distinta que buscar para a injunção do bom e do justo.

Logo, se cabe buscar uma dimensão veritativa para as idéias de bondade e de justiça, isso deve ser feito numa direção totalmente diferente da direção à qual se vinculou a idéia de verdade moral. É na direção das pressuposições antropológicas da entrada numa dimensão moral que se deve dirigir o olhar. São as pressuposições em virtude das quais o homem é considerado um ser capaz de receber a injunção do justo. Trata-se, pois, de asserções que remetem àquilo que o homem é quanto a seu modo de ser, aquilo que ele precisa ser para ser sujeito acessível a uma problemática moral, jurídica ou política, digamos, *grosso modo*, a uma problemática de valor. Ilustro a seguir minhas afirmações com a diferença de estatuto que Kant estabelece entre a idéia de imputabilidade e a de autonomia. A imputabilidade decorre da *Critique de la raison pure*: é uma proposição existencial que figura na tese da *Troisième Antinomie cosmologique*; é uma implicação da afirmação segundo a qual o homem traz coisas para o mundo, introduz começos no curso do mundo; é um outro nome da livre espontaneidade em virtude da qual a ação é passível de louvor ou censura, porque o homem é considerado seu verdadeiro autor (*Urheber*). A asserção de imputabilidade, e não a de autonomia, por pertencer ao campo teorético, é passível de verdade; a autonomia é de outra ordem: ela se baseia na conexão entre a liberdade e a lei, segundo uma implicação *a priori* que manifesta a razão como prática; seja o que for o famoso *factum rationis* com que Kant caracteriza a implicação constitutiva da autonomia, ele não remete a autonomia, categoria prática, para a imputabilidade, categoria "física", no sentido não fisicalista do termo.

Eu gostaria de mostrar como a idéia kantiana de imputabilidade pode ser redistribuída segundo os níveis teleológico, deontológico e prudencial, aos quais pertencem sucessivamente as figuras justiça (que consideramos sob o regime do querer), da norma e do juízo prudencial. Três figuras de imputabilidade às quais correspondem três modalidades de verdade.

Ao nível teleológico do querer vida boa em instituições justas correspondem as modalidades existenciais do homem capaz, que são reconhecidas através da variedade das respostas à pergunta quem? Quem fala? Quem age? Quem se narra? Quem se considera responsável pelas conseqüências de sua ação? As respostas são afirmações que versam sobre poderes. Posso falar, agir, narrar-me, reconhecer-me responsável pelos efeitos dos atos cujo autor me reconheço. Em suma, o tema existencial correlativo ao querer viver bem é a auto-afirmação do homem capaz. Essa idéia de capacidade, portanto, é a primeira figura da imputabilidade como proposição existencial.

E essa pressuposição pode ser chamada de verdadeira. Mas em que sentido do verdadeiro e do falso? Chamar de verdadeiro admite uma polissemia correlativa do domínio considerado. O corte significativo, de acordo com uma análise que compartilho com Jean Ladrière, passa entre a ação e os fenômenos naturais colocados sob leis chamadas leis da natureza, segundo regras de subsunção correspondentes aos diferentes tipos de explicação. A ação, por outro lado, é compreendida como tema de narrativa. Dito isto rapidamente, rapidamente demais, passo à asserção principal, a saber, que a dimensão veritativa da qual decorrem os poderes que especificam a idéia geral de capacidade humana é a asseveração*. Expliquei-me em *Soi-même comme un autre* sobre o estatuto epistêmico da idéia de asseveração, e Jean Greisch generosamente me esclareceu sobre aquilo que continuava equívoco em meu recurso a essa idéia-chave. No essencial, é uma crença, um *Glauben*, num sentido não *dóxico* do termo, se reservarmos o termo *dóxa* para um grau menor *de epistéme*, na ordem dos fenômenos da natureza e também na ordem dos fatos humanos passíveis de serem tratados como observáveis. A essa outra acepção da idéia de verdade correspondem a exigência de verificação e a prova de refutabilidade, segundo a concepção popperiana. A crença própria à asseveração é de outra natureza; ela é da natureza da confiança; seu contrário é a desconfiança, e não a dúvida, ou a dúvida como desconfiança; ela não pode ser refutada, mas recusada; e só pode ser restabelecida e reforçada por meio de um novo recurso à asseveração e, eventualmente, pelo socorro dado por alguns amparos graciosos.

Essa é a primeira correlação entre justiça e verdade. Meu querer viver bem em instituições justas é correlativo da asseveração de que sou capaz desse querer viver bem que me distingue ontologicamente dos outros seres naturais.

Uma segunda correlação entre juízo existencial e juízo de avaliação descobre-se no plano deontológico no qual as avaliações fortes revestem-se da forma da norma formal, universal, procedimental. É a esse plano que corresponde a noção técnica de imputabilidade mencionada por Kant no âmbito da *Troisième Antinomie cosmologique,* portanto, como defrontante teórico da idéia prática de autonomia. Proponho especificar esse novo uso da imputabilidade por meio de outro tipo de capacidade que não a capacidade que acabo

---

* No original,"attestation". (N. da T.)

ESTUDOS 73

de articular em termos de capacidade de agir. A idéia dessa capacidade de outra ordem me é sugerida pelo livro de Thomas Nagel, *Égalité et partialité*. Segundo ele, é a capacidade de adotarmos dois "pontos de vista" sobre nós mesmos ou sobre os outros (é o título de seu capítulo 2). Leio o primeiro parágrafo, inteiramente escrito no vocabulário da capacidade:

> Nossa experiência do mundo e quase todos os nossos desejos decorrem de nossos pontos de vista individuais: vemos as coisas *daqui*, por assim dizer. Mas também somos capazes de pensar o mundo de maneira abstrata, da posição particular que é a nossa, abstraindo aquilo que somos [...] Cada um de nós parte de um conjunto de preocupações, desejos e interesses próprios e reconhece que ocorre o mesmo com os outros. Em seguida, pelo pensamento, podemos nos distanciar da posição particular que ocupamos no mundo e interessar-nos por todos sem distinguir particularmente aquilo que porventura somos. Realizando esse ato de abstração, adotamos aquilo que chamarei de ponto de vista impessoal (p. 9 da tradução francesa).

Portanto, essa capacidade não é da ordem do poder agir, segundo a grande analogia do agir que proponho em *Soi-même comme un autre*. Ela remete mais ao velho adágio de Sócrates sobre a vida examinada. Este pressupõe antropologicamente a capacidade de realizar o ato de abstração instaurado por aquilo que Thomas Nagel chama de "ponto de vista impessoal", retomando um tema enunciado pela primeira vez em *The View from Nowhere*. A capacidade de justapor em relação à própria vida os pontos de vista pessoais e impessoais é a pressuposição ontológica do imperativo kantiano. De fato, vemos sem dificuldades como asserção existencial e obrigação moral se imbricam:

> [...] Como o ponto de vista impessoal não nos distingue do outro, deve ocorrer o mesmo com os valores que caracterizam as outras vidas. Se você é importante do ponto de vista impessoal, qualquer outro também o é (p. 10).

Chega-se assim à fórmula: "Todas as vidas contam, e ninguém é mais importante que ninguém" (*ibid.*). Será essa uma fórmula do âmbito do verdadeiro ou do justo? Uma asserção ou uma obrigação? Eu diria que um misto de fato e direito. Mas o fato nada mais é que a capacidade de adotar o ponto de vista impessoal; ou melhor, a capacidade de negociar entre o ponto de vista pessoal e o ponto de vista impessoal; mas já estamos no juízo moral com a avaliação forte, diria Charles Taylor, incluída no juízo de importância segundo o qual todas as vidas contam, e ninguém é mais importante que ninguém. A capacidade de adotar o ponto de vista impessoal já não se distingue então da capacidade de igualar os juízo de importância que uns fazem sobre os outros. O significado ético da asserção sem dúvida é dominante e pouco difere do imperativo kantiano em sua segunda formulação; tampouco difere do segundo princípio de justiça de Rawls: melhorar a parte mínima nas partilhas desiguais. Mas a proposição francamente moral, que faz do respeito uma obrigação incondicional, respalda-se na proposição ontológica segundo a qual o indivíduo humano é capaz do ponto de vista impessoal que lhe abre o horizonte moral do princípio igualitário da teoria da justiça. A imparcialidade como capacidade de transcender o ponto de vista individual e a igualdade como obrigação de maximizar a parte mínima conjugam-se num juízo misto segundo o qual pode-se o que se deve e deve-se o que se pode.

Essa exata delimitação do juízo como *eu posso* e do juízo como *tu deves* é essencial para a apreciação que se pode fazer sobre as utopias igualitárias. Pois é no nível das capacidades, e não das obrigações, que se desenrola a parte dramática do conflito dos pontos de vista. No nível da capacidade continuam existindo dois pontos de vista, e o conflito faz parte daquilo que podemos e não podemos; a aptidão para sentir o sofrimento alheio, para compadecer-se, não é da ordem do comando, mas da disposição; e é nessa ordem que o homem se divide entre os dois pontos de vista. Decorrem tanto da capacidade quanto da aptidão para estabelecer composições. A virtude da justiça é uma virtude precisamente porque a conduta moral e política deve levar em conta as aptidões variáveis para a composição; considerada do ponto de vista do conflito aberto entre os dois pontos de vista, ela visa (como viu Platão melhor que Aristóteles) a restaurar a unidade nos pontos em que nossas capacidades nos deixam divididos entre nós e nós mesmos. Cito novamente Nagel:

> Como reencontrar nossa unidade? Essa é a questão. Esse problema político, como já notava Platão, deve ser resolvido, se é que ele pode ser resolvido no interior da alma individual. Isso não significa que a solução dada deixará de ter ligação com as relações interpessoais e as instituições. Mas as soluções externas desse tipo só serão válidas se forem expressão de uma resposta adequada à divisão do ser humano, pois essa divisão é um problema que diz respeito a cada indivíduo (p. 16).

Os senhores estarão tão impressionados quanto eu com o fato de que essa volta do imperativo do respeito à capacidade de imparcialidade não redunda apenas em conferir uma ascese antropológica à moralidade, mas também, apontando para a situação conflituosa ligada à confrontação dos pontos de vista, confere à reivindicação moral de igualdade uma profundidade nova que reconduz a teoria da justiça de Kant e mesmo de Aristóteles a Platão, no ponto em que a divisão que a justiça tem em vista corrigir atravessa cada indivíduo, divide cada alma: é graças à consideração antropológica dos dois pontos de vista que a pergunta decisiva nos é feita:"Como reencontrar nossa unidade? Essa é a questão."

Para encerrar esta seção dedicada à intersecção entre o ponto de vista veritativo e o ponto de vista normativo, direi que no teor veritativo vinculado à asserção da capacidade de imparcialidade o que se tem é ainda – como ocorreu com o estágio ético da moralidade – uma verdade asseverativa, com seu caráter duplo de crença oposta à suspeita e de confiança oposta ao ceticismo. A asseveração foi elevada apenas em um grau, ao mesmo tempo que a moralidade passou do querer vida boa à exigência de universalidade. A regra de universalização da máxima recebe sustentação da crença de que posso mudar de ponto de vista, elevar-me do ponto de vista individual ao ponto de vista imparcial. Acredito que sou capaz de imparcialidade ao preço do conflito entre os dois pontos de vista de que sou igualmente capaz.

Que reivindicações veritativas estão ligadas à sabedoria prática? Essa é a pergunta com que terminaremos esta parte de nosso ensaio. Proponho concentrarmo-nos por um momento no aspecto epistemológico dos procedimentos de aplicação da norma a um caso particular, tomando como pedra de toque a prova representada pelos *hard cases* de Dworkin na formação do juízo nas dependências dos tribunais de justiça. Portanto, é na esfera do judiciário que ficaremos por um momento, mas espero mostrar que o tribunal não é o único lugar onde se verifica a análise que vamos fazer. A análise do juízo penal mostra que aquilo que se chama de aplicação consiste em coisa bem diferente da subsunção de um caso particular sob uma regra; nesse aspecto, o silogismo prático constitui apenas a roupagem didática de um processo muito complexo que consiste em adaptar um ao outro dois processos paralelos de interpretação: a interpretação dos fatos ocorridos, que é em última instância de ordem narrativa, e a interpretação da norma quanto à questão de saber em que formulação, ao preço de que extensão e até de que invenção ela é capaz de "bater" com os fatos. Esse processo é um vai-e-vem entre os dois níveis de interpretação – narrativa do fato, jurídica da regra –, até o ponto no qual ocorre aquilo que Dworkin chama de ponto de equilíbrio que pode ser caracterizado como adequação mútua – *fit*, no vocabulário de Dworkin – entre os dois processos de interpretação, narrativo e jurídico. Ora, esse estabelecimento do *fit*, em que consiste a aplicação da norma ao caso, apresenta do ponto de vista epistemológico uma face inventiva e uma face lógica. A face inventiva diz respeito tanto à construção do encadeamento narrativo quanto à do raciocínio jurídico. A face lógica diz respeito à estrutura da argumentação pertencente a uma lógica do provável. De que tipo de verdade se trata aqui? Já não é em termos de capacidade que ela deve ser formulada, mas de adequação. É a verdade do *"fit"*, a saber, uma espécie de evidência situacional característica daquilo que merece ser chamado de convicção, íntima convicção, ainda que a decisão seja tomada no âmbito de uma junta. Falar-se-á de objetividade? Não no sentido de constatação. Trata-se mais da certeza de que naquela situação aquela decisão é a melhor, é a única coisa por fazer. Não se trata de coerção; a força da convicção nada tem a ver com determinismo factual. É a evidência *hic et nunc* daquilo que convém fazer.

Tomamos um exemplo extraído da esfera judiciária, mas eu gostaria de sugerir que várias disciplinas entrecruzam de modo comparável interpretação e argumentação, e que essas disciplinas também têm seus *hard cases*. Penso, em primeiro lugar, no juízo médico confrontado com situações extremas, principalmente no início e no fim da vida; penso também no juízo histórico, quando é preciso avaliar o peso respectivo da ação dos indivíduos e o das forças coletivas; menciono, por fim, o juízo político, quando um governante se vê diante da obrigação de estabelecer uma ordem de prioridade entre valores heterogêneos cuja soma constituiria o programa de um bom governo. Em todas essas disciplinas, a mesma lógica do provável conforta a busca arriscada da convicção no qual se respalda o juízo moral em situação. A cada vez, a verdade consiste na adequação do juízo à situação. Falar-se-ia com bons motivos de justeza somada à justiça.

Percorremos assim três níveis de verdade, correspondentes a três níveis de imputabilidade. A cada vez tem-se aquilo que poderia ser chamado de veritativo implicado no juízo moral.

Terei conseguido tornar plausível minha tese inicial, de que o verdadeiro e o justo são grandezas do mesmo nível, ainda que num segundo movimento elas se impliquem mutuamente? Mas minha demonstração ficará inacabada pelo tempo durante o qual eu não mostrar que a verdade, por sua vez, grandeza autônoma em sua ordem, só encerra o percurso constitutivo de seu sentido com o socorro da justiça.

Autonomia e vulnerabilidade*

O título enunciado para minha contribuição no seminário deste ano – O que é sujeito de direito? – designa a interrogação na qual se envolvem todas as perplexidades que enfrentaremos este ano. O sujeito de direito é, ao mesmo tempo, a principal *pressuposição* de toda investigação jurídica e o *horizonte* da prática judiciária. É esse paradoxo que eu gostaria que tivéssemos em mente durante esta hora. Para dar toda sua força a esse paradoxo, proponho tomar como guia nesta travessia entre condição de possibilidade e tarefa o par *autonomia* e *vulnerabilidade* que os senhores colocaram como cabeçalho de todas as contribuições deste ano letivo. A autonomia é de fato o apanágio do sujeito de direito; mas é a vulnerabilidade que faz a autonomia continuar como condição de possibilidade que a prática judiciária transforma em tarefa. Sendo autônomo por hipótese, o ser humano deve tornar-se autônomo. Não somos os primeiros a topar com tal paradoxo. Em Kant, a autonomia aparece duas

---

* Sessão inaugural do seminário do *Institut des hautes études sur la justice*, segunda-feira, 6 de novembro de 1995. Texto publicado em *Philosophie dans la cité. Hommage à Hélène Ackermans* (Publications des facultés universitaires Saint-Louis, 73). Textos reunidos por A.-M. Dillens, Bruxelas (Publications des facultés universitaires Saint-Louis, 1997, pp. 121-41). Reproduzido em *Rendiconti dell'Accademia Nazionale dei Lincei* (Roma), 1997, pp. 585-606 e em *La Justice et le mal* (Opus, 57), org. por A. Garapon e D. Salas, Paris, Odile Jacob, 1997, pp. 163-84.

vezes; uma primeira vez na *Critique de la raison pratique*, como o nó *a priori* da liberdade e da lei, sendo a primeira a *ratio essendi* da lei, e a segunda, a *ratio cognoscendi* da liberdade; mas ela aparece pela segunda vez num texto militante, "O que é o Iluminismo?". A autonomia é então a tarefa de sujeitos políticos chamados a sair do estado de submissão, de "menoridade", atendendo à palavra de ordem "*sapere aude*": ousa pensar por ti mesmo! É na perspectiva desse paradoxo que falarei da idéia-projeto da autonomia.

Vejamos como procederemos.

Vou compor, grau a grau, o paradoxo da autonomia e da vulnerabilidade. Para atender às necessidades desse procedimento analítico, vou examinar sucessivamente diversos graus da idéia de autonomia e estabelecer a correspondência entre cada estágio e uma figura determinada de vulnerabilidade ou, como prefiro dizer, de fragilidade. Talvez consiga fazer entender melhor desse modo o que é um paradoxo e por que a condição humana comporta tal paradoxo. O paradoxo tem em comum com a antinomia a mesma situação mental, a saber, duas teses contrárias opõem igual resistência à refutação e, portanto, devem ser aceitas juntas ou recusadas juntas. Mas, enquanto os termos da antinomia pertencem a dois universos diferentes de discurso, os termos do paradoxo se defrontam no mesmo universo de discurso. Assim, na velha antinomia entre liberdade e determinismo, a tese pertence ao universo moral, e a antítese, ao universo físico sob a insígnia do determinismo. Cabe à filosofia aqui apenas separá-las e confinar cada uma em sua ordem. Não é o que ocorre com o paradoxo entre autonomia e fragilidade. Ambas se opõem no mesmo universo mental. O mesmo homem é ambas as coisas de pontos de vista diferentes. Ademais, não contentes em opor-se, os dois termos se compõem entre si: a autonomia é a autonomia de um ser frágil, vulnerável. E a fragilidade não passaria de patologia, caso não fosse a fragilidade de um ser chamado a tornar-se autônomo, porque de certo modo ele o é desde sempre. Eis aí a dificuldade que precisamos enfrentar. É de esperar que semelhante paradoxo, que faremos evoluir diante de nossos olhares, não admita solução especulativa, como a antinomia – eis aí mais uma diferença –, mas sim uma mediação prática, uma prática combativa, tal como foi o *sapere aude*. Mas, enquanto Kant se dirigia a homens esclarecidos – em estado de "servidão voluntária", para retomar a palavra de La Boétie – o termo contrário que deve ser colocado diante da autonomia apresenta características de passividade sem comparação fora da esfera humana e – cabe esclarecer desde já – sem comparação fora da esfera social e política. Esse esclarecimento não deixa de aumentar nosso embaraço: se Kant ainda podia tratar a indulgência com o estado de menoridade como uma escolha voluntária, como uma máxima má de ação, portanto atacá-la em nome das características universais de humanidade, as figuras de vulnerabilidade ou fragilidade que deveremos considerar trazem marcas particulares, próprias de nossa modernidade, que dificultam um discurso filosófico, condenado a misturar considerações sobre a condição moderna e até extremamente contemporânea a características que, se não são universais, pelo menos podem ser vistas como de longa e até longuíssima duração, a exemplo da interdição do incesto. Hannah Arendt já topara com essa dificuldade epistemológica na qual se defrontam o fundamental e o histórico, quando escrevia *The Human Condition* (que, aliás, em francês foi infelizmente traduzido por *Condition de l'homme moderne*, provavelmente para não ofuscar Malraux!). Um aspecto não pouco importante do paradoxo é que há mais de fundamental na autonomia – pelo menos aquela que é pressuposta – e mais de histórico na vulnerabilidade, cujas marcas de atualidade constituem precisamente aquilo que nos preocupa e nos insta a deslocar a autonomia do plano do fundamental para o plano do histórico.

Vejamos a ordem que proponho seguir ao compor, grau por grau, a idéia-projeto de autonomia. Como no texto que coloquei à testa de meus estudos em *O justo*, precisamente com o título de sujeito de direito, partirei do ponto mais distante possível do plano ético-jurídico, no qual a idéia de autonomia atinge seu último desenvolvimento, a saber, do nível de uma antropologia filosófica cuja questão global pode ser resumida nos seguintes termos: que espécie de ser é o homem, para que ele possa estar ligado à problemática da autonomia? Procedendo assim, partiremos das características menos marcadas pelas grandes transformações contemporâneas, portanto das características mais enraizadas na condição humana comum. E a cada estágio porei em exame as características correspondentes de fragilidade, com o fim de aguçar e restringir progressivamente o paradoxo da idéia-projeto de autonomia.

Portanto, começarei – sem demora – pelo tema do homem capaz cujo prolongamento ético-jurídico veremos adiante no tema da imputabilidade.

A força desse vocabulário da capacidade (*capacité*), do poder (*pouvoir*), da potência (*puissance*) foi reconhecida por Aristóteles como *oréxis*, e por Espinosa como *conatus* – gosto de me referir a Espinosa não só porque ele define como primordial toda substância finita por seu esforço para existir e perseverar no ser, mas também porque, no *Traité politique*, ele coloca o conceito de *potentia* no prolongamento direto de sua ontologia do *conatus* para opô-lo à *potestas* de Hobbes e Maquiavel. Do ponto de vista fenomenológico, essa capacidade de fazer se expressa nos múltiplos campos de intervenção humana sob a modalidade de poderes determinados: poder de dizer – poder de agir sobre o curso das coisas e de influenciar os outros protagonistas da ação –, poder de reunir sua própria vida numa narrativa inteligível e aceitável. A esse conjunto de poder-fazer deve-se somar imediatamente o conjunto considerar-se autor verdadeiro de seus próprios atos, que constitui o cerne da idéia de imputabilidade. Mas, antes de mencionar as modalidades correlativas de incapacidade que constituem a base da fragilidade, que se poderia chamar de básica, é importante marcar o elo entre o conteúdo de afirmação carregado pela noção de poder-fazer e a própria *forma* da afirmação a ele aplicada.

A potência – direi – afirma-se, reivindica-se. Esse elo entre afirmação e potência merece ser destacado com veemência. Ele comanda todas as formas reflexivas nas quais um sujeito se designa como aquele que pode. Mas a afirmação simples e direta do poder-fazer já apresenta o traço epistemológico notável de que ele não pode ser provado nem demonstrado, mas apenas *asseverado*. Desse modo, é visada uma forma de crença que não é como a *dóxa* platônica uma forma inferior de saber, *de epistéme*. Tal como o *Glauben* kantiano, que foi posto no lugar do *Wissen*, segundo diz o autor da *Critique* na famosa Introdução, é um crédito aberto à convicção prática, uma confiança em sua própria capacidade, que só pode receber confirmação de seu exercício e da aprovação dada por outrem (a palavra sanção tem aí seu primeiro significado, o de aprovação). Asseveração/sanção, assim se sustenta na palavra a potência de agir. Seu contrário não é a dúvida, mas a desconfiança – ou a dúvida como desconfiança. E só se supera a desconfiança com um sobressalto, um *sursum*, que outros seres humanos podem incentivar, acompanhar, amparar, por meio da confiança e do apelo à responsabilidade e à autonomia, cujo lugar será encontrado adiante em toda pedagogia, em toda educação moral, jurídica e política. Devemos manter-nos firmes por ora nesse elo entre afirmação e potência.

Fiéis a nosso propósito de nunca perder de vista o caráter paradoxal de nosso tema de discussão, falaremos desde já das figuras correspondentes da fragilidade. Se a base da autonomia pôde ser descrita no vocabulário da potência, é no vocabulário da não-potência, ou da potência menor, que se expressa primordialmente a fragilidade humana. É primeiramente como sujeito falante que nosso domínio se mostra ameaçado e sempre limitado; esse poder não é integral nem transparente para si mesmo. Toda a psicanálise resulta disso. Mas, numa perspectiva jurídica, nunca seria demais insistir nessa incapacidade maior. Todo o direito acaso não se baseia na vitória da palavra sobre a violência? Lembremo-nos da introdução de Éric Weil à sua *Logique de la philosophie* e à sua alternativa: violência ou discurso. Ora, entrar no círculo do discurso como especialista da coisa judiciária é entrar no campo dos pactos, dos contratos, das trocas e, de maneira mais dramática para os senhores, que são magistrados, no universo do processo, ou seja, do debate como confrontação de argumentos, assalto de palavras. Imediatamente nos salta à vista essa desigualdade fundamental dos homens quanto ao domínio da palavra, desigualdade que é menos um dado da natureza do que um efeito perverso da cultura, quando a impotência para dizer resulta da exclusão efetiva da esfera da linguagem; nesse aspecto, uma das primeiríssimas modalidades da igualdade de oportunidades refere-se à igualdade no plano do poder falar, do poder dizer, explicar, argumentar, debater. Aí, as figuras históricas da fragilidade são mais significativas que as formas básicas e fundamentais, atinentes à finitude geral e comum, em virtude da qual ninguém tem o domínio do verbo. Essas limitações adquiridas, culturais e, nesse sentido, históricas dão mais o que pensar do que qualquer discurso sobre a finitude lingüística que nos levaria a outras considerações importantíssimas em torno da pluralidade das línguas, da tradução e de outras questões espinhosas da prática da linguagem. O quadro se agrava quando levamos em conta o elo entre afirmação e potência. A confiança que deposito em minha potência de agir faz parte dessa mesma potência. Acreditar que posso já é ser capaz. Nada é diferente no que tange às figuras da não-potência, em primeiro lugar as figuras do não-poder-dizer. Acreditar-se incapaz de falar já é ser um inválido da linguagem, excomungado de alguma maneira. E é com essa terrível deficiência, com uma incapacidade duplicada pela dúvida fundamental em torno do próprio poder-dizer e mesmo triplicada pela falta de aprovação, de sanção, de confiança e de apoio dadas por outrem ao poder-dizer próprio, que os senhores, juízes de instrução, juízes de segunda instância, jurados, juízes na aplicação das penas, são confrontados: com a mutilação que se pode dizer básica, representada por uma forma de exclusão que é a exclusão da linguagem.

ESTUDOS   85

Não prosseguirei nesse percurso das impotências que acompanha as modalidades de nosso poder-fazer. Preferi concentrar-me no poder e no não-poder dizer que constituem uma questão importante nas profissões da palavra como a dos senhores e a minha. Portanto, limitar-me-ei a mencionar rapidamente as fragilidades da ordem do agir que são diretamente afetadas por uma pedagogia da responsabilidade. Aqui também, às incapacidades infligidas pela doença, pelo envelhecimento, pelas deficiências, enfim, pelo curso do mundo se somam as incapacidades que os homens infligem uns aos outros, por ocasião das múltiplas relações interacionais. Estas implicam uma forma específica de poder, um poder-sobre que consiste numa relação dissimétrica inicial entre o agente e o receptor de sua ação; por sua vez, essa dissimetria abre caminho para todas as formas de intimidação, de manipulação, enfim, de instrumentalização que corrompem as relações de serviço entre seres humanos. Devem ser tomadas em consideração aqui as modalidades de distribuição desigual da potência de agir, mais particularmente as resultantes das hierarquias de comando e de autoridade em sociedades de eficiência e competição como as nossas. Numerosíssimas pessoas não são desprovidas simplesmente de potência, mas privadas de potência. Nas sociedades modernas, nas quais atividade, ocupação, emprego e trabalho remunerado tendem a confundir-se, seria principalmente em torno das relações pervertidas entre trabalho, lazer e desemprego que se faria necessária uma sociologia da ação para dar conteúdo preciso a um tema de antropologia filosófica como o desenvolvido por Hannah Arendt ao tratar das relações entre trabalho, obra e ação em *Condition Humaine*. É principalmente aqui que o histórico é muito mais significativo que o fundamental, que o existencial comum.

    Não falarei mais sobre a idéia de homem capaz e sobre o par capacidade/incapacidade, no qual se pode ver a forma mais elementar do paradoxo entre autonomia e vulnerabilidade. Agora me detenho em dois corolários desse tema básico, que nos levarão para o caminho dos componentes ético-jurídicos desse mesmo paradoxo.

Parece-me difícil falar de autonomia sem falar de identidade. Mas é possível falar dela de dois pontos de vista diferentes: do ponto de vista da relação com o tempo – falaremos então de *identidade narrativa* – e do ponto de vista da perspectiva insubstituível que marca a singularidade da *identidade pessoal*.

Falarei desde já de identidade narrativa, visto que me expressei longamente sobre esse assunto em outro lugar: minha ênfase principal recairá no lado frágil dessa estrutura temporal da identidade.

Lembro o quadro conceitual no qual formulo a noção de identidade narrativa. Em termos gerais, sob o título identidade, procuramos especificar as características que possibilitem reconhecer uma entidade como sendo a mesma. Mas na verdade fazemos duas perguntas diferentes, segundo a maneira como entendemos a palavra mesmo. Aplicada às coisas, a palavra mesmo, tomada em sua primeira acepção, equivale a procurar nas coisas uma permanência no tempo, uma imutabilidade; essa primeira acepção também nos diz respeito porque existe, se assim podemos dizer, coisa em nós: permanência do mesmo código genético, do mesmo grupo sanguíneo, das mesmas impressões digitais. Essa permanência estrutural tem um corolário: a identidade do mesmo ao longo de um desenvolvimento – a glande e o carvalho são uma única e mesma árvore. Assim, nós nos reconhecemos ao folhearmos um álbum de fotografia, do bebê ao velho; aquilo que chamamos nosso caráter corresponde mais ou menos a essa primeira acepção. Mas assim que passamos para a esfera psicológica das impressões sensíveis, dos desejos e das crenças, somos confrontados com uma variabilidade que serviu a filósofos como Hume e Nietzsche para pôr em dúvida a existência de um eu permanente que responda a esses critérios de mesmidade. Os moralistas, por sua vez, não deixam de deplorar a instabilidade dos humores, das paixões, das convicções etc.

No entanto, não podemos nos limitar a esse veredicto negativo. Apesar da mudança, esperamos que outrem responda por seus atos como sendo o mesmo que ontem agiu, hoje deve prestar contas e amanhã deve agüentar as conseqüências. Mas tratar-se-á da mesma identidade? Não caberá – tomando por modelo a promessa, base de todos os contratos, de todos os pactos, de todos os entendimentos – falar de uma persistência de si mesmo apesar da mudança – persistência no sentido de palavra cumprida? É aqui que sugiro, depois de outros, inclusive Heidegger, falar de ipseidade, em vez de mesmidade. Mas, conforme sugeri, existe um mesmo em nós como ponto de apoio para a identificação, num sentido da palavra que é mais familiar em inglês do que em francês. É para dar conta dessa dialética entre o *ipse* e o *idem* que proponho tomar por guia o modelo narrativo da personagem que, nas narrativas comuns, as de ficção ou as históricas, é urdida juntamente com a história narrada. Aquilo que se pode chamar de coerência narrativa – noção à qual Dworkin recorre no contexto da jurisprudência – combina a concordância do enredo diretivo e a discordância devida às peripécias – mudança de destino, inversão de situação, *coup de théâtre*, contingência factual etc. Se volto hoje a essa noção de identidade narrativa, é porque ela confere aos paradoxos dos quais partimos (entre capacidade e incapacidade) uma nova dimensão decorrente da introdução do tempo na descrição. A identidade narrativa, de fato, também é reivindicada como uma marca de potência. E é em termos de asseveração também que ela se declara. Mas é também em termos de impotência que se faz a confissão de todos os sinais da vulnerabilidade que ameaça a identidade narrativa. O paradoxo anterior não se estende apenas na duração, mas reveste-se das formas específicas atinentes precisamente à ameaça do tempo. Vê-se então a reivindicação de identidade despojar-se de sua marca narrativa e pretender à espécie de imutabilidade que situamos sob a égide do *idem*. Conhecemos os estragos provocados por essa confusão entre as duas acepções de identidade, quando alguns ideólogos tentam investir a reivindicação histórica de identidade com os prestígios da imutabilidade, com o objetivo de subtrair a identidade à corrosão do tempo da história. Mas não deveríamos nos deixar fascinar por essa cilada da confusão entre ipseidade e mesmidade que conduz a uma reivindicação excessiva. Não devemos perder de vista a possibilidade inversa, a da impotência para atribuir-se uma identidade qualquer, por não ter adquirido o domínio daquilo que chamamos de identidade narrativa. Se os políticos na maioria das vezes são defrontados com a reivindicação excessiva de uma identidade substancial desconhecedora da história, os juristas estão mais expostos a precisar defrontar-se com indivíduos incapazes de construir para si uma identidade narrativa, de identificar-se não só por uma história, mas com uma história. Um autor alemão gosta de citar as palavras: *die Geschichte steht für den Mann*: um homem, um ser humano, é sua própria história. Ora, a gestão de sua própria vida, como história passível de coerência narrativa, representa uma competência de alto nível que deve ser vista como um componente importante da autonomia do sujeito de direito. Nesse sentido, pode-se falar de educação para a coerência narrativa, de educação para a identidade narrativa; aprender a contar a mesma história de outro modo, aprender a deixar que ela seja contada por outras pessoas, submeter a narrativa de vida à crítica da história documental, todas essas são práticas susceptíveis de arcar com o paradoxo entre autonomia e fragilidade. Digamos, desde já, que é autônomo o sujeito capaz de conduzir sua vida de acordo com a idéia de coerência narrativa.

Acabamos de mencionar a primeira acepção da idéia de identidade em sua relação com o tempo. Mas a identidade narrativa não é tudo, em comparação com nossa problemática da autonomia. Gostaria de dizer algumas palavras sobre a outra acepção, a singularidade. Eu a vincularei à idéia de perspectiva insubstituível. Aí está, sem dúvida, uma implicação importante da idéia de autonomia: Ousa pensar *por ti mesmo*. Tu, e não outro em teu lugar. O paradoxo

ESTUDOS 89

aqui não se vincula à dimensão temporal, à prova do tempo, mas à confrontação com outras perspectivas, à prova da alteridade.

Quero insistir no paradoxo e – ouso dizer – defendê-lo, em oposição a discursos desanimadoramente banais a favor da alteridade. A alteridade constitui precisamente um problema por criar uma fratura numa relação reflexiva de si para si, relação que tem sua legitimidade não só moral, mas também psicológica no plano da instauração e da estruturação pessoal. Em primeiro lugar e fundamentalmente é preciso que haja um sujeito capaz de dizer eu para poder passar pela prova da confrontação com o outro. Gostaria, nesse aspecto, de partir de um ponto mais baixo que o *Cogito* cartesiano, a saber, da enigmática "conexão da vida" da qual fala Dilthey, que faz de uma vida humana uma entidade insubstituível. Portanto, para dar toda a força à idéia de insubstituibilidade das pessoas, deve-se partir de um ponto mais baixo que a consciência e, com mais razão, que a reflexão. O melhor exemplo dessa singularidade é dado pelo caráter não transferível da lembrança de uma memória para outra. Não só minha vivência atual é única, como também não podemos intercambiar nossas memórias. Com razão Locke fazia da memória o critério da identidade. Sobre essa singularidade intransferível da alma pré-reflexiva edificam-se todos os graus de auto-referencialidade que merecem o título de reflexão. É assim que podemos redobrar reflexivamente a asseveração de todos os nossos poder-fazer e designar-nos como aquele que pode. Chamaremos de autoestima a forma ética de que se reveste a reivindicação de singularidade. Todas as formas de fragilidade que afetam essa reivindicação de singularidade procedem da colisão entre essa reivindicação e as múltiplas formas de que se reveste a pressão social. Nesse sentido pode-se falar de conflito aberto entre reflexividade e alteridade. Os direitos da alteridade também começam de um ponto muito baixo: acompanham a linguagem, que nos foi dirigida antes mesmo de falarmos. A linguagem que eleva o desejo humano ao nível de pedido. A linguagem que possibilita a essa mesma memória – cujo caráter insubstituível e incomunicável acabamos de lembrar – apoiar-se em narrativas feitas pelos outros e abeberar-se na reserva de lembranças constituída pela memória coletiva, da qual a memória individual constitui apenas um aspecto, uma perspectiva, conforme arriscava dizer Habwachs, em seu último texto. O momento crucial da defrontação entre reflexividade e alteridade é representado pela bifurcação dentro do próprio conceito de identificação: por um lado, nós nos identificamos quando nos designamos como aquele que... fala, age, lembra-se, imputa-se a ação etc., mas identificar-se é também identificar-se com..., com heróis, personagens emblemáticas, modelos e mestres, e também com preceitos, normas cujo campo se estende dos costumes tradicionais até os paradigmas utópicos que, emanando do imaginário social, remodelam nosso imaginário pessoal, às vezes de acordo com os caminhos descritos por Bourdieu, da desculturação insidiosa e da violência simbólica. Sobre semelhantes procedimentos Freud vê edificar-se o superego, segundo sua dupla valência: repressiva e estruturadora.

Seria preciso levar ao extremo os protestos de singularidade, solidão, autonomia e auto-estima, feitos pelo eu e, perante ela, a reivindicação da alteridade levada até a dominação do estranho sobre o próprio. Demos nome aos dois pólos: esforço para pensar por si mesmo e dominação ou reino do outro. A identidade de cada um, portanto sua autonomia, constrói-se entre esses dois pólos. É tarefa da educação estabelecer uma interminável negociação entre a exigência de singularidade e a pressão social sempre capaz de reconstituir as condições daquilo que a filosofia do Iluminismo chamou de estado de menoridade.

Tais são as duas transições que proponho intercalar entre as considerações antropológicas sob a égide do homem capaz e a abordagem mais propriamente ético-jurídica do problema da autonomia. Colocarei esta última sob a égide da idéia de imputabilidade, ancestral clássica de nossa noção moderna de responsabilidade.

À primeira vista, damos um salto qualitativo ao passarmos da idéia de capacidade à idéia de imputabilidade. Basta pronunciar esse termo severo para que a ação passe a colocar-se de chofre sob a idéia de obrigação, seja de reparar um dano em direito civil, seja de sofrer a pena em direito penal. A idéia de obrigação é tão pregnante, que tendemos a admitir que um sujeito só é responsável, capaz de responder por seus atos, desde que seja capaz de colocar sua ação, tomada uma primeira vez no sentido de obrigação de acatar a regra e uma segunda vez no sentido da obrigação de suportar as conseqüências da infração, do erro, do delito. Não gostaria que enveredássemos sem um guia pelo caminho da obrigação. Para tanto, sugiro explorarmos recursos da noção de imputação, que são mais ricos que os da noção de obrigação. Na idéia de imputação encontramos primeiramente a idéia de prestar conta – *putare, computare*; imputar, em seu sentido mais geral, é pôr na conta de alguém uma ação censurável, uma falta, portanto uma ação confrontada previamente com uma obrigação ou com uma proibição que essa ação transgride. A idéia de obrigação não está ausente, mas a principal ênfase é posta no ato de pôr uma ação na conta de alguém, como a gramática da palavra indica. O latim *imputabilitas* é traduzido em alemão como *Zurechnungsfähigkeit* ou mesmo *Schuldfähigkeit*. Vê-se a idéia de imputabilidade filiada à idéia de responsabilidade: acaso ser responsável não é, em primeiro lugar, responder a..., nem que seja à pergunta "quem fez isso?", que provoca como resposta a confissão: *ego sum qui fecit*; ser responsável é, em primeiro lugar, responder *por* meus atos, ou seja, admitir que eles sejam postos na minha conta. Essa genealogia é muito interessante, porque nos possibilita situar o vocabulário da responsabilidade no prolongamento do vocabulário da capacidade do qual partimos. Imputabilidade é a capacidade de ser considerado responsável por seus atos na qualidade de seu verdadeiro autor. Portanto, não estamos distantes do vocabulário da capacidade. A expressão conjuga duas idéias mais primitivas: atribuição de uma ação a um agente e qualificação moral, geralmente negativa, da ação. Kant, nesse aspecto, não se afasta de seus predecessores "jusnaturalistas". Na *Métaphisique des moeurs* ele define a *Zurechnung* (*imputatio*) no sentido moral como o "juízo pelo qual alguém é considerado *Urheher* (*causa libera*) de uma ação (*Handlung*) que então se chama *Tat* (*factum*) e incide sob as leis". O encadeamento nocional é claro: atribuição de uma ação a alguém como seu verdadeiro autor, posta na conta do autor, submissão da ação à aprovação ou desaprovação – que é o sentido primeiro da idéia de sanção – juízo, condenação etc. Assim, a idéia puramente jurídica da qual partimos – obrigação de pagar – não está perdida, mas volta como que na ponta da pista, no fim da lista.

A questão que vem à mente relaciona-se com o elo entre a idéia de considerar alguém como verdadeiro autor de uma ação e a idéia de situar essa ação sob a obrigação. No fundo, é esse o sentido da operação sintética realizada por Kant na idéia de autonomia que une *auto* a *nómos*, "Si-autor" a "lei que obriga". Kant limitava-se a considerar esse elo como um juízo sintético *a priori*, não sem acrescentar que a consciência que temos dessa ligação é um "*fato da razão*", ou seja, um dado irredutível da experiência moral. Acredito que possamos refletir um pouco mais sobre essa ligação, valendo-nos dos recursos de uma fenomenologia da experiência moral, à qual pedimos que ponha à mostra o lugar no qual coincidem a força desse elo e a vulnerabilidade que impõe à idéia de autonomia ocupar as duas posições aparentemente contrárias, de pressuposição e objetivo por atingir, de condição de possibilidade e de tarefa.

A experiência primeira que reterei dessa fenomenologia pode também ser descrita no vocabulário da capacidade. Nós nos concentraremos na experiência atinente à capacidade de submeter nossa ação às exigências de uma ordem simbólica. Vejo nessa capacidade a condição existencial, empírica, histórica (ou como se queira dizer) de ligar um Si a uma norma, o que (como vimos) está significado na idéia de autonomia. Cabe insistir tanto na dimensão simbólica da ordem quanto na dimensão normativa do sistema simbólico. O adjetivo simbólico foi escolhido em razão de sua aptidão para englobar numa única noção emblemática as múltiplas apresentações que, pode-se dizer, configuram a obrigação: imperativo, sem dúvida, injunção, mas também conselhos, opiniões, costumes compartilhados, narrativas fundadoras, biografias edificantes de heróis morais, elogios a sentimentos morais, entre os quais o respeito seria apenas um, ao lado da admiração, da veneração, da culpa, da vergonha, da piedade, da solicitude, da compaixão etc. Além disso, o termo simbólico lembra, por sua etimologia, que essas figuras da obrigação atuam como signos de reconhecimento entre os membros de uma comunidade. Voltaremos adiante ao aspecto compartilhado da ordem simbólica. Gostaria antes de demorar-me no aspecto da ordem, depois de ter ressaltado o aspecto simbólico.

Por trás do termo ordem dissimula-se a maior dificuldade da filosofia ético-jurídica, a saber, o estatuto da autoridade vinculada a essa ordem simbólica, exatamente o que a converte numa ordem. A autoridade implica várias características. Primeiramente, a antecedência: a ordem nos precede, cada um de nós tomado um a um. Em segundo lugar, a superioridade: nós a pomos, ou melhor, nós a encontramos acima de nós, à testa de nossas preferências; tocamos aí num valer mais, que relega a plano inferior desejo, interesse, em suma, preferência por si mesmo. Em terceiro lugar, a autoridade: ela nos parece exterior, no sentido de que, mesmo numa concepção platônica da reminiscência, para nos injungir é preciso pelo menos um estimulador, como Sócrates, verdadeiro agente galvanizador, ou um mestre de justiça, tão severo quanto os Profetas de Israel; enfim, é preciso um Sábio que nos ensine. Como todos se lembram, a grande questão dos primeiros Diálogos socráticos era saber se a virtude pode ser ensinada. Nesse aspecto, a relação mestre-discípulo é a única relação de exterioridade que não implica pacto de servidão nem pacto de dominação. É a alteridade puramente moral graças à qual se faz a comunicação, a transmissão, principalmente pelo caminho da sucessão de gerações, por filiação, diríamos em sentido amplo. Essa tripla caracterização torna enigmático o fenômeno moral inteiro: pois, de onde vem a autoridade que já estava lá? Como se sabe, vários pensadores contemporâneos, politólogos principalmente, consideram que a era democrática começa com a perda das garantias transcendentes, delegando assim ao contrato e ao procedimento a tarefa esmagadora de preencher o vazio da fundação. Mas eu observo que aqueles mesmos que encarregam a democracia dessa tarefa demiúrgica, ao se colocarem no plano fenomenológico, não podem evitar situar-se de algum modo depois da fundação e assumir o fenômeno da autoridade, com suas três ramificações – antecedência, superioridade e exterioridade –, podendo até acrescentar (de acordo com importante observação de Gadamer) que não se impõe nenhuma superioridade que não seja reconhecida. Mas o fato é que o que se reconhece é exatamente a superioridade. Acrescentemos: nenhuma anterioridade que não dure ainda agora, nenhuma exterioridade que não seja compensada por um movimento de interiorização. Mas essa reciprocidade não abole a dissimetria vertical cujo enigma, como se sabe, embaraçou muito Hannah Arendt, na hora de distinguir autoridade de poder. O poder – diz ela – nasce no presente na medida do querer viver junto; a autoridade "o aumenta" ao vir de mais longe, dos Antigos, como se toda autoridade procedesse de uma autoridade anterior sem começo datado que lhe possa ser atribuído. Talvez seja preciso limitar-se aí ao plano da fenomenologia moral: em vez de alegar uma fundação artificial que só pode desmoronar sob a contradição performativa manejada por Karl-Otto Apel, não seria melhor – como faz o último Rawls – admitir, mais que um vazio de fundação, um pluralismo de fundação, válido pelo menos para as democracias que ele chama de constitucionais ou liberais, pluralismo viabilizado por um consenso por intersecção entre fontes morais compatíveis, bem como por uma prática raciocinada daquilo que Rawls chama de desacordos razoáveis?

Essas observações embaraçadas dificilmente abrem caminho para uma meditação sobre a fragilidade da ordem simbólica. Seria o caso de dizer: a autoridade da ordem simbólica é o lugar da máxima força do elo entre o si e a norma, e também o princípio de sua fragilidade. Toda a vulnerabilidade que funciona como contraponto para o senso de responsabilidade deixa-se resumir na dificuldade que cada um encontra para inscrever sua ação e seu comportamento numa ordem simbólica e na impossibilidade na qual se encontra grande número de nossos contemporâneos, principalmente os excluídos pelo sistema sociopolítico, de compreender o sentido e a necessidade dessa inscrição. Se pudemos ver nesta uma capacidade da qual supúnhamos ser dotado o ser humano, precisamente na qualidade de ser humano, é em termos de incapacidade que agora podemos falar da fragilidade correspondente. Mas, assim como pudemos descrever a capacidade positiva com os recursos de uma fenomenologia moral relativamente independente de considerações pertinentes a uma sociologia da ação e, mais precisamente, de uma sociologia da relação com a obrigação em nossas sociedades contemporâneas, também é impossível mencionar as incapacidades que afligem os comportamentos morais de nossos contemporâneos, sobretudo os mais frágeis, sem darmos mais peso à história dos costumes do que à eidética da imputação. É como se as competências de cada um fossem mais estáveis do que seus desempenhos; estes, por definição, podem estar em déficit em relação às competências consideradas.

Nesse aspecto, podemos ter como guia seguro nos meandros da sociologia da ação moral aquilo que dissemos sobre as múltiplas figuras de que se reveste a função simbólica e sobre as implicações da própria idéia de ordem simbólica. Essas considerações podem ser de grande valia para juízes que precisem não só qualificar juridicamente infrações, mas incluir no próprio ato de julgar – e isso diferentemente de seus confrades anglo-saxões – o grau de aptidão do réu para situar-se em relação à ordem simbólica. É preciso então levar em conta déficits no próprio nível da figuração da obrigação: pequena sensibilidade à injunção, perda de pertinência das narrativas fundadoras, pequeno poder de sedução por parte dos heróis morais, pequeno discernimento dos sentimentos morais, perda de energia daquilo que Charles Taylor chama de "avaliações fortes" etc. Minha tarefa aqui não é proceder a esse diagnóstico pertinente a uma disciplina que me limito a aflorar, dimensionando as dificuldades epistemológicas da empreitada. Arrisco-me, porém, a afirmar que não é possível abordar a crise contemporânea da idéia de autoridade, como epicentro de todas as subversões do panorama da moralidade corrente, sem que nossa sociologia moral adote como guias os traços do fenômeno de autoridade que uma boa fenomenologia conseguiu reunir. O que só a sociologia está habilitada a fazer, por enquete ou de outro modo, é um estudo por meio, idade, sexo etc. das modalidades de recepção, transmissão e interiorização dos códigos pertinentes a uma ordem simbólica considerada; enfim, a sociologia daquilo que os socráticos situavam sob o título de ensino da virtude, tema que eles abordavam com a circunspecção conhecida, sob o aguilhão dos sofistas. Sejam quais forem as análises finas das incapacidades morais que o juiz e, aliás, também o psiquiatra devem levar em conta, não será surpreendente se virmos todos os estudos de casos e de meios convergir para o mesmo foco: a perda de credibilidade das fontes tradicionais de autoridade. Nesse aspecto, mencionamos as interpretações discordantes dos politólogos e dos juristas sobre a tarefa imposta às democracias contemporâneas por essa crise de legitimação que afeta simultaneamente a esfera política e a esfera jurídica. O fato é que saímos da sociologia da ação e mesmo da fenomenologia da experiência moral quando tomamos partido sobre as soluções para essa crise e hesitamos entre uma substituição heróica da convicção pela convenção ou por uma reconstituição paciente de um consenso de outro tipo, menos dogmático, menos unívoco, portanto deliberadamente pluralista e preocupado em entretecer tradições e inovação. Mesmo que essa tomada de posição referente às questões fundacionais escape à competência da fenomenologia da experiência moral que preconizei e comecei a praticar, esta reassume seus direitos assim que o jurista ou o politólogo, respaldando-se numa ordem simbólica dada, se pergunta como poderá dar conteúdo às idéias de "autoridade fundadora", "instituições identificadoras", "funções sancionadoras e reintegradoras" (são os títulos dos capítulos da obra de Antoine Garapon, *Le Gardien des promesses*).

Então a mesma fenomenologia moral cuja descrição fizemos acima, da experiência primordial de entrada numa ordem simbólica, poderá ajudar-nos nesta fase de reconstrução subseqüente ao diagnóstico das incapacidades características da consciência moral contemporânea.

De fato, não esgotamos todas as implicações da idéia de ordem simbólica. Aquilo que chamamos, como que de passagem, ingresso na ordem simbólica – ou, se preferirem, passagem da competência ao desempenho – pode ser facilitado por recursos da idéia de ordem simbólica que ainda não pusemos à mostra em termos de diagnóstico, e que preferimos reservar para o momento da análise mais relacionada com a terapêutica. Destacarei três características da noção de ordem simbólica que surgem como complemento e como que remédio para os rigores da idéia de autoridade, lugar privilegiado da força e da fragilidade da obrigação moral e jurídica.

Um pouco acima, lembramos uma das origens do termo símbolo: o símbolo como signo de reconhecimento. Pertence a uma ordem simbólica de ser partilhado. Tocamos aqui numa característica que nos afasta do kantismo ortodoxo, uma vez que ele dá uma versão monológica do elo entre o si e a norma dentro da idéia de autonomia, abstendo-se de somar o respeito à humanidade ao respeito à lei, com o auxílio de um segundo imperativo. Há um ponto sobre o qual pensadores universalistas, como Habermas e Alexy, e pensadores comunitaristas, como Michael Walzer e

Charles Taylor, estão de acordo antes de discordarem sobre os limites entre o universal e o histórico: a saber, os símbolos de uma ordem ético-jurídica são da alçada de uma compreensão compartilhada. Nesse sentido, a autoridade vinculada a uma ordem simbólica tem, de saída, uma dimensão dialógica. Nesse aspecto, pode-se retomar o conceito hegeliano de reconhecimento, para expressar essa comunalização da experiência moral. Ser capaz de ingressar numa ordem simbólica é ser capaz de ingressar numa ordem do reconhecimento, de se inserir em um nós que distribui e compartilha os traços de autoridade da ordem simbólica.

Vem em segundo plano o conceito que um importante teórico de língua inglesa, Thomas Nagel, situa no ápice da vida ética, o conceito de imparcialidade, por ele definido como capacidade de manter dois pontos de vista, o ponto de vista de nossos interesses e o ponto de vista superior que nos possibilita adotar em imaginação a perspectiva do outro e afirmar que qualquer outra vida vale tanto quanto a minha. Nesse sentido, tal conceito apresenta uma contrapartida para o perspectivismo mencionado acima em benefício da idéia de singularidade pessoal. Nagel não nega esse perspectivismo. Ao contrário, batalha com energia a favor do tema que lhe é caro, o dos "dois pontos de vista". Nós, na qualidade de seres humanos, somos capazes de nos colocar em "dois pontos de vista" no campo dos conflitos que conferem intensidade dramática à vida moral. Em certo sentido, Kant supunha essa capacidade de elevar-se a um ponto de vista imparcial, uma vez que pedia ao sujeito moral que submetesse a máxima de sua ação à prova da regra de universalização. Ouso dizer que ele supunha o poder do dever. Seja o que for a irredutibilidade do princípio de imparcialidade, presumida por Thomas Nagel, prefiro vê-lo como um complemento do princípio de compreensão compartilhada, que acabamos de mencionar. O princípio de Nagel constituiria a face solitária do esforço moral, a vitória sobre a unilateralidade; mas esse lado heróico poderá prescindir do apoio que cada sujeito moral pode encontrar na comunhão dos valores de um mesmo universo simbólico?

Foi essa complementaridade entre a compreensão compartilhada e a capacidade de imparcialidade que me deu a idéia de situar no ponto de intersecção dessas duas modalidades práticas de ingresso na ordem simbólica a idéia de justa distância entre pontos de vista singulares no front da compreensão compartilhada. Tal como Antoine Garapon, estou convencido de que essa idéia de justa distância ocupa posição estratégica no dispositivo conceitual de uma filosofia do direito centrado na função judiciária. Para ele, assim como para mim, essa idéia da justa distância rege tanto a posição de terceiro, atribuída aos juízes entre as partes em conflito de um processo, quanto o distanciamento, no espaço e no tempo, dos fatos da causa por julgar, com o intuito de subtraí-los às emoções demasiado imediatas, provocadas pelo sofrimento visível e pelo apelo à vingança proferido pelas vítimas, que por sua vez são secundadas pela mídia. Justa distância, ainda, entre a vítima e o delinqüente, instaurada pela palavra que diz o direito; justa distância ainda, a que deve ser preservada dentro de um espaço público contínuo, em benefício do detento, em relação ao restante da sociedade da qual ele é excluído. Essa idéia de justa distância é mais preciosa por aproximar o campo jurídico do campo político e, mais precisamente, da problemática da democracia. O sonho de democracia direta, que voltou à ordem do dia por obra da mídia, não implica menor desprezo pelas mediações institucionais características de uma democracia representativa do que o grito a favor de uma justiça expeditiva, emitido por uma opinião pública que a mídia abebera de lágrimas e sangue. Nesse sentido, a conquista da justa distância diz respeito, simultaneamente, ao jurisdicionado e ao cidadão que há em cada um de nós.

Para concluir, podemos repetir o que dissemos como introdução, a saber, que a autonomia e a vulnerabilidade se cruzam, paradoxalmente, no mesmo universo de discurso, o do sujeito de direito. Acrescentaremos apenas que, na falta de solução especulativa, continua aberta uma solução pragmática, que repousa numa prática das mediações. Demos uma antevisão disso quando falamos da dialética entre capacidade e incapacidade básica, quando falamos das ciladas da identidade narrativa e dos conflitos entre singularidade e sociabilidade, e quando falamos, mais demoradamente, dos auxílios encontrados no caminho de ingresso nas ordens simbólicas nas quais se configura o reinado da lei. Entre os dois pólos do paradoxo – a autonomia como condição de possibilidade e como tarefa por cumprir –, existem múltiplas mediações práticas. Mencionamos algumas a propósito das incapacidades que afligem nossa capacidade de agir: são da alçada da prática da educação. Mencionamos outras, a propósito das contradições da identidade narrativa: são da alçada do estabelecimento de uma relação crítica entre memória e história.

O paradoxo da autoridade*

Hesitei entre dar à minha contribuição o título "Enigma ou paradoxo", ou "Aporia da autoridade": enigma, porque depois da análise fica alguma coisa opaca na idéia de autoridade; paradoxo e até aporia, porque uma espécie de contradição não resolvida fica ligada à dificuldade ou mesmo à impossibilidade de legitimar, em última instância, a autoridade. Numa primeira abordagem, porém, a noção é relativamente fácil de definir: como diz o dicionário *Robert*, "direito de mandar, poder (reconhecido ou não) de impor obediência": a autoridade, portanto, é uma espécie de poder, o poder de mandar. Assim, é imediatamente destacado o lado dissimétrico e hierárquico de uma noção que põe face a face aqueles que mandam e aqueles que obedecem. Mas, estranho poder que assenta num direito, o direito de mandar, que implica uma reivindicação de legitimidade. A questão não é perturbadora durante o tempo em que um poder existente se encontra já legitimado. É o que ocorre com todos aqueles sobre os quais se diz que exercem autoridade. No máximo lhe pedem que tenha autoridade, ou seja, capacidade

---

* Texto apresentado na conferência proferida em Lyon, em novembro de 1996, e publicado em *Quelle place pour la morale?* Editado sob os auspícios da Ligue de l'enseignement, do jornal *La Vie* e dos Cercles Condorcet, Paris, Desclée de Brouwer, 1996, pp. 75-86.

de se fazer obedecer. Assim, falar-se-á de funcionários que carecem de autoridade. Mas nos refugiamos na psicologia individual, ou mesmo social, evitando a questão da legitimidade que se esconde por trás da questão da capacidade. O indivíduo mais dotado de autoridade começa a gaguejar quando lhe perguntam de onde ou de quem ele recebe a autoridade. Em geral, responde designando uma autoridade superior à sua, a saber, um indivíduo ou uma instituição que está acima dele e será chamada, por essa razão, de autoridade, entendendo-se nisso o conjunto dos órgãos de um poder já estabelecido: autoridade legislativa, autoridade administrativa, judiciária, militar etc. O termo autoridade designa então uma instituição existente, "positiva", encarnada em autoridades, a saber, pessoas que exercem o poder em nome da instituição. Por isso, são chamadas com razão de autoridades constituídas. Se falarmos também da autoridade da lei, para desdenhar a obrigatoriedade de um ato da autoridade pública, teremos abarcado todas as definições de autoridade, em outras palavras, os significados todos que, juntos, constituem a polissemia coerente do termo. *Grosso modo,* essas definições bastam a um funcionário ordinariamente coberto por alguma das autoridades institucionais e por autoridades personalizadas que encarnem estas últimas. Ele mesmo pode comandar, porque obedece e porque acima de sua cabeça reina a autoridade em seu sentido nu, tal como enunciado em primeiro lugar, "direito de mandar, poder (reconhecido ou não) de impor obediência". E à mente sem malícia acode uma pergunta matreira: de onde vem a autoridade em última instância?

De fato, passamos sub-repticiamente do substantivo ao verbo, da autoridade substantiva, já estabelecida, instituída, ao ato de autorizar. Interessante transição que, por meio de um sinônimo, conduz ao essencial contido no verbo credenciar que todos os nossos dicionários associam ao verbo autorizar. Por que essa transição é interessante? Porque ela dirige o olhar para o ponto cego da definição de autoridade, que não residia nas palavras poder, mandar e obedecer, mas na palavra direito de... Ou melhor, ele se escondia entre os pérfidos parênteses do dicionário *Robert*, ao falar do poder, reconhecido ou não, de impor obediência.

O par mandar-obedecer, ao designar dada estrutura de interação, é assim acompanhado por outro par, que faz passar do fato ao direito. Temos de um lado o direito de... da parte de quem manda, direito que ultrapassa a simples capacidade de se fazer obedecer, uma vez que ele confere a legitimidade sem a qual o poder de se fazer obedecer se reduziria ao fato nu da dominação; do outro lado, o que encontramos? O reconhecimento pelo subordinado do direito do superior a mandar. Lemos, também no dicionário Robert: poder reconhecido ou não etc. Com esse "ou não", insinua-se a dúvida no próprio âmago da definição. É essa polaridade entre legitimidade e reconhecimento que vamos agora transcrever no vocabulário do crédito, sugerido há pouco pela definição do verbo autorizar:"investir de autoridade, credenciar". A dupla que passará a nos interessar será então: credenciar – dar crédito, sendo o eixo o termo crédito.

De fato, é essa dupla credenciar-dar crédito que nos introduz na profundidade do enigma. Sem essa dupla referência à credibilidade do lado que comanda e do credenciamento do lado que obedece, seríamos incapazes de estabelecer a distinção entre autoridade e violência ou mesmo persuasão, como nota Hannah Arendt no início do ensaio que tem um título interrogativo, "What is Authority?", ao qual voltarei adiante. De fato, a autoridade confina com a violência na qualidade de poder de impor obediência, ou seja, na qualidade de dominação; mas o que a distingue desta é precisamente a credibilidade vinculada a seu caráter de legitimidade pelo menos presumida e, como defrontantes, o crédito, o credenciamento, vinculados ao reconhecimento ou não do direito que tem meu superior – instituição ou indivíduo – de me impor obediência; a nuance é mais sutil no que diz respeito ao papel da persuasão, pois há persuasão na comunicação da credibilidade, portanto também da retórica. Mas – observa Hannah Arendt – a persuasão "pressupõe igualdade e atua através de um processo de argumentação"; ora, a autoridade mantém algo de hierárquico, de verticalmente dissimétrico, entre os que mandam e os que obedecem. O reconhecimento da superioridade, portanto, é aquilo que tempera a dominação, distinguindo-a da violência, mas também da persuasão.

Nossa discussão está agora enquadrada pela especificação proporcionada pelo par credibilidade–crédito ou credenciamento, constitutivo do reconhecimento ou não do poder das autoridades de impor obediência a seus subordinados. Podemos nos aprofundar até o núcleo duro – ou cerne opaco – do processo de legitimação graças ao qual a autoridade credibiliza o poder, sob a condição do crédito que lhe é feito ou não.

Por que então essa relação fiduciária entre credibilidade e credenciamento seria uma questão perturbadora, desconcertante? Porque, ao que saibamos, seja na qualidade de subordinados ou no mando (ou, como se diz, investidos de autoridade), não sabemos muito bem o que autoriza a autoridade. A questão talvez sempre tenha existido, mas hoje temos a sensação de estarmos no epicentro de uma crise de legitimação, digamos, de uma descredibilização da autoridade, das autoridades, instituições ou pessoas – crise ressaltada por uma renitência geral a credenciar, ou seja, a reconhecer a superioridade de quem quer que seja, indivíduo ou instituição que se encontre investido de um poder de fato de impor obediência. Esse sentimento é tão forte, que um ensaio como o de Hannah Arendt[1] começa com a seguinte confissão: "Para evitar equívocos, teria sido mais conveniente intitular o ensaio: O que foi (*What was*) e não é (*and what is not*) a autoridade?" E acrescenta: "A autoridade desapareceu (*has vanished*) do mundo moderno". Que seja, mas, se a autoridade está apenas no passado, então somente um misto de violência e persuasão mais ou menos frau-

---

1. Hannah Arendt,"What is Authority?", in *Between Past and Future*, Penguin Books/Viking Press, 1961 (reed. 1977).

dulento poderia tê-la substituído. Mas terá ocorrido isso? A autoridade não se terá transformado, mantendo alguma coisa daquilo que foi? É esta segunda hipótese que pretendo explorar e tentar fazer prevalecer.

Para ter possibilidade de sucesso, antes é preciso entrar num acordo sobre o que foi perdido. Se não para resolver o problema, pelo menos para formulá-lo corretamente, encontrei ajuda na obra de Gérard Leclerc, *Histoire de l'autorité*[2]. Ele também começa com a frase: "A autoridade já não é o que era; sendo antigamente princípio de legitimação dos discursos, hoje significa o modo de existência dos poderes legítimos" (cont. p. 7). Fico aqui com a hipótese de trabalho, segundo a qual há dois focos de legitimação, um que ele chama de autoridade enunciativa, e outro, autoridade institucional. (Donde o subtítulo: "Atribuição dos enunciados culturais e genealogia da crença.") Por um lado, temos o poder simbólico, seja o de um enunciador, de um "autor", poder de engendrar crença, de produzir persuasão, seja o de um texto, de um enunciado, de poder de ser persuasivo, de engendrar crença; por outro lado, temos o poder ligado a uma instituição, a saber, o "poder legítimo do qual dispõe um indivíduo ou grupo para impor obediência àqueles que pretende dirigir". Estamos exatamente no âmbito de nossas definições iniciais; apenas desdobramos o lugar de origem do processo de legitimação: por um lado, o *discurso,* fonte de poder simbólico; por outro, *a instituição,* fonte de legitimidade para aqueles que exercem autoridade em seu âmbito. Mas a tese de Gérard Leclerc será válida, se mudarmos de regime, passando de uma autoridade – e aí vai a palavra – escriturária a uma autoridade que já não fosse – diz o autor – um conceito filosófico, mas um conceito sociológico?

Recorrendo a Hannah Arendt, que vê na autoridade um conceito originariamente político, cuja origem ela situa claramente em Roma (entenda-se Roma antiga imperial), gos-

---

2. Gérard Leclerc, *Histoire de l'autorité. L'assignation des énoncés culturels et la généalogie de la croyance,* Paris, PUF, col."Sociologie d'aujourd'hui", 1986.

taria de sugerir a idéia de que aquilo que ocorreu não foi a substituição de uma autoridade que teria sido maciçamente enunciativa por uma autoridade que seria apenas institucional, com o risco de uma deslegitimação integral, mas sim a substituição de uma configuração histórica determinada do par enunciativo institucional por uma outra configuração do mesmo par. Que na autoridade desaparecida houvesse prevalência da autoridade anunciativa é o que continua verdadeiro na tese de Gérard Leclerc. Mas que alguma vez tivesse havido autoridade enunciativa pura sem autoridade institucional, e que hoje não haja autoridade puramente institucional, sem aporte e suporte simbólico de ordem enunciativa, é coisa que gostaria de sugerir.

O ideal-tipo da autoridade com dominante enunciativa, que existiu antes e já não existe hoje, é o da cristandade medieval. E o ideal-tipo daquilo que pretendeu sucedê-la e substituí-la é o da *Aufklärung*, mais exatamente do Iluminismo francês, que se situa de fato no mesmo terreno enunciativo do ideal-tipo da cristandade medieval. Mas a crise pela qual passamos é mais complicada ainda, uma vez que o próprio ideal-tipo do Iluminismo perdeu muito da credibilidade, como demonstra o discurso contemporâneo da pós-modernidade. De tal modo que a crise é dupla (ou, se quiserem, tem duas camadas, dois níveis): revivemos de algum modo a crise de descredibilização do ideal-tipo da cristandade medieval através da crise de deslegitimação da instância que provocou a perda de credibilidade do ideal-tipo da cristandade. Antes de enveredar por essa história complicada, permitam-me insistir num ponto: não identifico a cristandade, como configuração histórica datada, com o cristianismo, uma vez que este não se esgotou e não esgotou sua credibilidade especificamente religiosa, na produção da configuração histórica particularíssima que chamamos de cristandade; quanto a esta, ouso dizer que seu próprio ideal-tipo foi tanto mais sonhado porque não efetivado. Por isso exatamente falo de ideal-tipo. Portanto, seria preciso dizer sobre ele que não só não está como nunca esteve historicamente à altura de si mesmo. Ademais, se considerarmos o ideal-tipo da cristandade às vésperas de seu declínio, portanto às vésperas do aparecimento do outro *corpus* de autoridade enunciativa que foi a *Encyclopédie* de Diderot e D'Alembert, será preciso reconhecer que o modelo já nessa época está moribundo e condenado a uma morte anunciada por sua própria esclerose.

Que autoridade ligada ao ideal-tipo da cristandade é predominantemente uma autoridade enunciativa é algo que está claro, em vista da autoridade atribuída e reconhecida às Escrituras bíblicas e à tradição nelas fundamentada. Mas cabe ressaltar algumas características que marcam a vulnerabilidade desse modelo aos golpes oriundos do campo dos filósofos. Em poucas palavras, digamos que o modelo funciona como já instituído, como modelo que esqueceu a história de sua própria instauração. Assim, a canonização das Escrituras é um acontecimento que já ocorreu e que, há muito tempo, é considerado líquido e certo, implicando uma fratura nítida entre os textos sagrados, acompanhados pelos comentários autorizados, e o restante da literatura profana. Quanto à autoridade das Escrituras, já está desde sempre associada à inspiração do Espírito Santo, sendo Deus mesmo considerado autor das Escrituras. Todos os novos enunciados estão, de antemão, classificados como ortodoxos e heréticos; além disso, uma lista de textos clássicos provenientes da Antiguidade pagã já está feita e situada numa relação de subordinação em relação aos textos sagrados. São as próprias *Auctoritates* autorizadas.

Ora, essa autoridade das Escrituras e do que delas depende está imbricada à autoridade institucional da Igreja, que nos séculos XVII e XVIII é uma autoridade estabelecida e imune a qualquer contestação legítima. O magistério eclesiástico controla o desenvolvimento da tradição, cuja autoridade se soma à autoridade das Escrituras; controla também os novos enunciados, cujo grau de ortodoxia ele aprecia. Através da rede institucional das Universidades e de seus clérigos, a Igreja controla a produção intelectual, instituindo a teologia como discurso predominante, em relação ao qual o discurso dos mestres pagãos, tais como Aristóteles e das outras *Auctoritates*, é um discurso autorizado pela autoridade eclesiástica. Insisti a ponto de caricaturizar a característica do já instituído que fará da idéia de tradição o alvo dos filósofos iluministas. Mas pode-se sem injustiça apresentar a autoridade enunciativa e a autoridade institucional, que juntas compõem um ideal-tipo amplamente saudoso da cristandade, como um modelo fixo que, como disse acima, esquecera e como que apagara a história de sua própria gênese, abafando também seus recursos originários de criatividade, capazes de vir à tona para além do questionamento do idealtipo contrário do Iluminismo; de fato, alguns desses recursos serão efetivamente isentados pela crítica do Iluminismo, quer se tratasse de reservas de sentido ligadas à formação do Novo Testamento e ao nascimento da Igreja primitiva, quer de riquezas ligadas a um pluralismo abafado, decorrentes até de desvios de todos os tipos, ocorridos tanto no plano que chamamos de enunciativo quanto no plano institucional. Mas não é esse aspecto das coisas que eu gostaria agora de ressaltar, e sim o seguinte. Gostaria de introduzir uma séria correção no quadro acima, no qual a autoridade enunciativa e a autoridade institucional parecem ter procedido de uma única e mesma cepa. Em certo sentido isso é verdade, uma vez que a instituição eclesiástica se declarava e se declara ainda hoje baseada nas próprias Escrituras. No entanto, pode-se perguntar se a autoridade institucional da Igreja, tal como efetivamente moldada pela história, não terá gozado de uma origem distinta da autoridade escriturária.

Em primeiro lugar, cabe destacar a relação circular que se estabeleceu entre a instituição eclesiástica e o texto sagrado, uma vez que foi a instituição destinada a tornar-se Igreja que delimitou o cânone escriturário e continuou decidindo autoritariamente aquilo que depois deveria ser considerado ortodoxo ou herético; de tal modo que a autoridade institucional passou a gerir soberanamente a tradição, sede do poder simbólico. Mas há algo mais grave – e é aqui que quero mencionar o artigo de Hannah Arendt "O que é autoridade?". É possível perguntar, com ela, se a autoridade eclesiástica não foi tão herdeira e beneficiária de uma origem propriamente política da autoridade, a saber, a do *imperium* romano. Essa questão é importante porque, se assim for, e se é mesmo verdade que a Igreja que se intitula romana com razão extrai sua autoridade em parte de um modelo político, então se pode perguntar se o declínio da autoridade propriamente escriturária, em outras palavras, o declínio da credibilidade dos textos e dos autores sagrados, não deixou vaga a parcela de autoridade oriunda do *imperium* romano, uma vez liberta de sua união com o poder propriamente religioso da Igreja, e se essa parcela de autoridade não foi, assim, disponibilizada para outros investimentos duradouros em cujo benefício nos colocaria hoje no fim da era teológico-política. É isso o que eu gostaria de sugerir no fim desta comunicação.

Que a autoridade política tenha raiz distinta é coisa que toda a história da soberania comprova. A exigência de autoridade por parte da pólis está no cerne da filosofia política dos gregos, tanto em Platão quanto em Aristóteles. Para o governo dos homens é preciso um fator de estabilidade e durabilidade capaz de exceder a existência transitória dos seres humanos tomados individualmente e de abarcar a sucessão das gerações. Fonte de estabilidade e de segurança das pessoas e dos bens, capacidade de validar as leis, assim deve ser a *politeía*. Ora, isso não deixa de ser paradoxal para o pensamento grego e não romano. O paradoxo consiste no projeto de estabelecer uma hierarquia entre homens livres. Esse paradoxo é até levado a seu ponto mais alto de virulência por toda a filosofia política dos gregos. Por esse motivo, nem a coisa nem a palavra autoridade foram gregas, mas sim romanas. Os gregos só têm metáforas, todas inapropriadas, para expressar esse paradoxo da hierarquia entre iguais: piloto, senhor de escravos, médico, dono de casa, orador, oleiro, *sophós* etc. Aristóteles afirma em sua *Política* que "todo corpo político é composto por aqueles que governam e por aqueles que são governados"; mas não sabe como coadunar essa idéia admitida com outra asserção, a saber, "a cidade é uma comunidade de iguais em proveito da vida potencialmente melhor". Os regimes políticos podem diferir conforme o governo pertença a uma única pessoa, a várias ou à multidão. Mas a origem do poder de comandar continua um enigma da "vida política", do *bíos politikós*. Conforme nota Arendt, "as grandiosas tentativas da filosofia grega para encontrar um conceito de autoridade capaz de impedir a deterioração da *pólis* e de salvaguardar a vida do filósofo se chocaram com o fato de que no campo da vida política não houve percepção (*awareness*) da autoridade que se baseasse numa experiência política imediata" (*Between Past and Future*, p. 109). Essa percepção, essa "experiência política imediata", só os romanos tiveram, na figura do caráter sagrado da *fundação*, da fundação da *Urbs*, da fundação de Roma: *ab urbe condita*. Assim puderam existir várias cidades gregas e até toda uma *diáspora* de cidades, mas houve apenas uma Roma, cuja santidade singular e única Virgílio e Tito Lívio celebraram. Ora, ocorre que o elo entre a fundação e seu passado é denominado precisamente *religio* por esses autores latinos. Arendt cita aqui os *Anais*, livro 43, capítulo 13:

> Quando em meus escritos relato os antigos acontecimentos (*vetustas res*), não sei por meio de que elo (*quo pacto*) meu espírito se faz antigo (*antiquus fit animus*) e certa *religio* o mantém (*et quaedam religio tenet*).

Os senhores vêem a profundidade do enigma, proporcional à densidade dessa experiência que se pode chamar *experiência da energia da fundação*, que de alguma maneira extrai autoridade de si mesma e de sua própria vetustez. A tradição da autoridade é idêntica à autoridade da tradição no sentido da transmissão desde a origem da própria fundação, do acontecimento fundador. Essa legitimação será denunciada como mítica. Sem dúvida. Mas, precisamente, a questão é saber se toda autoridade não procede de um mito fundador, do mito de um acontecimento fundador, ligado ao mito de fundadores personalizados, tais como Moisés, Licurgo, Sólon. Está então constituído o paradoxo da autoridade como algo que acumula anterioridade, exterioridade e superioridade. A própria palavra latina *auctoritas*, sem equivalente grego, veicula em sua etimologia algo daquela aura da fundação, já que o verbo *augere* significa aumentar. O que a obriga a aumentar é a energia da fundação. Assim, Tito Lívio fala dos *conditores*, dos fundadores como *auctores*. Esse chamado aumento pode ser percebido na famosa fórmula citada por Cícero em *De Legibus* 3,12-38: "Enquanto o poder (*potestas*) reside no povo (*in populo*), a autoridade (*auctoritas*) reside no Senado (*in senatu*)". Com o termo "Senado", os Antigos designam os transmissores da energia da fundação. A *auctoritas majorum*, a autoridade dos Antigos, confere peso, *gravitas*, à condição presente dos homens comuns.

Já falamos o suficiente para sugerir que a autoridade, no passado, não teve como único foco os textos sagrados em nome do qual fala uma religião revelada, nem mesmo a instituição eclesiástica que se declara baseada nas Escrituras, mas sim um foco político distinto que, para nós, ocidentais, consiste numa fonte romana que vem a ser também religiosa, mas no sentido do elo fiduciário imanente à tradição que veicula a energia da fundação. Donde a hipótese de que a própria Igreja Católica foi romana não só por causa de Pedro, mas porque Pedro foi conduzido a Roma, sede do *imperium* e da origem política da autoridade institucional. O episódio da cristandade histórica ganha então sentido como fusão entre *auctoritas* da fundação romana e da autoridade da Igreja instituída, supostamente fundada nas Escrituras. Foi favorecida por essa conjunção que a Igreja romana, ao longo de sua história, pôde conter as tendências antipolíticas e antiinstitucionais da fé cristã primitiva. Bem mais: derrubado o Império Romano sob os golpes dos bárbaros, a Igreja romana conseguiu salvar a herança do *imperium* e talvez, sem o saber, preservá-lo para outras aventuras, que não a eclesiástica, precisamente para além da época do Iluminismo e para o tempo do declínio que observamos hoje do inimigo figadal do ideal-tipo da cristandade. Assim, a sugestão da dupla origem do ideal-tipo da cristandade não esclarece apenas o destino desta, mas também o de seu adversário feroz, o Iluminismo, mais precisamente o Iluminismo francês, proclamado na *Encyclopédie* ao modo de uma anti-Bíblia.

Falando agora do ideal-tipo do Iluminismo, é preciso dizer em primeiro lugar que os filósofos da *Encyclopédie* compartilharam a ilusão dos defensores da ortodoxia católica romana à beira do declínio, a saber, a ilusão de que autoridade que devia ser combatida era por excelência a autoridade de um discurso, e que era preciso combatê-la principalmente no terreno simbólico. Caberia aos pensadores da Revolução Francesa atacar a autoridade institucional do Antigo Regime no plano propriamente político. Não será então nem fortuito nem estranho que ressurjam modelos romanos no momento em que, ameaçado, o poder do povo saiu em busca de aumento, de *auctoritas*.

O que justificaria a hipótese da dupla raiz da autoridade institucional é o fato de que, apesar do sonho medieval da unidade de autoridade, a dualidade do poder monárquico e do poder eclesiástico permaneceu insuperável. Na melhor das hipóteses, os dois poderes e as duas autoridades correspondentes socorreram-se mutuamente: uma, a eclesiástica, oferecendo sua unção à outra; a outra, política, retribuindo com a sanção do braço secular. Unção mais sanção, essa dupla conseguiu garantir ao máximo o funcionamento prático de uma teológico-política dilacerada.

Mas devemos deter-nos por um momento no ideal-tipo do Iluminismo, precisamente no princípio de autoridade. Não se deveria levar a entender que não houve nada entre a ortodoxia encarnada por um Bossuet e a subversão dessa ortodoxia ligada à difusão da *Encyclopédie* de Diderot e D'Alembert. Em sua história da autoridade, Gérard Leclerc dedica dois longos capítulos à crise da autoridade, nos limites de sua abordagem centrada na autoridade simbólica, discursiva, escriturária, em suma, enunciativa. Nela figura a história "dos Antigos reencontrada e novamente perdida" (p. 139): Erasmo, Montaigne, a Reforma, Descartes e os cartesianos, Pascal e Port-Royal, Espinosa, o caso de Jansênio em torno do *Augustinus*, a polêmica de Antigos e Modernos, tudo ocorre na esfera da enunciação, da escrita, da imprensa, da leitura e ao abrigo das duas instâncias mencionadas acima, ou seja, da unção eclesiástica e da sanção política. Nesse sentido, a fachada mostrou-se por muito tempo intacta. O ideal-tipo da cristandade pôde permanecer inabalável aos olhos dos defensores da ortodoxia dominante, situada em posição defensiva.

Por isso não é descabido opor termo a termo o idealtipo do Iluminismo – pelo menos do Iluminismo francês – no ideal-tipo da cristandade no fim do século XVIII. É de notar que a *Encyclopédie* não ignora a distinção entre os dois tipos de autoridade, a autoridade política, de um lado, e a autoridade "nos discursos e nos escritos", de outro. Gérard Leclerc, que o observa, nota que o verbete sobre a autoridade política, assinado por Diderot, consiste numa exposição da teoria política do direito natural (p. 219). Mas logo acrescenta "que ele não nos diz respeito diretamente" (*ibid.*). Tem razão em parte ao realizar essa divisão, uma vez que para a *Encyclopédie* o teatro no qual se desenrola o essencial é "a autoridade nos discursos e nos escritos". É de fato nesse plano que uma nova figura da autoridade enunciativa ganha corpo, não falando em nome da transcendência absoluta de um texto sagrado em relação aos outros enunciados e em relação à opinião pública, mas resumindo-se à credibilidade do autor. Cito aqui, no verbete "Autoridade" da *Encyclopédie*, as linhas que Gérard Leclerc considerou.

> Entendo por autoridade no discurso o direito que temos de sermos acreditados naquilo que dizemos: assim, quanto mais direito tivermos de ser acreditados no que dizemos, mais autoridade teremos. Esse direito fundamenta-se no grau de

conhecimento e boa-fé que se reconheça na pessoa que fala. O conhecimento impede que essa pessoa se engane e afasta o erro que poderia nascer da ignorância. A boa-fé impede que essa pessoa engane os outros e reprime a mentira que a malignidade procurasse credenciar. Portanto, é o esclarecimento e a sinceridade que constituem a verdadeira medida da autoridade no discurso. Essas duas qualidades são essencialmente necessárias. O mais erudito e esclarecido dos homens já não merece crédito quando é embusteiro; o mesmo ocorre com o homem mais pio e santo, desde que fale daquilo que não sabe... (p. 215).

Mais radicalmente, à medida que o sentido da palavra autoridade foi captado pela autoridade eclesiástica e identificado com a tradição, instaurou-se uma oposição polar na qual razão – direito da razão – se opõe a autoridade. Assim, seria possível opor termo a termo os componentes de ambos os ideais-tipo. À hierarquia medieval dos saberes, dominada pela teologia, opõe-se a dispersão dos verbetes de dicionários dispostos na ordem anárquica do alfabeto; os verbetes propriamente teológicos são prudentemente ortodoxos, mas nivelados pelo jogo das remissões, da "intertextualidade das palavras, dos enunciados e dos saberes" (G. Leclerc, p. 217). A sutileza pérfida desse jogo de remissões é confessada pelo próprio Diderot no verbete "Enciclopédia"!

Quando for preciso, também produzirão o efeito contrário; oporão as noções; contrastarão princípios; atacarão, abalarão, derrubarão secretamente algumas opiniões ridículas que ninguém ousaria insultar abertamente... (G. Leclerc, p. 218).

Como se vê, a autoridade pode e deve deslocar-se, mas continua inexpugnável como elo fiduciário. Nossa definição inicial do par credibilidade–credenciamento não deixa de voltar à tona. Será preciso lembrar-se dela na conclusão.

Dito isto, o debate referente à autoridade política deveria ocorrer em outro palco, o da censura e da liberdade de pensamento, expressão e imprensa. A Europa iluminista inteira engajou-se na batalha por aquilo que Kant chama *Oeffentlichkeit*, "publicidade", antítipo da "ecumenicidade" eclesial. Esse outro palco é o palco da autoridade propriamente institucional, a autoridade do Estado.

Como a Revolução Francesa tratou a questão da autoridade, e que herança nos deixou nesse aspecto? Cabe admitir que essa mensagem continua confusa. Por um lado temos uma vontade imensa de só admitir uma fonte de poder, o poder do povo, do povo considerado unidade indivisível de querer, o querer do povo soberano. E a Revolução Francesa teve seus pensadores para pensar nisso. Pierre Nora tem razão quando começa seus polpudos volumes sobre os *Lieux de mémoire* com o louco propósito de fazer o calendário recomeçar do ano zero. Apaga-se tudo e recomeça-se a partir de nada. No vocabulário de Hannah Arendt é o poder do povo sem a autoridade dos Antigos. Ou, se quiserem, é a autoridade saindo do poder, por sua vez identificado com a vontade geral. Em termos filosóficos, é o equivalente político da autonomia do plano moral. É a liberdade que dá lei a si mesma. Donde o recurso ao modelo contratualista, cuja função é na verdade absorver a autoridade no poder. Pode-se falar, nesse aspecto, de autorização auto-referencial, em que o povo se autoriza a si mesmo. Mas o paralelo com a autonomia moral será válido? Esta mesma não estará carregada de obscuridade, como demonstram as dificuldades de Kant, obrigado a tratar como um "fato de razão" (*factum rationis*) o fundamento do juízo sintético *a priori* em virtude do qual uma liberdade se dá uma lei e uma lei procede de uma liberdade?

Qual seria o equivalente político do *factum rationis*? É nessa dificuldade que esbarra toda a teoria contratualista da origem e da soberania do poder político.

Historicamente falando, as condições de exercício de uma autofundação de soberania revelaram-se draconianas: tal como Rousseau fizera no *Contrat social*, foi preciso distinguir a vontade geral, una e indivisível, da soma das vontades individuais. Além disso, foi preciso considerar essa vontade geral não apenas esclarecida, mas também infalível, inerrante (donde, até recentemente, a ausência de recurso das decisões de nossos tribunais de júri, decisões tomadas em nome do povo infalível). Mas, principalmente, a Revolução nunca conseguiu dar um equivalente histórico ao contrato social anistórico, na forma de uma constituição capaz de dar estabilidade e durabilidade ao poder revolucionário. Aquilo que Hegel denunciou nas páginas da *Phénoménologie de l'esprit*, nas quais ele denigre o terror como liberdade sem lei. Ora, o próprio Rousseau percebera a dificuldade da inscrição do contrato social no tempo histórico quando recorreu à figura do legislador fundador. Legitimar o princípio é uma coisa; inscrever essa legitimidade nos fatos é outra, como já se sabia desde Maquiavel, que não estava fascinado pela questão da legitimação, mas sim pela da fundação, mais precisamente do fundador, eixo dessa pragmática da autoridade. E é aqui que ressurge o problema da autoridade dos Antigos. De qualquer modo, não é por acaso que ressurgem com força, durante a Revolução, as figuras da Roma republicana e imperial, erigidas como modelos, paradigmas. É como se a história da autoridade funcionasse qual fonte distinta e cumulativa, capaz de dar ao poder atual, instantâneo, frágil e perecível a aura que a novidade não lhe poderia garantir, mas que só a vetustez da passada história da autoridade seria capaz de conferir ao poder atual. Um autor contemporâneo, Guglielmo Ferrero[3], que Emmanuel Le Roy Ladurie cita num artigo da revista *Commentaire*[4], arrisca-se a defender a tese de que a vetustez, sozinha, constitui autoridade. De fato, uma revolução que sobreviveu às lutas da conquista, uma revolução que se instalou sucede-

---

3. Guglielmo Ferrera, *Pouvoir, les génies invisibles de la cité*, Paris, Le Livre de poche, 1988.
4. "Sur l'histoire de l'État moderne: de l'Ancien Régime à la démocratie. Libres réflétions inspirées de la pensée de Guglielmo Ferrero" [Sobre a história do Estado moderno: do Antigo Regime à democracia. Livres reflexões inspiradas no pensamento de Guglielmo Ferrero], *Commentaire*, n° 75, outono de 1996, pp. 619-29.

se a si mesma porque transmutou sua própria antiguidade em argumento de autoridade. Pessoalmente, não estaria longe de acreditar que nenhum poder terá garantia de estabilidade e duração se não conseguir capitalizar a seu favor a história anterior da autoridade. Podemos ficar por aí? Podemos deixar que os mitos de fundação, transformados em mitos de vetustez, substituam a necessidade racional de legitimação? Podemos resignarnos a eliminar da definição de autoridade o fator de reconhecimento em virtude do qual a credibilidade do poder é dialeticamente equilibrada pelo ato de dar crédito? Ora, é esse elo de natureza fiduciária que constitui a última diferença entre autoridade e violência no próprio âmago da relação hierárquica de dominação. Então, a quem afinal se dá crédito? À autoridade como tal, à vetustez do poder, à autoridade da tradição equiparada à tradição da autoridade? Confesso que não me decido, apesar da cínica confissão de Talleyrand, transcrita por Emmanuel Le Roy Ladurie[5]. Ou – solução radical – tal como Claude Lefort e sua escola, acaso será preciso assumir o vazio de fundação como um destino da democracia com todas as fraquezas inerentes àquilo que chamamos auto-autorização, autorização referencial? Aqui também resisto e não me rendo, ou, dando mais crédito à própria idéia de crédito, acaso será preciso, tal como faz o último Rawls, admitir uma multifundação, uma diversidade de tradições religiosas e laicas, racionais e românticas, que se reconhecem mutuamente como dignas de serem co-fundadoras sob os auspícios do princípio de "intersecção por consentimento" e de "reconhecimento dos desacordos razoáveis"? Seria no âmbito desses dois princípios que se poderia reencontrar um papel para a autoridade das Escrituras bíblicas e para a das instituições eclesiásticas. Mas não po-

---

5."Um governo legítimo [...] é sempre aquele cuja existência, cuja forma e cujo modo de ação são consolidados e consagrados por uma longa sucessão de anos e, diria eu, por uma prescrição secular [...] A legitimidade do poder soberano resulta do antigo estado de posse" ("Sobre a história do Estado moderno...", art. citado, p. 620).

deria ser uma maneira de devolver vigor ao perdido paradigma da cristandade; seria mais o caso de as comunidades cristãs assumirem sem complexos sua parte de co-fundação em competição aberta com tradições heterogêneas, também estas revivificadas e reequipadas de suas promessas não cumpridas. Por fim – e esta última observação não deve ser considerada a menos significativa – deveria ser reservado um lugar para o *dissensus* e para o direito de responder à oferta de credibilidade das autoridades constituídas com a recusa de dar crédito. Esse risco calculado – no qual se reconheceriam um lugar e um papel para uma marginalidade suportável – faz parte, afinal, da própria idéia de crédito – de *dar crédito*.

Paradigma da tradução*

Dois caminhos se abrem para o problema criado pelo ato de traduzir: ou tomar o termo tradução no sentido estrito de transferência de uma mensagem verbal de uma língua para outra, ou tomá-lo no sentido lato, como sinônimo de interpretação de qualquer conjunto significante dentro da mesma comunidade lingüística. As duas abordagens têm seus direitos: a primeira, escolhida por Antoine Berman em *L'Épreuve de l'étranger*[1], leva em conta o fato maciço da pluralidade e da diversidade das línguas; a segunda, adotada por George Steiner em *After Babel*[2], examina diretamente o fenômeno abrangente que o autor resume assim: "Compreender é traduzir". Optei por partir da primeira, que põe em primeiro plano a relação entre o próprio e o estrangeiro, para conduzir à segunda tomando por guia as dificuldades e os paradoxos criados pela tradução de uma língua para outra.

Comecemos então pela pluralidade e diversidade das línguas, notando um primeiro fato: a tradução existe porque os homens falam línguas diferentes. É o fato da *diversidade*

---

* Aula inaugural na Faculdade de Teologia protestante de Paris, outubro de 1998, *Esprit* ("La traduction, un choix culturel" [Tradução, uma opção cultural]), junho de 1999, p. 849.
 1. A. Berman, *L'Épreuve de l'étranger*, Paris, Gallimard, 1995.
 2. G. Steiner, *Après Babel*. Paris, Albin Michel, 1998.

das línguas, para retomar o título de Wilhelm von Humboldt. Ora, esse fato é também um enigma: por que não uma única língua e, principalmente, por que tantas línguas, cinco ou seis mil, como dizem os etnólogos? Qualquer critério darwiniano de utilidade e adaptação na luta pela sobrevivência é derrubado; essa multiplicidade inumerável é não só inútil, como também nociva. De fato, enquanto o intercâmbio dentro de uma mesma comunidade é possibilitado pelo poder de integração de cada língua tomada separadamente, o intercâmbio com a exterioridade da comunidade lingüística é, em última análise, impraticável em virtude daquilo que Steiner chama de "prodigalidade nefasta". Mas o enigma está não só no ruído na comunicação, que o mito de Babel (de que falaremos adiante) chama de "dispersão" no plano geográfico e de "confusão" no plano da comunicação, mas também no contraste com outras características que também dizem respeito à linguagem. Primeiramente, o fato considerável de que há universalidade da linguagem: "Todos os homens falam"; aí está um critério de humanidade ao lado do instrumento, da instituição, da sepultura; por linguagem cabe entender o uso de signos que não são coisas, mas valem por coisas – o intercâmbio dos signos na interlocução –, o papel importante de uma língua comum no plano da identificação comunitária; aí está uma competência universal desmentida por seus desempenhos locais, uma capacidade universal desmentida por sua efetivação fragmentada, disseminada, dispersa. Donde as especulações, primeiramente no plano do mito e depois no da filosofia da linguagem, quando esta se interroga sobre a origem da dispersão-confusão. Nesse aspecto, o mito de Babel, demasiadamente breve e confuso em sua elaboração literária, leva mais a um sonho regressivo que aponta para uma suposta língua paradisíaca perdida, sem oferecer um guia para nos conduzirmos nesse labirinto. A dispersão-confusão é então percebida como uma catástrofe irremediável no campo da linguagem. Sugerirei em breve uma leitura mais benevolente para com a condição ordinária dos seres humanos.

Mas antes quero dizer que há um segundo fato que não deve mascarar o primeiro, da diversidade das línguas: o fato também considerável de que sempre se traduziu; antes dos intérpretes profissionais, houve viajantes, mercadores, embaixadores, espiões, o que redunda em muitos bilíngües e poliglotas! Chegamos então a uma característica tão notável quanto a incomunicabilidade lastimada, a saber, o próprio fato de a tradução, que pressupõe em todo locutor a aptidão para aprender e praticar línguas diferentes da sua; essa capacidade parece intimamente ligada a outras características mais dissimuladas, referentes à prática da linguagem, características que nos levarão no fim do percurso à proximidade entre procedimento de tradução intralingüística, a saber – para antecipar –, a capacidade reflexiva da linguagem, a possibilidade sempre disponível de falar sobre a linguagem, de colocá-la à distância e assim tratar nossa própria língua como uma língua entre as outras. Reservo essa análise da reflexividade da linguagem para mais tarde e me concentro no simples fato da tradução. Os seres humanos falam línguas diferentes, mas podem aprender outras línguas que não sejam a materna.

Esse simples fato provocou uma imensa especulação que se encerrou numa alternativa ruinosa da qual é preciso livrar-se. Essa alternativa paralisante é a seguinte: ou a diversidade das línguas exprime uma heterogeneidade radical – então a tradução é teoricamente impossível, as línguas são *a priori* intraduzíveis uma para a outra –, ou a tradução, tomada como um fato, é explicada por um fundo comum que possibilita o fato da tradução; mas então deve ser possível *reencontrar* esse fundo comum – e esse é o caminho da língua *originária* –, ou reconstruí-lo logicamente, e esse é o caminho da língua *universal*; originária ou universal, essa língua absoluta deve poder ser mostrada, em seus esquemas fonológicos, lexicais, sintáticos e retóricos. Repito a alternativa teórica: ou a diversidade das línguas é radical, e então a tradução é impossível por direito; ou a tradução é um fato, e é preciso estabelecer sua possibilidade de direito por meio de uma pesquisa sobre a origem ou de uma reconstrução das condições *a priori* do fato constatado.

Sugiro a necessidade de sair dessa alternativa teórica – traduzível *versus* intraduzível – e substituí-la por outra alternativa, prática desta vez, oriunda do próprio exercício da tradução, a alternativa fidelidade *versus* traição, com o risco de ter de confessar que a prática da tradução é uma operação arriscada sempre em busca de sua teoria. Veremos no fim que as dificuldades da tradução intralingüística confirmam essa desconcertante confissão; participei recentemente de um colóquio internacional sobre a interpretação e assisti à exposição do filósofo analítico Donald Davidson, intitulada "Difícil e duro (*hard*) na teoria, simples e fácil (*easy*) na prática".

Minha tese acerca da tradução em suas duas vertentes extra- e intralingüística: teoricamente incompreensível, mas efetivamente praticável, pelo alto preço de que falaremos: a alternativa prática fidelidade *versus* traição.

Antes de enveredar por essa dialética prática – fidelidade *versus* traição –, gostaria de expor muito sucintamente as razões do impasse especulativo em que se entrechocam o intraduzível e o traduzível.

A tese do intraduzível é a conclusão obrigatória de certa etnolingüística – B. Lee Whorf, E. Sapir – que se empenhou em ressaltar a impossibilidade de sobrepor diferentes recortes nos quais se baseiam os múltiplos sistemas lingüísticos: recorte fonético e articulatório na base dos sistemas fonológicos (vogais, consoantes etc.), recorte conceitual a reger os sistemas lexicais (dicionários, enciclopédias etc.), recorte sintático na base das diversas gramáticas. Os exemplos são abundantes: quem diz "*bois*" em francês, agrupa o material lenhoso e a idéia de uma pequena floresta; mas em alguma outra língua esses dois significados se encontram separados e agregados a dois sistemas semânticos diferentes; no plano gramatical, é fácil ver que os sistemas de tempos verbais (presente, passado, futuro) diferem de uma língua para a outra; existem línguas nas quais não se marca a posição no tempo, mas sim o caráter consumado ou não consumado da ação; existem línguas sem tempos verbais nas quais a posição no tempo é marcada apenas por advérbios equivalentes a ontem, amanhã etc. Se for somada a idéia de que cada recorte lingüístico impõe uma visão do mundo – idéia a meu ver insustentável –, dizendo-se por exemplo que os gregos construíram ontologias porque têm um verbo ser que funciona ao mesmo tempo como cópula e como asserção de existência, então é o conjunto das relações humanas dos falantes de dada língua que não se pode sobrepor às relações por meio das quais o falante de outra língua compreende a si mesmo ao compreender sua relação com o mundo. É preciso então concluir que a incompreensão é de lei, que a tradução é teoricamente impossível e que os indivíduos bilíngües só podem ser esquizofrênicos.

Somos então jogados para a outra margem: se a tradução existe, ela só pode ser possível. E, se é possível, é porque, por trás da diversidade das línguas, existem estruturas ocultas que *ou* trazem em si os vestígios de uma língua originária perdida que é preciso reencontrar, *ou* consistem em códigos *a priori*, em estruturas universais ou, como se diz, transcendentais, que deve ser possível reconstruir. A primeira versão – da língua originária – foi professada por diversas gnoses, pela Cabala, pelos hermetistas de todos os tipos, chegando a produzir alguns frutos venenosos, como a defesa de uma chamada língua ariana, declarada historicamente fecunda, em oposição ao hebraico, considerado estéril; Olander, em seu livro *Les Langues du Paradis*, que tem o preocupante subtítulo "Arianos e semitas: uma dupla providencial", denuncia aquilo que chama de "fábula douta", o pérfido anti-semitismo lingüístico; mas, para sermos justos, será preciso dizer que a saudade da língua originária também produziu a pujante meditação de um Walter Benjamin que escreveu "A tarefa do tradutor", em que a "língua perfeita", a "língua pura" – são expressões do autor – figura como horizonte messiânico do ato de traduzir, possibilitando secretamente a convergência dos idiomas quando estes são levados ao ápice da criatividade poética. Infelizmente, a prática da tradução não recebe nenhum socorro dessa saudade convertida em esperança escatológica; e talvez seja preciso desde já renunciar ao desejo de perfeição, para assumir sem embriaguez e com toda a sobriedade a "tarefa do tradutor".

Mais resistente é a outra versão da busca de unidade, não mais na direção de uma origem no tempo, mas na direção de códigos *a priori*; Umberto Eco dedicou alguns capítulos úteis a essas tentativas em seu livro *La Recherche dans la langue parfaite dans la culture européenne*. Como ressalta o filósofo Bacon, trata-se de eliminar as imperfeições das línguas naturais, fontes daquilo que ele chama de "ídolos" da língua. Leibniz dará corpo a essa exigência com a idéia de característica universal, que tem em vista nada mais, nada menos do que compor um léxico universal das idéias simples, completado por uma coletânea de todas as regras de composição entre esses verdadeiros átomos de pensamento.

É preciso então chegar à questão decisiva – e esse será o ponto crucial de nossa meditação: cabe perguntar por que essa tentativa fracassa e deve fracassar.

É verdade que há resultados parciais em termos das chamadas gramáticas gerativas da escola de Chomsky, mas há um fracasso total em termos lexicais e fonológicos. Por quê? Porque a maldição não está nas imperfeições das línguas naturais, e sim em seu próprio funcionamento. Para simplificar ao extremo uma discussão altamente técnica, cabe apontar duas dificuldades: por um lado, não existe acordo sobre aquilo que caracterizaria uma língua perfeita no nível do léxico das idéias primitivas que entram em composição; esse acordo pressupõe uma homologia completa entre o signo e a coisa, sem arbitrariedade alguma, portanto, de modo mais amplo, entre a linguagem e o mundo, o que constitui quer uma tautologia – decretar-se-ia que um recorte privilegiado é figura do mundo –, quer uma pretensão inverificável, na ausência de um inventário exaustivo de todas as línguas faladas. A segunda dificuldade, mais temível ainda, é que ninguém pode dizer como seria possível derivar as línguas naturais, com todas as esquisitices de que falaremos adiante, da suposta língua perfeita; a *distância* entre língua universal e língua empírica, entre o *apriorístico* e o histórico, parece mesmo intransponível. É aqui que as reflexões com as quais terminaremos nossas palavras sobre o trabalho de tradução dentro de uma mesma língua natural serão muito úteis para trazer a lume as infinitas complexidades dessas línguas, em virtude das quais a cada vez é preciso aprender o funcionamento de uma língua, inclusive a nossa própria. Esse é o balanço sumário da luta que opõe o relativismo de campo, que deveria concluir pela impossibilidade da tradução, e o formalismo de gabinete, que malogra em basear o fato da tradução numa estrutura universal demonstrável. Sim, é preciso admitir: entre uma língua e outra, a situação é mesmo de dispersão e confusão. *No entanto*, a tradução se inscreve na longa litania dos "apesar de tudo". A despeito dos fratricídios, militamos pela fraternidade universal. A despeito da heterogeneidade dos idiomas, há bilíngües, poliglotas, intérpretes e tradutores.

Então, como eles fazem?

Anunciei há pouco uma mudança de orientação: deixando a alternativa especulativa – traduzibilidade contra intraduzibilidade –, entremos na alternativa prática fidelidade contra traição.

Para seguirmos o caminho dessa inversão, gostaria de voltar à interpretação do mito de Babel, que eu não gostaria de encerrar com a idéia de catástrofe lingüística infligida aos seres humanos por um deus enciumado do sucesso deles. Pode-se também ler esse mito – aliás, tanto quanto todos os outros mitos de origem que comportem situações irreversíveis – como a constatação sem condenação de uma separação originária. Pode-se começar, no início do *Gênese*, com a separação dos elementos cósmicos que possibilita a emergência da ordem a partir do caos, continuando com a perda da inocência e a expulsão do paraíso, que também marca o acesso à idade adulta e responsável, passando em seguida – e isso nos interessa muitíssimo para uma releitura do mito de Babel – pelo fratricídio, pelo assassinato de Abel, que faz da própria fraternidade um projeto ético, e não mais um simples dado da natureza. Se adotarmos essa linha de leitura, que compartilho com o exegeta Paul Beauchamp, a dispersão e a confusão das línguas, anunciadas pelo mito de Babel, vêm coroar essa história da separação pondo-a no âmago do exercício da linguagem. Assim somos, assim existimos, dispersados e confusos, chamados a quê? Ora... à tradução! Existe um pós-Babel, definido pela "tarefa do tradutor", para retomar o título já mencionado uma primeira vez do famoso ensaio de Walter Benjamin.

Para dar mais força a essa leitura, lembrarei com Umberto Eco que a narrativa de *Gênese* XI é precedida pelos dois versículos numerados *Gênese* XX, 31,2, em que a pluralidade das línguas parece ser considerada um dado simplesmente factual. Leio esses versículos na áspera tradução [para o francês] de Chouraki:

> Eis os filhos de Sem para seu clã, para sua língua, em sua terra, para seu povo.
> Eis os clãs dos filhos de Noé, para seu gesto, em seu povo: destes se cindem os povos sobre a terra depois do Dilúvio.

Esses versículos têm um tom de recenseamento no qual se exprime a simples curiosidade de um olhar benevolente. A tradução é então realmente uma tarefa, não no sentido de uma obrigação constrangedora, mas no sentido de *coisa a fazer* para que a ação humana possa simplesmente continuar, falando como Hannah Arendt, amiga de Benjamin, em *Condition humaine*.

Segue então a narrativa intitulada "Mito de Babel":

> E é toda a terra: um só lábio, de única palavra.
> E é aí a partida deles do Oriente: encontram um desfiladeiro na terra de Senaar, lá se estabelecem.

ESTUDOS 127

Dizem, cada um a seu semelhante: vamos entijolar tijolos, afoguear o fogo. E o tijolo se lhes torna pedra, o betume, argamassa.
Dizem, vamos construir uma cidade e uma torre. Sua cabeça: nos céus. Vamos construir um nome, para que não fiquemos dispersos sobre a face de toda a terra.
Iahweh desce para ver a cidade e a torre construídas pelos filhos do homem.
Iahweh diz: sim, um só povo, um só lábio para todos: eis o que começam a fazer! Agora nada impedirá tudo o que tencionarem fazer!
Vamos! Desçamos! Confundamos seus lábios, o homem não entenderá mais o lábio de seu próximo.
Iahweh os dispersa de lá sobre a face de toda a terra. Eles param de construir a cidade.
Por isso ele clama seu nome: Bavel Confusão, pois ali confunde o lábio de toda a terra e dali Iahweh os dispersa sobre a face de toda a terra.
Eis a gesta de Sem, Sem, de cem anos, engendra Arfaxad, dois anos depois do dilúvio.
Depois do engendramento de Arfaxad, Sem vive quinhentos anos. Ele engendra filhos e filhas.

Os senhores ouviram: não há nenhuma recriminação, nenhuma deploração, nenhuma acusação: "Iahweh os dispersa de lá sobre a face de toda a terra. Eles param de construir." Eles param de construir! Modo de dizer: é assim. Veja, veja, é assim, como gostava de dizer Benjamin. A partir dessa realidade da vida, traduzamos!
Para falar devidamente da tarefa de traduzir, gostaria de mencionar, com Antoine Berman na *Épreuve de l'étranger*, o *desejo* de traduzir. Esse desejo leva para além da obrigação e da utilidade. Sem dúvida existe uma obrigação: quem quiser comerciar, viajar, negociar e até espionar precisará dispor de mensageiros que falem a língua dos outros. Quanto à utilidade, é patente. Quem quiser poupar-se de aprender línguas estrangeiras ficará contente se encontrar traduções. Afinal, foi assim que todos nós tivemos acesso aos trágicos, a Platão, Shakespeare, Cervantes, Petrarca e Dante, Goethe

e Schiller, Tolstói e Dostoiévski. Obrigação, utilidade, que seja! Mas há algo mais tenaz, profundo e oculto: o desejo de traduzir.

Foi esse desejo que animou os pensadores alemães desde Goethe, o grande clássico, e von Humboldt, já citado, passando pelos românticos Novalis, os irmãos Schlegel, Schleiermacher (tradutor de Platão, não esqueçamos), até Hölderlin, tradutor trágico de Sófocles, e finalmente Walter Benjamin, herdeiro de Hölderlin. E por trás dessa bela gente, Lutero, tradutor da Bíblia – Lutero e sua vontade de "germanizar" a Bíblia, considerada cativa do latim de São Jerônimo. O que esses apaixonados pela tradução esperaram de seu desejo? Aquilo que um deles chamou de *alargamento* do horizonte de sua própria língua – e também aquilo que todos chamaram de formação, *Bildung*, ou seja, ao mesmo tempo configuração e educação – e, de lambujem, ouso dizer, a descoberta de sua própria língua e de seus recursos deixados em repouso. As palavras seguintes são de Hölderlin: "O que é próprio deve ser tão bem aprendido quanto o que é estrangeiro." Mas então por que esse desejo de traduzir deve ser pago com o preço de um dilema, o dilema *fidelidade/traição*? Porque não existe critério absoluto da boa tradução; para que tal critério estivesse disponível, seria preciso comparar o texto de partida e o texto de chegada com um terceiro texto que fosse portador do sentido idêntico ao que se supõe circular do primeiro para o segundo. A mesma coisa dita dos dois lados. Assim como, para o Platão do *Parmênides*, não há terceiro homem entre a idéia de homem e determinado homem singular – Sócrates, para variar –, também não há terceiro texto entre o texto de partida e o texto de chegada. Donde o paradoxo, antes o dilema: uma boa tradução só pode ter em vista uma *equivalência* presumida, não baseada numa *identidade* demonstrável de sentido. Uma equivalência sem identidade. Essa equivalência só pode ser buscada, trabalhada, presumida. E a única maneira de criticar uma tradução – o que sempre se pode fazer – é propor outra tradução que se presuma, pretenda, melhor ou diferente. Aliás, é o que ocorre no ramo dos tradutores profissionais. No que se refere aos grandes textos de nossa cultura, vivemos essencialmente de retraduções que estão sempre sendo refeitas. É o caso da Bíblia, é o caso de Homero, de Shakespeare, de todos os escritores citados acima e, em se tratando de filósofos, de Platão até Nietzsche e Heidegger. Assim blindados de retraduções, estaremos por acaso mais bem armados para resolver o dilema fidelidade/traição? De jeito nenhum. É insuperável o risco com que se paga o desejo de traduzir, risco que transforma em prova o encontro do estrangeiro na própria língua. Franz Rosenzweig, que nosso colega Hans-Christoph Askani tomou como "testemunha do problema da tradução" (é assim que me permito traduzir o título de seu grande livro de Tübingen), deu a essa prova a forma de um paradoxo; diz ele: traduzir é servir a dois senhores, o estrangeiro em sua estranheza, o leitor em seu desejo de apropriação. Antes dele, Schleiermacher decompunha o paradoxo em duas frases: "Levar o leitor ao autor", "Levar o autor ao leitor". Por minha vez, arrisco-me a aplicar a essa situação o vocabulário freudiano e falar, além de trabalho da tradução, no sentido com que Freud fala de trabalho de rememoração, de trabalho de luto.

Trabalho de tradução, conquistado contra resistências íntimas motivadas pelo medo e até pelo ódio ao estrangeiro, percebido como uma ameaça feita a nossa própria identidade lingüística. Mas trabalho de luto também, aplicado a renunciar ao próprio ideal de *tradução perfeita*. Esse ideal não alimentou somente o desejo de traduzir e, às vezes, a ventura de traduzir; ele também fez a desventura de um Hölderlin, vencido por sua ambição de fundir a poesia alemã e a poesia grega numa hiperpoesia na qual a diferença dos idiomas fosse abolida. E quem sabe se não é o ideal da tradução perfeita que, em última análise, alimenta a saudade da língua originária ou a vontade de domínio sobre a linguagem por meio da língua universal? Abandonar o sonho da tradução perfeita constitui a admissão da diferença insuperável entre o próprio e o estrangeiro. Constitui a prova do estrangeiro.

É aqui que volto a meu título: o paradigma da tradução. Parece-me, de fato, que a tradução não constitui apenas um trabalho intelectual, teórico ou prático, mas um problema ético. Levar o leitor ao autor, levar o autor ao leitor, correndo risco de servir e trair dois senhores, é praticar aquilo que gosto de chamar de *hospitalidade da linguagem*. É ela que serve de modelo para outras formas de hospitalidade com as quais vou equipará-la: os credos, as religiões, não serão como línguas estrangeiras umas para as outras, com seu léxico, sua gramática, sua retórica, sua estilística, que precisará *aprender* quem quiser penetrá-las? E a hospitalidade eucarística não deverá ser assumida com os mesmos riscos de tradução-traição, mas também com a mesma renúncia à tradução perfeita? Fico nessas analogias arriscadas e nesses pontos de interrogação...

Mas não gostaria de terminar sem dizer as razões pelas quais não se deve negligenciar a outra metade do problema da tradução, ou seja, se estiverem lembrados, a tradução no *interior* da mesma comunidade lingüística. Gostaria de mostrar, pelo menos muito sucintamente, que nesse trabalho da mesma língua sobre si se revelam as profundas razões pelas quais é insuperável a distância entre uma presumida língua perfeita, universal, e as línguas chamadas naturais, no sentido de não artificiais. Conforme sugeri, não são as imperfeições das línguas naturais que se gostaria de abolir, mas o próprio funcionamento dessas línguas em suas espantosas esquisitices. E é justamente o trabalho de tradução interna que revela essa distância. Adoto aqui a declaração que rege todo o livro de George Steiner, *After Babel*. Depois de Babel, "compreender é traduzir". Trata-se realmente muito mais do que uma simples interiorização da relação com o estrangeiro, em virtude do adágio de Platão segundo o qual o pensamento é um diálogo da alma consigo mesma – interiorização que faria da tradução interna um simples apêndice da tradução externa. Trata-se de uma exploração original que põe a nu os procedimentos cotidianos de uma língua viva: eles fazem que nenhuma língua universal possa con-

ESTUDOS   131

seguir reconstruir sua indefinida diversidade. Trata-se realmente de aproximar-se dos mistérios da língua *viva* e, simultaneamente, dar conta do fenômeno do mal-entendido, da incompreensão que, segundo Schleiermacher, provoca a interpretação, cuja teoria a hermenêutica pretende fazer. As razões da distância entre língua perfeita e língua viva são exatamente as mesmas que as causas da incompreensão. Partirei do seguinte fato maciço característico do uso de nossas línguas: sempre é possível *dizer a mesma coisa de outro modo*. É o que fazemos quando definimos uma palavra com outra do mesmo léxico, como fazem os dicionários. Peirce, em sua ciência semiótica, situa esse fenômeno no cerne da reflexividade da linguagem sobre si mesma. Mas é também o que fazemos quando reformulamos um argumento que não foi compreendido. Dizemos que o explicamos, ou seja, que abrimos suas pregas, suas plicas. Ora, dizer a mesma coisa de outro modo – *em outras palavras* – é o que fazia há pouco o tradutor de língua estrangeira. Encontramos assim, no interior de nossa comunidade lingüística, o mesmo enigma do mesmo, do significado mesmo, o inencontrável sentido idêntico, que supostamente torna equivalentes as duas versões da mesma frase; por isso, como se diz, a coisa não termina; e muitas vezes pioramos o mal-entendido com nossas explicações. Ao mesmo tempo, é lançada uma ponte entre a tradução interna – assim a chamo – e a tradução externa, a saber, no interior da mesma comunidade a compreensão exige pelo menos dois interlocutores: já não são estrangeiros, mas outros, outros próximos, se quiserem; é assim que Husserl, falando do conhecimento de outrem, chama o outro cotidiano *der fremde*, o estrangeiro. Há algo de estrangeiro no outro. É em grupo que definimos, reformulamos, explicamos, procuramos dizer *a mesma coisa de outro modo*.

   Cabe dar mais um passo em direção a esses famosos mistérios que Steiner não pára de visitar e revisitar. Com que trabalhamos quando falamos e dirigimos a palavra a outra pessoa?

Com três espécies de unidade: *palavras*, ou seja, signos encontrados no léxico; *frases*, para as quais não há léxico (ninguém pode dizer quantas frases foram e serão ditas em francês ou em qualquer outra língua); e *textos*, ou seja, seqüências de frases. É o manejo desses três tipos de unidade – uma apontada por Saussure, outra por Benveniste e Jacobson, a terceira por Harald Weinrich, Jauss e os teóricos da recepção dos textos – que constitui a fonte da distância em relação a uma suposta língua perfeita, fonte de mal-entendido no uso cotidiano e, por isso, oportunidade de interpretações múltiplas e concorrentes.

Duas palavras sobre a palavra: cada uma de nossas palavras tem mais de um sentido, como se vê nos dicionários. Dá-se a isso o nome de polissemia. O sentido é então cada vez delimitado pelo uso, que consiste essencialmente em filtrar a parte do sentido da palavra que convém ao restante da frase e concorre com esta para a unidade do sentido expresso e oferecido ao intercâmbio. A cada vez é o contexto que – como se diz – decide qual sentido tomou a palavra naquela circunstância; a partir daí, as discussões sobre as palavras podem ser infindáveis: o que você quis dizer? etc. É nesse jogo de pergunta e resposta que as coisas se esclarecem ou se confundem. Pois não existem apenas contextos patentes; há os contextos ocultos e aquilo que chamamos de conotações, nem todas intelectuais, mas afetivas; nem todas públicas, mas específicas de um meio, de uma classe, de um grupo e até de um círculo secreto; há, assim, toda a margem dissimulada pela censura, o interdito, o não-dito, marcada por todas as figuras do oculto.

Com esse recurso ao contexto, passamos da palavra à frase. Essa nova unidade, que é de fato a primeira unidade do discurso – já que a palavra é do domínio da unidade do signo, que ainda não é discurso – traz consigo novas fontes de ambigüidade, principalmente em torno da relação entre significado – aquilo que se diz – e referente – aquilo sobre o que se fala, em última instância, o mundo. Vasto programa, como diz o outro! Ora, na falta de descrição completa,

ESTUDOS 133

temos apenas pontos de vista, perspectivas, visões parciais do mundo. Por isso é que nunca paramos de nos explicar, de nos explicar com palavras e frases, de nos explicar com outrem, que não vê as coisas sob o mesmo ângulo que nós.

Entram então em jogo os textos, encadeamentos de frases que, como indica a palavra, são *texturas* que *tecem* o discurso em seqüências mais ou menos longas. A narrativa é das mais notáveis dessas seqüências, é particularmente interessante para nossos propósitos porquanto, como aprendemos, sempre se pode contar de outra maneira, variando o enredo, a fábula. Mas há também todas as outras espécies de texto, onde se faz coisa diferente de narrar, por exemplo argumentar, como se faz em moral, direito, política. Entra aí a retórica com suas figuras de estilo, seus tropos, metáforas e outras coisas, e todos os jogos da linguagem a serviço de estratégias inúmeras, entre as quais a sedução e a intimidação à custa da honesta intenção de convencer.

Daí decorre tudo o que já se pôde dizer em tradutologia sobre as relações complicadas entre pensamento e língua, espírito e letra, e a sempiterna pergunta: caberá traduzir o sentido ou traduzir as palavras? Todas essas dificuldades da tradução de uma língua para outra têm origem na reflexão da língua sobre si mesma, que levou Steiner a dizer que "compreender é traduzir".

Mas remeto-me àquilo a que Steiner dava mais importância, algo que tende a fazer o assunto virar para uma direção inversa à da prova do estrangeiro. Steiner se compraz em explorar os usos da palavra nos quais se tem em vista coisa diferente da verdade, da realidade, ou seja, não só a falsidade manifesta, a saber, a mentira – embora falar sempre seja poder mentir, dissimular, falsificar –, mas também tudo aquilo que se pode classificar como coisa diferente do real: digamos o possível, o condicional, o optativo, o hipotético, o utópico. É uma *loucura* – seria o caso de dizer – aquilo que se pode fazer com a linguagem: não só dizer a mesma coisa *de outro modo*, mas dizer coisa *outra*, que não o que é. A respeito, Platão mencionava – com que perplexidade! – a figura do sofista.

Mas não é essa figura que pode desordenar mais a ordem de nossas palavras: é a propensão da linguagem ao enigma, ao artifício, ao hermetismo, ao segredo, em suma, à não-comunicação. Daí aquilo que chamarei de extremismo que, por ódio à tagarelice, ao uso convencional, à instrumentalização da linguagem, leva Steiner a opor interpretação a comunicação; a equação "Compreender é traduzir" fecha-se então na relação de si consigo no *segredo* onde reencontramos o intraduzível, que acreditávamos ter dispensado em proveito do par fidelidade/traição. Nós o reencontramos no trajeto do desejo da fidelidade mais extrema. Mas fidelidade a quem e a quê? Fidelidade à capacidade da linguagem para preservar o segredo em contraposição à sua propensão de traí-lo. Fidelidade de cada um a si mesmo, mais do que a outrem. E é verdade que a alta poesia de um Paul Celan beira o intraduzível, beirando antes o indizível, o inominável, no âmago de sua própria língua, tanto quanto na distância entre duas línguas.

Que concluir dessa seqüência de voltas? Fico, confesso, perplexo. É certo que fui levado a privilegiar a entrada pela porta do estrangeiro. Por acaso não fomos postos em movimento pela pluralidade humana e pelos enigmas da incomunicabilidade entre idiomas e da tradução apesar de tudo?

E depois, sem a prova do estrangeiro, seríamos nós sensíveis à estranheza de nossa própria língua? Enfim, sem essa prova, acaso não estaríamos ameaçados de nos fechar no azedume de um monólogo, a sós com nossos livros? Glória, pois, à hospitalidade da linguagem!

Mas também vejo outro lado, o do trabalho da língua sobre si mesma. Não será esse trabalho que nos dá a chave das dificuldades da tradução externa? E, se não tivéssemos beirado as inquietantes regiões do indizível, acaso teríamos o senso do segredo, do intraduzível segredo? E nossas melhores trocas, no amor e na amizade, acaso conservariam a qualidade de discrição – segredo/discrição – que a distância preserva na proximidade?

De fato, há duas vias de entrada para o problema da tradução.

SEGUNDA PARTE
Leituras

Princípios do direito *de Otfried Höffe**

Principes du droit é a quarta obra do professor Otfried Höffe oferecida ao público de língua francesa. Esse mesmo público acolheu em 1985 uma *Introduction à la Philosophie pratique de Kant*, em que o autor propunha uma leitura integral da filosofia prática de Kant, tomada em toda a sua dimensão temática e metódica, sem esquecer a filosofia do direito, a filosofia da história e a filosofia da religião. Seguiu-se em 1988, ainda no plano das traduções, uma apresentação crítica da filosofia política de língua inglesa com o título *L'État et la justice. John Rawls et Robert Nozick*. Essa obra era complemento de um trabalho sistemático de grande envergadura, *La Justice politique*, traduzido para o francês em 1991. Kant estava explicitamente ausente do campo da discussão, mas implicitamente presente em toda a argumentação. Eis agora um volume no qual a perspectiva transcendental de Kant é exposta por si mesma e confrontada, sucessivamente, a seu adversário principal, o utilitarismo, reconhecido como corrente dominante do pensamento jurídico e político contemporâneo, e aos sistemas que falam em nome de Kant em graus diversos, mas recusando teses que o autor considera indissociáveis da perspectiva kantiana. O subtítulo alemão *Ein Kontrapunkt der Moderne* expressa bem a

---

* Otfried Höffe, *Principies du droit*, prefácio de Paul Ricoeur, tradução fr. de Jean-Christophe Merle, Paris, Cerf, col. "Passages", 1993.

intenção do autor, que não é praticar uma defesa a toda prova de Kant, mas reivindicar para a perspectiva kantiana um lugar ao mesmo tempo modesto e inexpugnável. A palavra "contraponto" expressa tanto uma concessão no plano da avaliação das forças contrapostas no campo conflitual considerado – Kant sozinho, acabou! – e uma convicção: os adversários ou os herdeiros libertos não podem levar a bom termo seu próprio programa sem fazer justiça ao momento kantiano da autonomia e do imperativo categórico, caso pretendam dar alguma base *moral* à sua teoria do direito ou do Estado.

Mas o kantismo não poderá pretender ocupar o lugar que acabamos de falar na sinfonia concertante da cultura jurídica moderna, sem que se constitua como objeto de uma reavaliação e até de uma reformulação em vista de definir bem aquilo que nele merece ser defendido a título de "princípios categóricos" na controvérsia com "o moderno". É por um trabalho rigoroso de hierarquização e seleção, feito no coração da filosofia prática de Kant, que esta nova obra de O. Höffe se distingue da *Introduction à la philosophie pratique*, e graças a ela a discussão iniciada em *État et justice* e, principalmente, em *Justice politique* pode ser retomada com novos interlocutores e com argumentos mais abertamente kantianos. Se não se pode pretender alçar o contraponto ao nível de alternativa, é porque as condições de uma composição com o adversário já estão reunidas no próprio Kant. A obra inteira tende a demonstrar que em Kant o momento "categórico", tal como figura no título alemão, *Kategorische Rechtsprinzipien*, só atua em ligação com o não-categórico, a saber, o componente empírico-pragmático da cultura jurídica moderna. Forçaríamos um tanto as coisas se disséssemos que o papel de contraponto, desempenhado outrora pela corrente empírico-utilitarista no discurso kantiano, é agora desempenhado pelo transcendental no interior da filosofia prática, tomada em sua totalidade metódica e temática.

Esse cuidado de delimitar bem o que merece ser considerado como categórico explica a ordem seguida na obra:

uma primeira parte é dedicada à questão do fundamento; a segunda parte reúne os famosos "exemplos" – proibição do suicídio e da mentira, proibição da falsa promessa, dever de prestar assistência a outrem, dever de cultivar os talentos pessoais. A terceira parte é dedicada aos renovadores de extração kantiana.

Mencionei as estratégias de hierarquização e seleção. O primeiro intuito domina a primeira parte; o segundo, a segunda e a terceira parte. Mas é preciso hierarquizar para selecionar. Nesse sentido, é da maior importância fazer a distinção entre uma primeira filosofia moral (a ética fundamental dos *Fondaments* e da *Raison pratique*) e uma segunda filosofia moral (*Métaphysique des moeurs*) e estabelecer a distinção já na primeira, centrada no imperativo categórico geral (que adiante será oposto aos imperativos jurídicos da *Doctrine du droit*), entre um nível que pode ser chamado de semântico no sentido de tratar da significação do conceito de moral (vontade boa, obrigação válida para todos os seres racionais, imperativo para os seres finitos como nós) e o nível da ética normativa que trata dos critérios da moral, primeiramente na forma fundamental da lei geral oriunda da regra de universalização e depois nas três subfórmulas conhecidas como os três imperativos kantianos. Não menos importante é a distinção feita, dentro da segunda filosofia moral, entre uma parte geral e uma parte particular. É a parte geral que constitui o cerne da discussão desta obra: ela comporta lado a lado e com a mesma força categórica o imperativo jurídico no singular (que rege a *Doctrine du droit*) e o imperativo categórico de virtude no singular (que rege a *Doctrine de la vertu*). A parte particular comporta princípios categóricos no plural, jurídicos de um lado (por exemplo, a proibição da falsa promessa) e morais de outro (proibição do suicídio etc.).

Portanto, encabeçando a segunda filosofia moral, em sua parte geral, situa-se o imperativo jurídico categórico no singular, que merece ser defendido contra qualquer recusa, mas também contra qualquer revisão. Ele constitui o cerne daquilo que merece ser chamado de ética jurídica. Deve ser defendida a denominação de *Métaphisique des moeurs*, atribuída a essa segunda filosofia moral iniciada pela ética jurídica, estritamente paralela à ética da virtude, uma vez que não significa nada mais do que sua formulação não empírica. Mas nesse caso é preciso alijá-la dos aditivos teóricos e não práticos referentes ao homem numenal e dissociá-la daquilo que pertence a uma problemática completamente diferente, a problemática da dialética da *Raison pratique*, prolongada por seus postulados referentes a Deus, à imortalidade e à liberdade atual. Como se vê, a seleção começa com a diferenciação.

Mas o importante é situar corretamente a ética jurídica e seu imperativo categórico no singular. É ele, e só ele, aliado à semântica que o precede, que deve ser oposto ao princípio do utilitarismo, consistente em promover a máxima felicidade do máximo número. Em contrapartida, justificam-se algumas intersecções com Aristóteles, uma vez que a diferenciação no interior do categórico conduz ao limiar de princípios substanciais, embora ainda categóricos: nesse sentido, o livro de O. Höffe é da alçada de uma crítica da crítica, que, no sentido não negativo do termo, consiste numa apreciação da extensão legítima e na inspeção dos limites da crítica de primeiro grau. Se há acusação que essa crítica em segundo grau pode fazer contra Kant, é que ele visou alto demais e pretendeu a uma posição exclusiva, impossibilitando o contraponto desejado e expondo-o assim à acusação de anacronismo. Donde o título da primeira parte: "Contraponto ou anacronismo?". O autor se empenha em refutar essa alternativa. Nesse aspecto, uma das conquistas mais notáveis da obra do professor Höffe é o reconhecimento dos elementos antropológicos que entram em composição com o momento categórico na execução por Kant de seu programa, contudo sem concessão.

Limitemo-nos neste prefácio àquilo que diz respeito diretamente à ética jurídica, cujo papel na arquitetônica kantiana foi lembrado acima, bem como à formulação de seu imperativo categórico no singular.

Este é formulado da seguinte maneira no parágrafo da introdução à *Doctrine du droit*:

É justa toda ação que permita, ou cuja máxima permita à liberdade do arbítrio de cada um coexistir com a liberdade de qualquer outro de acordo com uma lei universal.

Livramo-nos da acusação de moralismo se observarmos a tripla limitação intrínseca ao imperativo. Primeiro, liberdade significa liberdade de ação, portanto capacidade de intervir num campo de interação; além disso, o princípio só rege a legislação exterior, como lembra o verbo "coexistir com"; por fim, no sentido da semântica da obrigação, ele exige apenas a legalidade, ou seja, a conformidade com a regra, e não a moralidade no sentido estrito, ou seja, a obediência ao dever por dever, em outras palavras, a convicção (*Gesinnung*). Mas essas três limitações não afetam a própria condição transcendental expressa pela fórmula "de acordo com a lei universal": essa exigência nada mais significa do que a capacidade de igual aplicação ao arbítrio de cada um. Quando se entende que a universalidade exigida só rege a coexistência das liberdades, pode-se ter firmeza quanto ao estatuto metafísico, ou seja, não empírico, de um postulado que – diz o mesmo artigo C – "não é passível de ser provado ulteriormente". Cumpre dar o passo seguinte: a legitimação da coerção está analiticamente implicada nas condições da coexistência das liberdades. Esse elo pode ser imediatamente percebido, desde que se observe que a coerção consiste em princípio num obstáculo oposto àquilo que constitui obstáculo à liberdade. A partir daí, lida-se apenas com dois momentos: a obrigação segundo uma lei e a legitimidade da coerção; se o acordo entre as liberdades deve ser recíproco, o exercício legítimo da coerção também o deve. Esse elo entre os dois momentos é tão estreito, que o princípio da possibilidade de coerção externa vem ocupar, no plano jurídico, o mesmo lugar que a consciência da obrigação – *Gesinnung* – ocupa no âmbito dos móbeis no plano da moralidade tomada em sentido estrito. Assim, a legalidade, que nos *Fondaments* nada mais era que um contraconceito, torna-se princípio regulador da ordem jurídica.

Se tivermos em mente tanto a amplitude do campo jurídico quanto os limites internos aos princípios jurídicos no plural, não haverá mais por que acusar a filosofia jurídica de moralismo: o "paradigma" que N. Luhmann declara "perdido" pode ser bravamente proclamado como "redescoberto", depois de "revisitado" por O. Höffe! É o paradigma de uma moral jurídica sem moralismo e – ousamos o paradoxo – de uma moral jurídica sem moralidade. Essa distância entre legalidade e moralidade consagra a integração do imperativo jurídico categórico na metafísica segunda, de acordo com o vocabulário proposto por O. Höffe.

Por sua vez, o momento antropológico que serve de contraponto ao momento transcendental, até no texto kantiano – e a despeito da pretensão ostentada nos *Fondaments* de constituir uma metafísica dos costumes sem mescla de antropologia –, está presente tacitamente no reconhecimento do estatuto do homem como ser racional finito e, ademais, inclinado a dar preferência a suas inclinações, e não ao dever. Mas ele é abertamente admitido na filosofia do direito por meio das situações elementares que põem à prova a razão prática no plano da coexistência das liberdades. É preciso admitir sem constrangimento: a antropologia não contamina a moral jurídica; como bem diz Höffe, ela define o desafio sem o qual o imperativo moral não tem função. Ela deixa aberto o imperativo moral em si mesmo.

O autor nos havia preparado para aquilo que não merece ser chamado de admissão com sua análise cuidadosa das máximas na *Introduction à la philosophie pratique*. A regra de universalização só se aplica a projetos de ação já elaborados, embora enraizados em inclinações que não funcionam apenas como inimigos da moralidade, mas também como "matérias" que devem ser postas em "forma" moral. A filosofia jurídica não escapa desse regime. A doutrina da virtude deve enfrentar situações-tipo, tais como o cansaço da vida com a proibição do suicídio, o desespero pessoal com a proibição da falsa promessa, o desespero alheio com o mandamento de dar assistência, a preguiça com o mandamento de cultivar-se. A doutrina do direito decorre dos desafios que procedem das relações sociais e ameaçam o projeto de coexistência humana, a saber, as situações nas quais é tentador, por exemplo, lesar o outro no plano das trocas e dos contratos ou no da propriedade que dilata "o meu".

É isso que a segunda parte da obra demonstra com vigor a respeito dos famosos "exemplos" que somos convidados a classificar no terceiro nível do categórico, o dos imperativos jurídicos no plural. Eles não são menos categóricos que os do nível superior, mas sua pluralidade dá ensejo a uma articulação bastante refinada e diferenciada entre transcendental e antropológico. A própria antropologia ganha a forma de uma antropologia jurídica especial, distinta de uma antropologia geral exigida pelo imperativo jurídico no singular. Uma "empiria de uma riqueza crescente" (O. Höffe) permeia a formação das máximas submetidas ao juízo de direito. A ética jurídica não deixa de compor com adversidades da vida em sociedade. A influência recíproca dos seres humanos, a necessidade de cada liberdade de ação compor com a liberdade de ação dos outros, a existência de competição em torno de bens mais ou menos raros, tais são algumas das características da *conditio humana* na esfera jurídica.

Dessa negociação necessária entre o transcendental e o antropológico não se deve concluir pela capitulação do primeiro diante do segundo. Escapam à empiria as condições do acordo do arbítrio de um com o arbítrio de outro "em conformidade com uma lei universal da liberdade". Aquilo que se chama de "direitos humanos" não resulta de outra coisa senão desse imperativo de compatibilidade universal das liberdades de ação. O que os distingue da fórmula geral do imperativo jurídico é a tônica posta na igual restrição e na igual proteção implicadas pela exigência de compatibilidade. Nesse aspecto, O. Höffe tem razão ao ressaltar que, para Kant, a idéia de intercâmbio tem primazia sobre a de distribuição: a justiça é comutativa antes de ser – e para ser – distributiva.

Ao todo, na grande discussão contemporânea em torno da questão dos fundamentos da ética jurídica, o projeto kantiano de ética jurídica pode reivindicar a seu favor a dimensão integrativa que as teorias "sistêmicas", tais como a de Luhmann, ou desconhecem, ou afirmam erroneamente derivar de uma combinação. Seguindo a mesma linha, observaremos que o mesmo projeto põe freio à deriva do pluralismo sem limites do pós-modernismo, assim como faz frente às múltiplas tentativas de "desmoralização" do jurídico. Mas é ao utilitarismo que Kant replica com mais sucesso, ao lhe atribuir, favorecido por seu próprio recurso à antropologia, o papel de contraponto do contraponto.

O leitor certamente achará interessante a discussão que Höffe empreende na terceira parte de sua obra com alguns dos teóricos contemporâneos que falam em nome de Kant, mas pretendendo ultrapassá-lo: trata-se, evidentemente, de J. Rawls, de K.-O. Apel e J. Habermas.

A noção de contraponto ganha um significado novo numa estratégia que já não tem como alvo principal o utilitarismo, mas sim os companheiros de estrada que têm os mesmos adversários que Kant, levando-se em conta riquíssimas variantes contemporâneas do utilitarismo. A estratégia de uma briga de família só pode ser muito diferente da estratégia de uma batalha frontal. Com as variantes de que falaremos, depois de reconhecida a grande diferença que distingue os três pensadores citados, encontram-se dois argumentos nos três capítulos em questão: por um lado, critica-se nos três renovadores do kantismo o equívoco em torno do teor exato do categórico jurídico segundo Kant; por outro lado, há um esforço para mostrar que a fundamentação que substitui a de Kant a pressupõe, sob pena de ceder terreno ao adversário. Os dois argumentos devem ser levados à conta do laborioso trabalho de hierarquização e seleção que possibilitou a O. Höffe estabelecer o kantismo numa posição ao mesmo tempo modesta e intransigente.

É em relação a Rawls que os dois argumentos se articulam da maneira mais viva. Ao caracterizar sua teoria como "política, mas não metafísica", Rawls equivocou-se sobre o significado da metafísica prática kantiana e, assim, sobre o exato teor do categórico jurídico. Quanto aos princípios de justiça, sua formulação sem dúvida está próxima de Kant, uma vez que, graças ao véu de ignorância, a mesma mirada universal conduz a discussão desde a situação inicial de *fairness* até a determinação última dos princípios. No entanto, pode-se pôr em dúvida essa mirada universalizante, uma vez que o que está em jogo no contrato é a busca de uma utilidade máxima média. Por isso, é a própria demonstração que, segundo Höffe, dificilmente se diferencia daquilo que acabamos de chamar de cálculo de utilidade média máxima. Falta o momento categórico universal que poderia transformar uma escolha prudencial racional em escolha moral. Pareceu-me que, para O. Höffe, foi em última análise a transferência da discussão da esfera jurídico-política para a esfera econômica a responsável pelo caráter finalmente indecidível da posição de Rawls entre o categórico e o utilitário. No entanto, não se poderia negar o caráter moderado da apreciação final (p. 222).

A discussão com K.-O. Apel só podia ser sutil: quem hoje defende com mais vigor do que ele um pensamento transcendental? Quem, afora Habermas, soube negociar melhor entre as tradições continentais e os modelos de pensamento anglo-americanos? Por isso, O. Höffe conseguiu estender-se com satisfação sobre a "profusão de pontos comuns". Mas a guinada lingüística que Apel eleva ao plano de mudança de paradigma – do paradigma da consciência para o paradigma da língua – acaso possibilita melhor fundamentação do imperativo? Aqui só me aterei à acusação de fundamentação monologal feita contra Kant em nome do princípio de uma palavra dialogal, princípio incluído na meta de comunidade ideal de comunicação e na busca de consenso obtido pela discussão. Segundo O. Höffe, a comunicabilidade está virtualmente incluída na regra kantiana de universalização, conforme ressalta por outro lado a exigência de publicidade para todo exercício crítico da faculdade de julgar. Mas, principalmente, a comunicabilidade está no âmago da doutrina do direito, em termos de compatibilidade entre esferas de ação livre. Em sentido inverso, pode-se duvidar de que a noção de consenso ideal possibilite fazer a distinção entre vontade comum e vontade universal. Por isso, O. Höffe pode declarar que a própria alternativa de Apel está submetida ao critério kantiano (p. 238). Mais inesperada é a insinuação de um perigo de *hýbris*, vinculada a um projeto no qual fossem atribuídas onisciência e onipotência à comunidade de comunicação, em decorrência da eliminação da problemática totalmente diferente, é verdade, da busca do categórico – a saber, a da conciliação entre virtude e felicidade –, que ocupa a tão denegrida *Dialectique* da *Raison pratique*:

> A melhor boa-vontade possível não permite que a comunidade de comunicação cumpra a tarefa formulada por Kant com o nome-chave de dialética da razão pura prática (pp. 241-2).

Decididamente, as brigas de família não carecem de vigor nem de mordacidade.

Finalmente, é preciso voltar a Habermas. Höffe já havia polemizado com este último em *Justice politique*, e este havia replicado. Por isso, devemos ver nas páginas dedicadas a Habermas apenas um segmento de uma discussão em curso. Confrontado com Habermas, O. Höffe confessa-se primeiramente esmagado pela massa de conhecimentos empiriopragmáticos que concorrem para o *opus magnum* constituído pela teoria do *agir comunicacional*. A escolha desse conceito como eixo de discussão porventura não exporá ao risco de enterrar o categórico na profusão das ciências sociais e das referências heterogêneas aos fundamentos dessas ciências? A consideração das figuras da patologia social porventura não inclinará a postergar e até a abandonar o problema de fundamentação última ao qual, porém, K.-O.

Apel destinara um lugar de honra? A partir dessas dúvidas, a crítica se torna sinuosa e até minuciosa, exprimindo o mal-estar de um pensamento estritamente crítico diante de um esforço que não projeta nada menos que uma teoria geral da sociedade. Num esforço de tal amplitude, o espaço destinado à fundamentação transcendental pragmática de Apel só podia ser cada vez mais modesto. É quando Habermas se concentra na ética da discussão que seu interlocutor se reconhece diante de uma obra circunspecta, na qual a universalização recebe pelo menos o estatuto de "princípio-ponte" (p. 269). Os dois argumentos dirigidos a cada um dos membros da grande família dos herdeiros rebeldes encontram então um campo de aplicação mais bem delimitado. O que finalmente se critica em Habermas, ao contrário da crítica feita a Apel, é um excesso de modéstia, entenda-se: modéstia transcendental. Como se pode denunciar uma contradição pragmática nos adversários céticos da ética da discussão se não se professam alto e bom som os "princípios categóricos do direito"? Só com essa condição o momento transcendental pode pretender conservar, no diálogo com as ciências sociais, seu significado de contraponto, eqüidistante de superavaliação e capitulação.

É essa defesa tenaz que confere ao último livro de O. Höffe unidade de um tom, mais que unidade temática e metódica.

Categorias fundamentais da sociologia de Max Weber*

Meu intuito não é apresentar uma visão de conjunto do pensamento de Max Weber, à maneira de Pierre Bouretz no *Désenchantement du mounde*; meu objetivo é mais limitado; restringe-se a uma explicação de texto aplicada aos primeiros parágrafos do capítulo 1 da I parte de "Teoria das categorias sociológicas" em *Économie et société* (*Wirtschaft und Gesellschaft*), à qual reúno os primeiros parágrafos do capítulo 3 "Typologie de la domination" (*Die Typen der Herrschaft*). Mas não é sem fio condutor que proponho essa leitura, na realidade de grande envergadura. Ocorre que dispomos aí de um texto muito seguro, baseado nas notas do próprio Max Weber e notavelmente editado por Winkelmann. Meu fio condutor consiste em dois interesses: temático e metodológico. Do ponto de vista temático, o que está em jogo na construção é o par dominação-legitimação (*Herrschaft-Legitimität*). (Pode-se hesitar na tradução de *Herrschaft*; adotou-se dominação, em parte pela lembrança da dialética hegeliana do senhor e do escravo em *Phénoménologie de l'esprit*.) Do ponto de vista metodológico, o interessante é seguir Weber em seu trabalho de conceituação. Nisso, não emito nenhum juízo prévio quanto aos problemas formulados

---

* Texto apresentado na conferência proferida em Sófia (Bulgária), colóquio Max Weber, março de 1999, publicado em *Divinatio,* Casa das ciências do homem e da sociedade, Sófia, 2000.

por Heinz Wisman, sobre a racionalização em grande escala da história. Trata-se do trabalho do conceito num texto relativamente curto. Ele se baseia numa estratégia da argumentação que consiste no cruzamento de dois procedimentos: um, linear, visa à determinação conceitual progressiva da noção de dominação, que trabalha em dupla com a de legitimação e até em trio, se acrescentarmos o papel da crença (*Vorstellung*). O outro procedimento consiste numa distribuição tipológica das noções, somando-se ao procedimento linear um procedimento radial. Mostraremos por que essa estratégia complexa é apropriada ao tema da dominação. Começaremos com a primeira seqüência dos parágrafos 1 a 6; ela se desenvolve em três tempos. Aparece primeiro a definição do projeto sociológico como ciência que se propõe compreender por interpretação (*bedeutendes Verstehen*). Cabe insistir no par interpretação e explicação:

> Chamamos de sociologia uma ciência que se propõe compreender por interpretação (*bedeutendes Verstehen*) a atividade social, e assim explicar causalmente seu desenvolvimento e seus efeitos.

Aí reside a diferença em relação a Dilthey, que opõe explicar a compreender. Max Weber nos ajuda a sair do impasse criado por essa oposição maciça. Para ele, o fator causal está incluído no movimento da interpretação. E é por ser interpretativa que a sociologia pode produzir uma explicação causal. É verdade que, na seqüência do texto, a interpretação às vezes é oposta à causalidade: mas a uma causalidade isenta de seu elo com a *Deutung*. Dito isto, há interpretação de quê? Resposta: da ação (*Handlung*). (Prefiro o termo ação ao termo atividade, para ficar mais próximo do uso do termo no qual gosta de se situar uma corrente importante da história e da sociologia contemporânea.) Nesse contexto, a ação é oposta ao simples comportamento, na medida em que este é um conjunto de movimentos no espaço, enquanto a atividade faz sentido para o agente humano:

Entendemos por atividade um comportamento humano quando e na medida em que o agente ou os agentes lhe comunicam um sentido subjetivo.

A etapa seguinte decisiva é aquela em que a definição da atividade inclui a noção do sentido que esta tem para o agente. Mas, ao mesmo tempo – e é o terceiro momento –, a atividade deve também fazer sentido em relação com outros sujeitos. A atividade, assim, é ao mesmo tempo subjetiva e intersubjetiva. A noção de atividade social procede dessa interação entre subjetivo e intersubjetivo:

> Chamamos de ação social (*soziale Handlung*) a atividade que, de acordo com seu sentido visado pelo agente ou pelos agentes, se relaciona com o comportamento alheio, relativamente ao qual se orienta o seu desenrolar.

O elemento intersubjetivo está assim presente desde o ponto de partida, e a sociologia é interpretativa porquanto seu objeto implica, por um lado, um sentido subjetivo e, por outro, a consideração das motivações alheias. É forte a correlação entre o *Verstehen* interpretativo e seu objeto específico, a ação sensata. Eu resumiria esses três elementos na idéia de um modelo motivacional que não se opõe à causalidade em geral, mas à causalidade mecânica, determinista. Poderíamos entrar aí, na esteira de Max Weber, numa multiplicidade de detalhes que especificam esse conceito de atividade social, especialmente com referência à distinção entre adesão ativa e adesão passiva, que tem aplicação na tipologia da *Herrschaft*: não agir é ainda agir, como nos comportamentos de omissão e de retirada para fora da esfera de ação; entre as outras determinações importantes cabe incluir as determinações temporais; elas dizem respeito à orientação da atividade social, por exemplo em relação a um comportamento esperado de outrem. Existe aí uma característica que se aproxima de uma análise de Alfred Schutz que fala da tripla orientação da ação: para os contemporâneos, para os predecessores e para os sucessores; com isso é introduzida uma dimensão não só histórica em geral, porém também, mais precisamente, transgeracional.

Essa primeira tríade é seguida por uma pausa que oferece a primeira oportunidade de introduzir a noção de tipo ideal que acabamos de observar já em ação: ela consiste num conceito reflexivo aplicado à noção de sentido como algo constitutivo do objeto de estudo, o agir sensato. O que é sentido para os agentes também é o que faz sentido reflexivamente para o sociólogo – a saber, a possibilidade de construir tipos. São construções metodológicas, é verdade, mas não arbitrárias. Certamente se pode questionar a consistência epistemológica desse conceito e propor interpretações alternativas. Digamos, numa primeira abordagem, que se trata de um meio de identificar, inventariar e classificar as formas de ação e, ao mesmo tempo, de um procedimento que abre um espaço de dispersão para uma tipologia. Nesse aspecto, é preciso situar os ideais-tipo, os tipos ideais, ao mesmo tempo no trajeto linear do conceito e nas redistribuições radiais das tipologias. Deve-se partir do fato de que o real para Max Weber é sempre o indivíduo; os tipos ideais não devem ser dissociados daquilo que se pode chamar individualismo metodológico de Max Weber. Estamos sempre diante de indivíduos que se orientam de acordo com outros indivíduos, uma vez que a noção de ação social implica intersubjetividade. Nesse aspecto, Max Weber não está distante da tese de Husserl nas *Méditations cartésiennes*, acerca da "comunalização das relações intersubjetivas" (*Cinquième Méditation*).

É nessa altura do texto que aparece no trajeto linear a primeira tipologia (na verdade, encontram-se várias tipologias mais ou menos concordantes nos quinze primeiros parágrafos; as discordâncias importam menos do que a operação de proceder de maneira tipológica). Essa primeira tipologia diz respeito à noção de atividade social; ela precede a dos tipos de legitimação da dominação:

> Tal como toda atividade, a atividade social pode ser determinada: de maneira racional em sua finalidade (*Zweckra-*

tional) através das expectativas referentes aos objetos do mundo exterior, o mundo de outros homens; de maneira racional em seus valores (*Wertrational*), pela crença consciente no valor intrínseco de um comportamento ético, estético, religioso ou *outro*, independentemente de seu sucesso esperado; segundo os efeitos, particularmente as emoções, a partir das paixões e dos sentimentos específicos dos atores. E segundo a tradição (*traditional*), em virtude dos hábitos inveterados.

Distinguem-se aqui quatro tipos, aliás três; portanto, não há nenhuma rigidez conceitual, mas sim uma operação muito exploratória. É posto à prova um instrumento que adiante levará aos sistemas de legitimação: não é por acaso que ele foi chamado inicialmente de *Zweckrational*, e a ele corresponderá ulteriormente o sistema de tipo burocrático. A virtude dessas tipologias está em criar uma correlação forte entre a estrutura conceitual, no plano epistemológico, e o elo entre autoridade ou dominação e legitimação, no plano temático. De fato, a primeira tabela já é, digamos, uma tabela de legitimação (*Geltung*). O interessante do texto, de seu funcionamento, não é começar pela legitimação, mas chegar a ela gradualmente.

Agora vamos identificar os conceitos intermediários entre essa trilogia – orientação para um sentido, orientação para outrem, noção de ação social – e a noção de dominação. São propostos três conceitos intermediários antes de entrar em cena a noção de *Herrschaft*.

Temos de início a noção de ordem. O termo alemão *Ordnung* significa mais do que comando: só haverá comando, imperativo, com a *Herrschaft*. O conceito mais fundamental de ordem designa uma organização ou um organismo dotado de estabilidade própria. O conceito *Ordnung* está à espera de seu complemento, o predicado legítima: a ordem precisa ser legitimada para ser ordem. Realmente, o parágrafo *Ordnung* propõe uma nova tipologia que incide precisamente na legitimidade. O conceito de *Geltung*, que progressivamente se tornará central, consiste acima de tudo numa exigência de reconhecimento. O alemão *Geltung* se vale do caráter ativo do pedido, da reivindicação, da pretensão, o que em inglês se chama *claim*. Com o título de *Ordnung*, essa exigência de legitimidade figura sob o conceito de garantia: a ordem pode ser garantida (*garantiert*) por afetos, por uma entrega de ordem sentimental, ou de modo racional segundo os valores, ou em virtude da fé em sua validade, ou de maneira religiosa, ou unicamente em função da expectativa de certas conseqüências específicas externas, por exemplo, das situações que põem em jogo um interesse. Mais uma vez a operação de divisão por tipos se mostra extraordinariamente móvel, favorecendo um engendramento conceitual por estreitamento, por determinação progressiva. O importante é o problema da legitimidade ser introduzido pelo da ordem. Nesse sentido, não se tem uma visão de cima, mas, digamos, uma visão de baixo, a visão dos agentes sociais, para antecipar a comparação com outros esforços mais recentes aos quais voltaremos no fim; são os agentes que podem atribuir validade legítima a uma ordem: em virtude da tradição, de uma crença de ordem afetiva, de uma crença racional nos valores, de uma disposição positiva para a igualdade; pouco importam, mais uma vez, as discordâncias entre tipologias: trata-se apenas de classificações exploratórias que se imbricam umas nas outras.

O segundo conceito intermediário é o da diferença entre dois funcionamentos da *Ordnung*, da ordem, segundo seja integrador ou simplesmente associativo. E aqui realmente estamos a caminho da legitimação. A diferença é a seguinte: ou os agentes têm sentimento de pertencimento comum e formam uma *Gemeinschaft* (pode-se falar em termos substantivos de *Vergemeinschaftung*, comunalização), ou então consideram seus elos recíprocos como uma relação contratual, em que o elo é mais exterior e implica os agentes de modo menos pessoal: é a *Gesellschaft*. Chega-se aí a uma distinção clássica na sociologia alemã da época que, infelizmente, provocou terríveis conseqüências: ainda que essa não tenha sido a intenção de Weber, os sociólogos nazistas amplificaram a comunidade contra a associação; foi esse o mau uso da famosa dicotomia proposta por Tönnies. Nesse aspecto, pode-se afirmar que Max Weber se situa do lado *Gesellschaft*, que figura no título da obra, e não do lado *Gemeinschaft*. De fato, a preferência dada à relação associativa provém da tradição jurídica do contrato em Hobbes, Rousseau e Kant. Cumpre lembrar também que todos esses conceitos se destinam a abranger ao mesmo tempo os campos econômico, jurídico e político, como se vê na seqüência da obra de Max Weber. É necessário ter operadores suficientemente poderosos para abranger pelo menos esses três campos, se não também o da religião. O que conta, além da formalidade do contrato, é a natureza opositiva entre o elo de *Gesellschaft* e o de *Gemeinschaft*, visto que o primeiro culmina ulteriormente no sistema administrativo. Aliás, pode-se guardar como reserva a idéia de que a combinação entre esses dois conceitos seria fertilíssima no que se refere à produção do elo social, do querer-viver junto, como é o caso em Hannah Arendt.

Aparece depois como conceito de ligação o conceito de fechamento; ele designa o grau com que um grupo ou agrupamento (*Verband*) se fecha. O que está em jogo aí é a identidade coletiva, uma vez que ela depende da existência de limites (territoriais ou não) que decidem se este ou aquele indivíduo pertence a ela. Penso aqui na obra de Michael Walzer, *Spheres of Justice,* que começa precisamente com um capítulo intitulado "Membership"; trata-se aí das regras que regem a inclusão, portanto também a exclusão, igualmente significativas da constituição da identidade de um grupo. Nesse aspecto, a elaboração do grau de fechamento de um grupo prossegue no espaço conceitual da motivação (*cf.* "motivos de fechamento").

Surge o terceiro conceito intermediário, o de hierarquia. Ele procede de uma diferenciação dentro de grupos fechados entre os dirigentes e os dirigidos: "A ordem é reforçada por uma parte específica do grupo que é portador do poder." Realmente, estamos aí no limiar do conceito político, mas a distinção entre dirigir e ser dirigido atua nos níveis econômico, jurídico e político; deve-se notar que a ação de dirigir é nomeada antes de seu portador, o dirigente, e antes do ato de comandar, que será ligado à especificidade do conceito de *Herrschaft*. A determinação progressiva dos conceitos principais avança assim com o mesmo passo que o problema da legitimação. Nesse aspecto, a problemática hegeliana do reconhecimento fica constantemente no plano de fundo da questão da legitimidade: é ela que se antecipa através da contestação eventual de toda e qualquer posição dirigente em relação à posição de subordinação. Ao mesmo tempo, vemos desenhar-se a junção entre a problemática da legitimação e a problemática da violência: nenhum poder diretivo se estabelece apenas com base em regras formais; ele é instituído também por imposição de coerções: a ameaça do uso da força continua no horizonte do problema da autoridade. Max Weber faz aí uma longa pausa e se pergunta se podem existir sociedades isentas de regras coercitivas. Não é plausível – diz ele – que uma forma de governo possa satisfazer a todos. Há diferenças de interesse, idade etc. E a suposição de que a minoria queira submeter a maioria traz de volta o elemento coerção. Poder-se-ia pensar que somente dentro de um grupo unânime a coerção estaria ausente; na realidade, um grupo assim poderia ser o mais coercitivo de todos. A lei da unanimidade é mais perigosa que a lei da maioria, única que permite identificar a minoria e assim definir seus direitos. Para utilizar a retórica de Orwell, poderíamos dizer que em 1793 todos os franceses eram iguais, com exceção daqueles que eram mais iguais que os outros, que eram mandados para a guilhotina. A força do raciocínio de Max Weber, a favor da regra da maioria, está nisto:

> É imposto (no sentido de nossa terminologia) todo regulamento que não seja estabelecido por uma expectativa livre e pessoal de todos os participantes, por conseguinte também com base numa decisão tomada pela maioria à qual a minoria deve submeter-se. Esse é o motivo pelo qual a legitimidade da decisão tomada por maioria muitas vezes não foi reconhecida e continuou problemática durante longos períodos.

LEITURAS   157

O conceito subjacente de reconhecimento aparece aí
em posição central. Mas também se vê que um acordo,
mesmo voluntário, implica uma parcela de imposição.

Podemos recapitular; fizemos o seguinte percurso conceitual: ação social, alternativa associação-integração, fechamento do grupo e hierarquia, que, por sua vez, inclui uma
estrutura de autoridade. É só nessa altura que Max Weber
introduz a *Herrschaft* como conceito global, a saber – a especificação é muito importante –, a relação comando-obe-
diência. Alguns tradutores – Parsons em especial – traduzem
Herrschaft por autoridade; outros, por controle imperativo.
Fico com dominação pela razão, entre outras já mencionadas acima, da proximidade com a problemática hegeliana.
Cito:

> Dominação (*Herrschaft*) significa a probabilidade (*chance*)
> de que um comando com um conteúdo específico dado seja
> obedecido por um determinado grupo de pessoas.

Portanto, são centrais as idéias de comando e obediência. A *Herrschaft* é definida pela expectativa de obediência
pelo outro. O sistema do poder, portanto, deve dispor de certa credibilidade que lhe permita contar com a obediência de
seus membros. Mas a questão da coerção física está constantemente associada à questão da legitimação, da *Geltung*.
Cabe insistir nesse ponto, pois com demasiada freqüência
se isolou o texto abaixo, no qual Max Weber parece ligar a
definição de Estado não à sua finalidade, mas a seu único
meio, como fará Lênin em *État et révolution*:

> Não é possível definir uma organização política, nem
> mesmo o Estado, em virtude da finalidade para a qual sua
> atividade esteja ordenada; é por isso que se pode definir o
> caráter "político" de uma organização unicamente pelo meio
> que lhe é próprio, o uso da força. Esse meio certamente lhe
> é específico e indispensável do ponto de vista de sua essên-
> cia. Em certas circunstâncias, ele é elevado a um fim em si.

Mas, se o restituirmos ao contexto, o predicado importante continua sendo "legítimo". Lê-se uma página acima:

> A estrutura do poder estatal depende do fato de, na aplicação dos regulamentos, ele reivindicar com sucesso o monopólio da coerção física legítima.

Toda a seqüência confirmará que a problemática da *Herrschaft* é de ponta a ponta uma problemática de legitimação em relação à ameaça de uso da violência. De tal modo que na verdade temos um sistema de quatro termos: dominação, legitimidade, violência e crença.

Podemos deter-nos mais uma vez no uso feito aí de certos ideais-tipo, tal como fizemos numa primeira pausa; caberá objetar a esse recurso conceitos, senão anistóricos, pelo menos trans-históricos, que valem para todas as sociedades, pré-colombianas, asiáticas ou outras? Pode-se dar a seguinte resposta provisória: numa perspectiva que permanecesse historicista, seríamos simplesmente incapazes de falar de organização diferente da nossa, caso não pudéssemos identificá-la com base em conceitos analógicos, capazes de explicar em nosso universo lingüístico aquilo que se elabora em outro campo cultural. Se estivéssemos num estado de total indiferença, como desejaria uma ideologia da diferença, poderíamos até não nomear as diferenças, mesmo porque elas se tornariam perfeitamente indiferentes. Pode-se articular outra crítica: além de seu caráter anistórico, acaso esses conceitos têm valor somente descritivo ou não terão também um valor crítico dissimulado? A Escola de Frankfurt se engolfará nessa falha, conferindo aos ideais-tipo um valor de denúncia, precisamente em torno do par violência-legitimação.

Deixemos essas questões em suspenso. E passemos ao terceiro grande capítulo da obra, *Legitimität der Geltung*. A legitimação nele figura como exigência, reclamação, reivindicação (*claim*). A tese central é que todo poder reivindica adesão, que essa reivindicação pretende ser legítima e nesse sentido recorre à nossa crença. No início do capítulo Weber faz uma recapitulação dos conceitos necessários à estruturação do conceito de exigência de legitimidade; são os que acabamos de percorrer: *Ordnung*, ordenamento, distinção entre comunalização e socialização, abertura *versus* fechamento, ameaça de uso da violência. Vem em seguida o exame da reivindicação de legitimidade. O mais interessante e talvez espantoso nesse texto – que nos levará em pouco a deslocar a noção de tipo-ideal para além de sua simples função de classificação – é que a crença com a qual os agentes respondem à exigência de legitimidade é apresentada como suplemento – categoria trabalhada, aliás, por Jacques Derrida. Suplemento de quê? Das formas conhecidas de motivação: "ao costume, às vantagens pessoais ou estritamente afetivas de credibilidade se soma o fator suplementar da crença na legitimidade"; a crença na legitimidade indica algo a mais, e é esse mais que nos deve intrigar. Em certo sentido, toda a tipologia que vamos apresentar tem a ver com esse mais. Além do texto citado, lê-se um pouco acima: "A experiência mostra que nenhuma dominação se satisfaz de bom grado em fundamentar sua perenidade em motivos estritamente materiais, estritamente afetivos ou estritamente ligados a ideais"; são enumerados aí três casos de garantia de ação social. "Mais que isso (*zumal*), todas as dominações procuram despertar e alimentar a crença na legitimidade." É a experiência que o demonstra – como está dito. Como se não fosse possível derivar esse fator dos aspectos fundamentais que foram elaborados com tanta precisão. A crença na legitimidade é um suplemento que deve ser tratado como fato puro e simples, decorrente da experiência. Esse fato talvez esteja destinado a continuar enigmático. A crença soma algo que possibilita à reivindicação ser ouvida e admitida por aqueles mesmos que exercem essa *Geltung*, essa exigência. Como se vê, continuamos diante da problemática do reconhecimento. Penso num belíssimo texto de Gadamer, no qual se diz que toda obediência a uma autoridade repousa no reconhecimento de sua superioridade (*Überlegenheit*). Realmente, se eu parar de acreditar na superioridade da autoridade, esta simplesmente se voltará para a violência. Já me perguntei alhures se não se poderia encontrar aí algo da noção marxista de *Mehrwert*, mais-valia, porém estendida além de sua limitação ao mercado, em virtude da qual a mais-valia consiste num valor retido sobre a força de trabalho viva, engendrando assim o acúmulo de capital; aliás, Marx considerava enigmático esse mecanismo, desconfiando de algum resíduo de teologia, como se vê no famoso capítulo sobre o "fetichismo da mercadoria", no fim do volume I do *Capital*. Do mesmo modo que o poder só funciona quando se vincula um mais a motivações conhecidas, tocamos aí na raiz do fenômeno ideológico, na busca de uma mais-valia de valor que sempre periga faltar. Althusser, nesse aspecto, dá uma contribuição importante em sua teoria das instituições simbólicas da dominação.

É com base nesse enigma que se desenvolve a famosa tríade dos tipos de dominação legítima:

> Há três tipos de dominação legítima. A validade dessa legitimidade pode basear-se principalmente: um, em motivos racionais, baseados na crença na legalidade dos regulamentos baixados ou do direito de ditar diretivas por parte daqueles que são chamados a exercer a autoridade por esses meios; dois, em motivos tradicionais, baseados na crença cotidiana na santidade de tradições imemoriais e na legitimidade daqueles que são chamados a exercer a autoridade por esses meios (autoridade tradicional); três, em motivos carismáticos baseados na devoção pela santidade excepcional, pela virtude heróica ou pelo caráter exemplar de uma pessoa individual, ou então de motivos oriundos da ordem revelada ou por esta emitidos (autoridade carismática).

A ordem de apresentação aí é importante: é uma ordem descendente de clareza e crescente de opacidade. Talvez essa característica, afinal, tenha que ver com o funcionamento dos tipos ideais, uma vez que estes estão intimamente afinados com a racionalidade potencial de seu referente. Sigamos a ordem descendente, que não tem nenhum caráter histórico; há até muita razão para se pensar que, historicamente, as coisas ocorreram na ordem inversa: do carismático ao tradicional e do tradicional ao racional. Efetivamente, há toda uma faceta da sociologia de Max Weber que podemos desconfiar ter sido motivada por considerações de filosofia da história, senão de teologia da história, ou de teologia invertida da história. Mas permanecemos aqui no âmbito de uma tipologia, e é importante que seja uma tipologia ordenada segundo graus de racionalidade decrescente. O mais pensável é a motivação racional baseada na crença na legalidade. Com o carismático, através do tradicional, abordamos aquilo que se mostra mais opaco. Os mais longos desenvolvimentos são de fato dedicados à autoridade baseada na crença na legalidade dos regulamentos e no direito de ditar diretivas. São propostos cinco critérios, dos quais consideraremos apenas o primeiro:

> Qualquer norma legal pode ser estabelecida por concordância mútua ou por imposição por razões de oportunidade ou de racionalidade, segundo valores, ou as duas coisas, com a pretensão de serem seguidas pelo menos pelos membros da organização.

O que se considera aí é unicamente a estrutura formal da crença. A exposição dos outros critérios, por outro lado, procede por ordem de racionalidade decrescente, partindo dos aspectos mais despersonalizados em direção a aspectos mais personalizados da organização, uma vez que a crença na formalização é ao mesmo tempo crença na qualidade daquele que faz essa reivindicação. Pode-se desde já perguntar se, em cada sistema efetivo de dominação, não subsistem residualmente os sinais do carismático no tradicional e do tradicional no legal. Se ressaltarmos simplesmente a conjunção entre o que é chamado de direção administrativa, caracterizando o sistema burocrático em seu conjunto, poderemos dizer que no plano tipológico representa o ponto extremo da racionalidade segundo a legalidade. Pode-se perguntar aqui se a tipologia está realmente isenta de valoração, se ela é realmente *wertfrei*: é de suspeitar que haja um preconceito de racionalidade a expressar-se na parte mais clara no funcionamento da autoridade. É verdade que Max Weber não dissimula a importância das questões pessoais e carismáticas que se prendem ao exercício daquilo que o autor chama de controle: a questão não deixa de ser formulada, mesmo que qualquer vestígio de carisma ou de tradicionalidade tenha desaparecido do poder de controle exercido sobre os sistemas burocráticos existentes. E ainda assim esse controle só é possível de maneira limitadíssima por parte de não-especialistas sobre especialistas que na maioria das vezes acabam por sobrepujar o ministro não especializado que, em princípio, é seu superior. Esse texto é muito notável: a questão de quem controla o aparelho burocrático resume toda a relação entre o especialista e o político. A hipótese que avento ao ler essa tipologia é de que o tipo ideal da legalidade continua sendo uma forma de dominação, porquanto nela se discerne algo das outras duas estruturas de reivindicação, tendendo a legalidade a dissimular alguns resíduos de dominação tradicional e de motivação carismática. Estaríamos então no terreno de Norbert Elias, para quem o confisco da ameaça da força e do uso da violência possibilita estabelecer uma ordem simbólica que ocultaria sua violência sob a simbolização. Encontra-se algo semelhante no sociólogo Pierre Bourdieu. Mas, para Max Weber, ficamos no plano de uma pura tipologia abstrata e neutra. Não há nele nem sombra de um exercício de suspeita, como se verá na Escola de Frankfurt. Digamos, pelo menos com prudência, que nenhum poder funciona com base num tipo único e isolado, e que todos os sistemas reais de poder provavelmente implicam em proporções diferentes de elementos legais, elementos tradicionais e elementos carismáticos, e o tipo legal só funciona com base naquilo que nele subsiste de tipo tradicional e carismático.

Vejamos rapidamente o mais conhecido, a definição dos tipos tradicionais e carismáticos. Uma dominação é qualificada de tradicional quando sua legitimidade é reivindicada e admitida em virtude do caráter *heilig* vinculado à própria vetustez do poder antigo. O caráter opaco do tradicional em relação ao racional é marcado pelo termo *sagrado*. Salto muitos detalhes referentes aos meios de funcionamento. Insisto apenas no caráter descendente, decrescente, de racionalidade da classificação inteira. Terminemos com a definição do processo de legitimação da dominação carismática: ele se baseia na extraordinária entrega à sacralidade, à força dos heróis, ao caráter exemplar de uma pessoa ou da ordem das coisas que é revelada ou criada por ela. Para esclarecer esse trecho, proponho lembrar o trecho dos *Principes de la philosophie du droit* de Hegel em que a racionalidade, ligada à idéia de constituição (*Verwaltung*), redunda na figura do príncipe, que não está ligada à monarquia, mas constitui o ponto cego de toda estrutura do poder, a saber, a capacidade de tomar decisões, que num sistema de poder é sempre subjetiva até certo grau (*Principes de la philosophie du droit*, § 273). Pode-se suspeitar do fenômeno da personalização do poder: ele é abordado nos termos próximos ao de Hegel por Éric Weil em sua *Philosophie politique*, onde se diz que "o Estado é a organização de uma comunidade histórica. Organizada em Estado, a comunidade é capaz de tomar decisões" (§ 31). A capacidade de tomar decisões acaso não remete sempre a algo de tradicional e até de carismático? Assim, toda a problemática é de ponta a ponta uma problemática de credibilidade. Citemos um último texto de Max Weber: "O reconhecimento por aqueles que estão sujeitos à autoridade decide a validade do carisma". É notável falar-se de reconhecimento no parágrafo sobre o carisma; mas pode ser que o reconhecimento constitua a problemática que governa todo o império da *Geltung*, na qualidade de pretensão de qualquer um que exerça uma autoridade, um comando.

Gostaria de concluir voltando ao nosso fio condutor, a relação entre interesse temático e interesse metodológico, em referência à marcha da construção conceitual. Cabe indagar aqui sobre o caráter apropriado da estratégia de argumentação em relação à problemática da dominação, de sua legitimação e de sua credibilidade. A construção linear, por um lado, e arborescente, por outro, não estará numa relação de intimidade profunda com a própria temática da dominação/legitimação? O que está em jogo e se oculta não seria o domínio por parte da racionalidade sociológica da irracionalidade residual vinculada ao próprio fenômeno do exercício do poder? Observamos a ordem de racionalidade decrescente da tipologia da legitimação. Essa ordem acaso não é, inversamente, uma ordem de opacidade crescente, em face daquilo que se nos mostrou como um suplemento, o *Zumal* da crença, no qual se refugia o próprio enigma do reconhecimento? O trabalho de racionalização acaso não se dará, digamos, na contracorrente ou no contra-esforço da opacidade crescente dos conceitos percorridos, até esse último resíduo da crença?

Confrontados com essas questões, que socorro encontramos na leitura de outros sociólogos menos submetidos a uma leitura de cima para baixo do fenômeno da autoridade – ainda que uma leitura de baixo para cima, partindo do fenômeno carismático, subsista nas entrelinhas da tipologia de Max Weber? Entre as outras leituras de cima para baixo, encontramos a obra de Norbert Elias, dedicada ao modo como o sistema estatal se impõe de maneira imperiosa graças à monopolização da violência física camuflada em violência simbólica; o importante consiste então na correlação entre o progresso da civilidade no nível dos sistemas de poder e o autocontrole intelectual, prático e afetivo, no nível dos funcionamentos individuais.

Caberia então pôr em jogo leituras cruzadas feitas ao mesmo tempo de baixo para cima e de cima para baixo: encontraríamos então estratégias de negociação e de apropriação nas quais seria restituído aos agentes sociais um poder decisivo de iniciativa. Penso aqui nos trabalhos de microhistória dos italianos Carlo Ginzburg (*Le Fromage et le vers, l'Univers d'um menieur du XVIe siècle*), de Giovanni Levi (*Le Pouvoir au village*) ou também em certos trabalhos de sociologia da ação, como de Luc Boltanski e Laurent Thévenot

(*De la justification. Les économies de la grandeur*). Nelas se fica sabendo que os agentes perseguem a legitimação de sua ação numa pluralidade de cidades ou mundos, incitando a uma tipologia de um novo tipo, não mais em termos de modelo de obediência à autoridade, mas de tipos de argumentos de legitimidade exercidos pelos próprios agentes sociais a agirem ora na cidade da fama, ora na cidade da inspiração, na do intercâmbio comercial, na da indústria e na da cidadania; encontraríamos em Michael Walzer (*Spheres of Justice*) a mesma pluralidade das ordens de legitimação e igual interesse pelas estratégias da negociação e da composição, irredutíveis à simples relação entre dominação e obediência. Ainda se poderia ampliar o espaço de constituição do elo social e da busca de identidade coletiva explorando com Michel de Certeau e Bernard Lepetit as múltiplas estratégias de apropriação das normas, empregadas pelos atores sociais. Todos esses trabalhos têm em comum a preocupação com a constituição do elo social, graças a uma grande variedade de procedimentos de apropriação e de identificação.

Acaso teríamos nos distanciado completamente de Max Weber e de sua teoria da dominação legítima? Não acredito. Teríamos simplesmente situado suas análises num espaço social atravessado por uma miríade de estratégias apropriadas a cada vez a transações de um tipo diferente. Talvez encontrássemos, nesses trajetos diversificados, outras contribuições de Max Weber para a exploração da formação do elo social e político, como na *Vocation du politique* e na *Vocation du savant*. Teríamos então talvez renunciado à neutralidade axiológica altivamente reivindicada pela teoria das categorias sociológicas fundamentais de *Économie et société*.

Promessas do mundo: filosofia de Max Weber, *de Pierre Bouretz**

Pierre Bouretz me proporciona o grande prazer de dizer a seus leitores aquilo que me pareceu constituir a força e a originalidade de seu livro. Muitos trabalhos excelentes versaram sobre a contribuição de Max Weber para a epistemologia das ciências sociais, quer se trate da relação entre explicação e compreensão na noção mista da "explicação compreensiva", quer do individualismo metodológico que autoriza uma redução das entidades coletivas a construções derivadas das interações humanas. Outros enfatizaram a ética adjacente a essa epistemologia, com o título de "neutralidade axiológica". P. Bouretz tomou o partido de subordinar essas duas importantes inovações à questão que lhe parece subjacente a todas as outras, a do desencantamento do mundo. Max Weber é assim colocado em companhia dos grandes pensadores da política: Hobbes, Maquiavel, Kant, Hegel, Marx... Escolhido esse eixo, P. Bouretz empenhou-se em "verificar" sua hipótese principal, transportando-a sucessivamente para os campos econômico, político e jurídico. Das convergências e das correlações entre os resultados coligidos nesses três campos ele espera o equivalente filosófico, o único disponível, daquilo no que consistiriam a verificação e a refutação na ciência política descritiva. Para reforçar o

---

* Pierre Bouretz, *Les Promesses du monde: philosophie de Max Weber* (Ensaios), prefácio de Paul Ricoeur, Paris, Gallimard, 1996, pp. 9-15.

aparato da prova, P. Bouretz se presta a uma confrontação com as principais interpretações da sociologia weberiana ou da filosofia subjacente à grande obra, feitas em francês e em outras línguas. O lugar ocupado pelo autor nesse concerto crítico está assim claramente delimitado: mesmo adotando em suas linhas mestras o diagnóstico "cético" feito por Max Weber sobre o destino da racionalidade moderna, ele resiste vigorosamente à fascinação "niilista" induzida pelo neonietzschianismo weberiano. Realmente, pode-se falar de *resistência*, uma vez que o alvo filosófico de toda a obra consiste em localizar os momentos nos quais a análise weberiana da modernidade sacrifica a uma espécie de desalento especulativo a capacidade da racionalidade para constituir, ainda hoje, um instrumento de libertação. Daí decorre o tom patético contido num livro escrupuloso e analítico, que revela um pensador pessoalmente atingido pelo tema do desencantamento do mundo, procurando razões para não desesperar da razão. Não é por acaso que, no epílogo, uma espécie de última palavra é deixada para um visitante inesperado, Walter Benjamin, cuja palavra-chave em filosofia da história era *Rettung*, salvação, resgate. P. Bouretz parece então dizer: se Max Weber tem razão em termos descritivos, como não lhe dar razão em termos axiológicos? "Pergunta mortal", diria o filósofo Thomas Nagel...

Se a tese do desencantamento do mundo é a verdadeira chave da obra de Max Weber, somos obrigados a abordá-la não pelos *Essais sur la théorie de la science*, reunidos por Julien Freund em 1965, mas sim pelos escritos dedicados à sociologia das religiões. Realmente, é na esfera da motivação religiosa da ação que devem ser encontradas as raízes do desencantamento. A própria idéia de desencantamento se destaca sobre o fundo de um mundo encantado, o da magia e dos ritos, no qual o homem habita harmoniosamente. Cabe então ao profetismo judaico, rompendo com esse mundo encantado, introduzir ao mesmo tempo as promessas da racionalidade e as fontes distantes do desencanto. Desencanto duplo, uma vez que à perda do jardim encantado se soma a perda das novas razões de viver vinculadas à racionalização da vida ética pelo mandamento moral. Esse será um tema constante de Max Weber: a viravolta da racionalidade contra si mesma é contemporânea de seu triunfo. P. Bouretz situa com precisão o momento da viravolta: ele é contemporâneo do nascimento das grandes teodicéias do Oriente Próximo, que indagam: como a imperfeição do mundo pode ser suportada, se esse mundo é obra de um deus único, poderoso e bom? Essa decepção abre uma alternativa: ou a fuga para fora do mundo, ou o ascetismo intramundano. É este segundo ramo da alternativa que triunfa com o puritanismo anglo-saxão. A importância desse momento não poderia ser subestimada: como se sabe da leitura de "A ética protestante e o espírito do capitalismo", é o tempo axial – se é que podemos tomar de empréstimo essa expressão a Karl Jaspers –, o tempo em que o motivo dominante da economia moderna se articula com uma motivação religiosa forte, portadora de toda a ambivalência ulterior, que se encontra ligado ao tema da racionalização do mundo. A confrontação com a explicação materialista de Marx deixa então de constituir o motivo principal da controvérsia: é a posição simultânea da ética protestante e da motivação econômica, na trajetória da racionalização e do desencanto, que dá sentido forte à conjunção entre religioso e econômico. Mas, a partir desse estágio, pode-se perguntar se é verdade que o percurso de Max Weber através das figuras do religioso, até o ponto de confluência com a problemática econômica, não admite nenhuma leitura alternativa. Na própria perspectiva que acabará sendo adotada por Pierre Bouretz, a da resistência ao niilismo induzido pela tese da viravolta da racionalização do mundo contra si mesma, pode-se perguntar se Max Weber não se esquivou sistematicamente da questão da univocidade de sua interpretação global do fenômeno religioso, e se não usurpou os direitos da neutralidade axiológica do cientista a favor de uma interpretação global extremamente problemática, que põe a tese do desencantamento do mundo no mesmo nível da tese da astúcia, segundo Hegel. A teodicéia terá sido realmente a questão mais importante ligada ao profetismo judaico? A preocupação em encontrar garantia e tranqüilização contra o risco de danação acaso terá sido a motivação religiosa exclusiva do cristianismo e, mais especificamente, do puritanismo? O que é feito da salvação pela graça e da fé sem garantia, em relação ao tema talvez superestimado da predestinação? Seria interessante saber se em sua obra – que Pierre Bouretz declara várias vezes ambivalente – Max Weber deparou com o problema da equivocidade na interpretação dos fenômenos culturais de grande escala.

No âmbito econômico, seria possível formular perguntas simétricas. Elas se refeririam ao outro termo do par que Weber recompõe quando alia ao motivo religioso do investimento da fé na vocação terrestre o motivo racional gerador da empresa capitalista, a saber, a acumulação do capital sob a égide do espírito empresarial. Esse motivo terá sido o único foco gerador da racionalidade econômica? O que é feito das virtudes vinculadas à troca e ao comércio e da relação percebida por Montesquieu entre essas virtudes e aquilo que ele chama de "liberdade inglesa"? A questão recorrente da plurivocidade poderia assim ser formulada a propósito dos dois termos da equação: ética protestante e espírito do capitalismo.

Dando-se meia-volta no pórtico real da sociologia das religiões em direção à porta de serviço da epistemologia das ciências sociais, pode-se perguntar se as coisas são tão claras no plano epistemológico quanto pareceu na época de Raymond Aron e de Henri Irénée Marrou. Como manter juntos a postura *wertfrei*, reivindicada por Weber, e o recurso às significações vivenciadas pelos atores sociais na identificação do objeto das ciências sociais? Certamente se pode explicar com imparcialidade o que parece cheio de sentido para esses atores, mas a mesma imparcialidade será sustentável quando essas significações mostrarem ser aquilo que Charles Taylor chama de "avaliações fortes" em *Sources of the Self*? Ora, trata-se realmente de avaliações fortes, quan-

LEITURAS 171

do as significações em questão se referem a todo o curso do processo histórico da racionalização do mundo. Trata-se também de avaliações fortes no mundo econômico do trabalho, da riqueza e do prazer. Trata-se ainda mais de avaliações fortes no registro político, na forma dos grandes motivos de obediência, que contribuem para a legitimação da dominação. É quando Pierre Bouretz, no fim, critica Max Weber por ter negligenciado os recursos de sentido que foram poupados pelo processo de desencantamento, petrificação, desumanização e mortificação. Em outras palavras, a sociologia compreensiva, em sua postura epistemológica, estará a salvo do presumido desencantamento, que não seria apenas resultado, mas pressuposto? Pode-se afirmar que o desencantamento afeta apenas – ouso dizer – o sentido do sentido, o sentido reflexivo, não o sentido direto das condutas. No entanto, resta saber até que ponto a epistemologia weberiana conseguiu imunizar-se, por meio da neutralidade axiológica, contra a mordida do niilismo. Assim, depois que os *Essais sur la théorie de la science* foram demasiadamente isolados do restante da obra, talvez fosse preciso hoje protegê-los, com uma leitura crítica sistemática, contra a contaminação niilista engendrada pelo restante da obra[1].

Uma nova série de questões é suscitada pelo grau de convergência entre aquilo que aqui se chama de "vias do desencantamento", a saber, as esferas econômica, política e jurídica. A bem da verdade, as vias da racionalização continuam bastante díspares. Vimos o que ocorreu com os problemas suscitados pelo "espírito do capitalismo". O âmbito político suscita problemas totalmente específicos, desde que admitida a prevalência da problemática da dominação. Fica claro que em Weber o momento da violência é inicial, intermédio e terminal: cruzamos com ela numa extremidade como matriz de poderes; no meio, como força confisca-

---

1. É impressionante que, na tipologia dos motivos de obediência, o adjetivo *racional* seja privilegiado (*wert-rational* etc.), se é o processo de racionalização que constitui a sede do desencantamento.

da pelo Estado; e ela ressurge como decisionismo na outra ponta da história política; quanto à legitimação, consiste apenas nos motivos de obediência. Mas esta nunca se eleva ao nível do reconhecimento hegeliano, garantido em última instância pela constituição, em *Principes de la philosophie du droit*; ora, em Max Weber essa problemática nunca se mostra, ao que parece. Temos razão de lamentar, tal como faz Habermas, que em toda a análise a "racionalidade como finalidade", ou seja, em última análise, a razão instrumental, oculte a "racionalidade como valor", única que poderia ter alimentado uma problemática distinta de legitimação. Disso resulta que apenas no fenômeno burocrático se concentram a racionalização do poder e a brusca transformação deste último em seu contrário (*cf*. o título III, 2, "As razões do Estado burocrático"). O fenômeno burocrático está assim diretamente inserido na "lógica de objetivação da coerção", portanto na dominação, e não nos aspectos racionalizantes da legitimidade, que, como seria de esperar, estariam identificados com os recursos de libertação oferecidos pelo Estado de direito. Portanto, não é sem razão que Pierre Bouretz situa sua análise do fenômeno burocrático sob o título "racionalismo desencantado no universo moderno, da economia, da política e do direito" (p. 317).

A partir daí, a convergência entre as três ordens de fenômenos consideradas consiste menos num caráter inteligível e mais num enigma insondável; ou seja: na mesma instância e, poderíamos dizer, no mesmo instante, a racionalização atinge seu ponto culminante e ganha impulso a viravolta em seu contrário. Já fora observada essa estranha sobreposição quando da análise do puritanismo, que marcava a extrema racionalização do ascetismo intramundano e o início de sua viravolta. Ora, não é proposta nenhuma interpretação desse fenômeno, chamado ora de paradoxo, ora de enigma, ora de viravolta, dizendo-se no começo que ele constitui o estrito simétrico da astúcia hegeliana da razão. O que pode significar essa exata sobreposição de racionalização e perda de sentido? Tratar-se-ia de um fenômeno de inércia em virtude do qual um processo, depois de lançado na história, sobrevive à sua motivação inicial e produz efeitos perversos fora do controle da justificação primordial? É compreensível que o autor volte várias vezes para as "trevas", o "segredo" ou o "silêncio" de Max Weber acerca do sentido global de seu projeto. Essas perplexidades referentes à interpretação da obra de Max Weber, situadas sob o signo do desencantamento do mundo, têm repercussão sobre o trabalho de reconstrução com que o autor se empenha em responder ao desafio "niilista" contido no diagnóstico cético feito por Max Weber sobre o curso da modernidade. A questão é a seguinte: em que momento da longa seqüência das proposições analíticas de Max Weber, Pierre Bouretz vai estabelecer a linha de resistência? Pareceu-me que aquilo que chamo aqui de argumentos de resistência pode ser dividido em três planos.

Num primeiro plano, o autor resiste à univocidade da leitura do processo de racionalização que supostamente se volta contra si mesmo. Nesse aspecto, ele fica próximo de Léo Strauss quando este acusa de complacência e até de cumplicidade as análises que reforcem o fenômeno descrito. Se for o caso, as ressalvas deverão remontar até a postura *wertfrei* adotada no plano da epistemologia das ciências sociais. Já nos perguntamos acima até que ponto a neutralidade axiológica estava a salvo da contaminação pelo tom niilista da obra inteira. Pudemos mencionar essa questão da plurivocidade da interpretação tanto por ocasião da análise do fenômeno puritano quanto a propósito do fenômeno político da dominação ou do fenômeno do Estado de direito. A pergunta fica aberta: até onde seria preciso remontar para reavivar a plurivocidade? Essa pergunta me parece essencial, se quisermos resistir ao efeito de deslumbramento criado pelas grandes metáforas weberianas: "gaiola de ferro", "luta dos deuses", "último homem", "encantamento" e "desencantamento".

No segundo plano, a pergunta feita refere-se ao resgate da razão não instrumental, da "racionalidade como valor". É o lado Habermas da obra. Mas até que ponto Pierre Bouretz assume para si mesmo o cognitivismo moral de Habermas e seu projeto fundacional levado ao nível do consenso sobre os princípios da ética da discussão? É nesse mesmo plano que se justifica o recurso a Rawls, pelo menos o Rawls de *Theorie de la justice*. Quer se trate de Habermas, quer de Rawls, ou mesmo de Popper ou Hayek, cumpre saber se essa defesa da razão não instrumental é compatível com o diagnóstico cético que Pierre Bouretz parece assumir. A fratura passará entre o ceticismo e o niilismo, ou através dos argumentos geradores de ceticismo? Parece-me que Habermas e Rawls se distanciam de Max Weber mais a montante do que o autor parece admitir.

No terceiro plano, o que está em jogo é nada menos do que a possibilidade de reconstruir as categorias do pensamento e da ação, no próprio nível em que se situam as primeiríssimas proposições de *Wirtschaft und Gesellschaft*. É nesse plano que estão agrupados argumentos extraídos da *Sittlichkeit* de Hegel (que têm como alvo uma problemática da objetivação sem reificação das relações de interação), a correlação entre os últimos parágrafos da *Cinquième Méditation cartesienne* de Husserl e as categorias sociais de Max Weber, os diversos empréstimos de Hannah Arendt (senso comum, espaço público, querer viver junto). É neste terceiro plano que também estão os empréstimos feitos ao último Rawls, aquele do "consenso por intersecção" e dos "desacordos razoáveis", ou mesmo ao R. Dworkin de *Loi et intérpretation*, com sua versão narrativa da produção das regras de justiça num horizonte médio ético-político. Por fim – e principalmente – é nesse plano que ele realmente faz frente ao patético, num *Épilogue* que não vale como conclusão. O tom da resposta é dado por aquele que foi chamado acima de convidado-surpresa: Walter Benjamin. É realmente "o anjo da história" de Paul Klee que, pela voz de Pierre Bouretz, chama para o "despertar fora do século XX".

O guardião das promessas
de Antoine Garapon*

O livro de Antoine Garapon aparece na hora certa, na hora em que se torna gritante a contradição entre o domínio crescente que a justiça exerce sobre a vida coletiva francesa e a crise de deslegitimação enfrentada em nossos países democráticos por todas as instituições que exercem uma ou outra forma de autoridade. A principal tese do livro é que justiça e democracia devem ser criticadas e corrigidas juntas. Nesse sentido, esse livro de um juiz pretende ser um livro político.

A junção entre o ponto de vista do direito e o ponto de vista da democracia começa já no diagnóstico: com Philippe Raynaud falando da "democracia tomada pelo direito", se recusa a ver na extrema "juridicização da vida pública e privada" uma simples contaminação pelo espírito processual dos Estados Unidos; é na própria sociedade democrática que ele vê a fonte do fenômeno patológico. É especialmente na própria estrutura da democracia que se deve procurar a razão do fim das imunidades que punham tantas pessoas importantes e o próprio Estado jacobino ao abrigo de processos; é no campo político que ocorre o enfraquecimento da lei nacional, corroída tanto por cima, por instâncias jurídicas superiores, quanto por baixo, pela multiplici-

---

* Antoine Garapon, *Le Gardien des promesses. Le juge et la démocratie*, prefácio de Paul Ricoeur, Paris, Gallimard, 1996, pp. 9-16.

dade e pela diversidade dos lugares de juridicidade. Portanto, é à transformação da própria democracia que se deve atribuir a transformação do papel do juiz. Logo, é às razões de deslegitimação do Estado que devemos remontar para explicar aquilo que se apresenta como inflação do judiciário. Deslegitimação, que deve ser relacionada com o foco do imaginário democrático, na intimidade da consciência cidadã na qual é reconhecida a *autoridade* da instituição política.

O autor dedica a primeira metade de seu livro à justificação de um diagnóstico que vincula os destinos do judiciário e da política naquilo que se mostra ao olhar superficial como uma simples inversão de lugar entre o judiciário e a política, dos quais só o judiciário seria o agente arrogante – o "pequeno juiz" se tornaria o símbolo dessa usurpação de sentido único. Se o ativismo jurisdicional constitui paradoxo, é por afetar "a democracia jurídica" tomada em bloco.

A preocupação de ligar os destinos do judiciário e da política explica por que o autor não aceita aquilo que se deve chamar "ativismo jurisdicional" sem reservas expressas. Ao arrepio de quaisquer satisfações corporativistas, de glorificações profissionais, o que se ressalta em primeiro lugar são as derivas associadas a esse fenômeno inflacionista: quer os juízes ainda se arvorem em novo clericato, quer algumas personalidades veiculadas pela mídia se arvorem em guardiãs da virtude pública, despertando assim "o velho demônio inquisitório sempre presente no imaginário latino". Somente nesse nível da advertência são válidas as comparações entre os sistemas anglo-saxão e francês, mas elas só possibilitam distinguir os rumos preferencialmente tomados lá e aqui pelas mesmas derivas. Nesse aspecto, do início ao fim do livro, A. Tocqueville permanece como o perspicaz analista da divergência dos caminhos adotados pelo fenômeno maciço da juridicização da vida política. Em termos de França, Garapon profere estas palavras cruéis:

> Eis a promessa ambígua da justiça moderna: os pequenos juízes nos livram dos políticos desonestos, e os grandes juízes nos livram da política *tout court*.

Não é possível ir mais longe no diagnóstico de declínio do âmbito político e ascensão do poder jurídico sem dizer o que constitui o cerne do jurídico, portanto aquilo em relação a que todo o sistema derrapa. A idéia-chave do livro é a caracterização dos "alicerces jurídicos da justiça" por meio do distanciamento, mais precisamente, da conquista da justa distância que – como se compreende aos poucos – atinge simultaneamente o jurisdicionado e o cidadão. Uma razão importante para colocar bem perto do início esse tema da justa distância é que a ilusão da democracia direta, alimentada e mesmo criada inteiramente pelo sistema de comunicação de massas, é a principal tentação a espreitar conjuntamente o mundo jurídico e o político: assim, vemos ao mesmo tempo, sob a pressão da mídia, o novo clericato dos juízes obsedado pelo velho sonho da justiça redentora, enquanto a democracia representativa é posta em curto-circuito pelo sonho da democracia direta. Ao mesmo tempo e também sob a pressão da mídia, a justiça é desalojada de seu espaço protegido, sendo privada do distanciamento dos fatos no tempo e do afastamento de suas operações profissionais, enquanto a deliberação política se torna supérflua sob a ação da martelação publicitária com função de palanque e do embuste das pesquisas de opinião pública que reduz as eleições a uma pesquisa em tamanho real. O leitor talvez se espante com a virulência desse ataque aos efeitos perversos da mídia. Mas, depois de compreender que essa é a mesma ameaça a que estão expostas a posição de terceiro na relação jurídica e a mediação institucional na relação política, já não surpreende ver Garapon unir-se a Claude Lefort em sua denúncia da ideologia invisível da mídia.

Nós nos dispomos a prosseguir, para além desse severo julgamento, o diagnóstico de dois acessos que constitui a originalidade da primeira parte da obra. Para pôr um termo às acusações unilaterais que somos tentados a fazer à justiça, a pretexto de sua invasão de todas as esferas da vida pública e privada, cabe procurar a falha do lado da própria democracia. Mais que isso: é naquilo que Tocqueville louvou sob o título "Igualdade das condições" que se deve procurar o começo de todas as derivas; "a igualdade das condições" só podia ocorrer em detrimento das antigas hierarquias, das tradições naturais, que atribuíam a cada um seu lugar e limitavam as oportunidades de conflito. Faltava então inventar, criar artificialmente, fabricar (todas essas palavras são lidas em Garapon) a autoridade. E é por não conseguir isso que a sociedade se volta para os juízes. O pedido de justiça vem do âmbito político em perigo, "e o direito se torna a última moral comum numa sociedade que já não a tem". Frases do mesmo tom se acumulam à medida que o livro avança: "A democracia não tolera nenhuma outra magistratura senão a do juiz"; "Uma norma comum sem costumes comuns..."! Pergunta-se adiante se esse diagnóstico severo ainda admite alguma terapêutica comum para a justiça e a democracia. De indivíduos dispersos, obrigados a obedecer por um efeito perverso da "igualdade das condições", seria possível extrair jurisdicionados que fossem cidadãos?

O autor prossegue de modo intrépido sua descida aos infernos da democracia sem bússola: contrato invasivo que palia a perda de um mundo comum, controle judiciário que já não pode dizer em nome do que é exercido, reforço da função manicomial da prisão, em vez de se assumir com fundamentos a responsabilidade pelos indivíduos mais frágeis, interiorização da norma na falta de regras exteriores reconhecidas, todos esses sintomas dão razão a François Ewald: "Quanto menos seguro o direito, mais a sociedade é obrigada a tornar-se jurídica." Mas, se a justiça serve para reintroduzir posteriormente mediações que faltam anteriormente, em nome do que falará a prudência exigida dos indivíduos quando a presumida responsabilidade do delinquente se tornar o objetivo remoto do grande projeto de tutelarização dos sujeitos na versão nova do Estado-providência que está sendo penosamente instaurada sobre as ruínas do anterior?

Estamos aqui no fundo do círculo vicioso traçado em conjunto pelo recuo das práticas democráticas e pelo avanço das invenções judiciárias. O que se esquiva é o próprio sujeito em sua dupla capacidade de jurisdicionado e cidadão. O verdadeiro paradoxo criado pela atual situação política e judiciária é que a responsabilidade constitui ao mesmo tempo o postulado de todas as defesas da democracia e, por rebote, de todo e qualquer represamento da juridicização em expansão, *bem como* o objetivo perseguido por todo e qualquer projeto de reconstrução do elo social. Nos últimos capítulos dedicados ao diagnóstico da sociedade, ao mesmo tempo juridicizada e despolitizada, faz-se um balanço das expressões contemporâneas da fragilidade que invadem a cena. Na verdade, é como se a crise democrática e a inflação jurídica só se provocassem mutuamente por procederem de uma terceira fonte, a saber, as novas formas da fragilidade. E o debate entre justiça e política cede lugar a uma preocupante relação triangular: "despolitização, juridicização, fragilidade". O mais grave é que o judiciário é empurrado para o primeiro plano por instituições políticas em via de decomposição e confrontado com uma tarefa impossível: pressupor a responsabilidade que as formas tutelares da justiça, ocupando o lugar da repressão, têm paradoxalmente de despertar e até tirar do nada.

É do ponto de vista desse paradoxo da tutelarização do sujeito e sob o signo da impossível tarefa suscitada por essa função tutelar, a meio caminho entre a coerção e o conselho, que podem ser situadas todas as patologias que o livro acumula antes de se arriscar à reconstituição do cidadão e do jurisdicionado.

Todos falam dos impasses do individualismo, mas o jurista tem uma maneira peculiar de falar deles; não perdendo de vista o perfil do juiz como o terceiro nos conflitos, ele vê na identificação emocional com as vítimas o sintoma mais claro da obliteração da posição de imparcialidade – identificação emocional com as vítimas que teria contrapartida na demonização do culpado. Em última análise, desponta o linchamento, corpo a corpo, ao qual expõe o fracasso de todo distanciamento simbólico, marcando o revigoramento da velha ideologia sacrificial. O fortalecimento da lógica vitimária pode então ser visto como um entrave à tentativa de instauração, por parte da justiça, dessa função tutelar que, como mostraremos adiante, é inseparável de condições precisas de democratização da sociedade. Depois disso, nós nos absteremos de ceder à simples lamentação na descrição das funções substitutivas de identidade assumidas hoje por uma delinqüência juvenil que se tornou iniciática, bem como das outras formas de violência dessocializadas. Limitar-nos-emos a associar esses males sociais aos grandes paradoxos que estruturam o livro; realmente, medo do agressor, identificação com a vítima e demonização do culpado refletem a mesma obliteração da posição de terceiro ocupada pelo juiz:"O consenso se forma em torno de sofrimentos, e não mais em torno de valores comuns." Trata-se realmente, em tudo e por tudo, de despolitização do sujeito, quer este seja vítima, quer acusador ou mesmo justiceiro autoproclamado. É despedaçado o grande triângulo: autor, réu, juiz.

É verdade que a nova fragilidade constitui um desafio de amplitude inédita e que vem de mais longe do que a esfera política. Pelo menos leva a pensar politicamente: é ao vazio das referências comuns que devem ser vinculadas a descredibilização das instâncias políticas e a inflação da intervenção jurídica, que aparecem então como efeitos dos fenômenos de marginalização característicos da nova criminalidade. Por isso, o que se encontra no fim da primeira parte não é um juiz triunfante, mas um juiz perplexo, encarregado de reabilitar uma instância política da qual ele deveria ser apenas fiador.

Impõe-se então saber se um incremento procedimental seria capaz de remediar a fraqueza do normativo, tanto na dimensão judiciária quanto na dimensão política. Essa é a questão que domina a segunda parte do livro. Ora, as terapêuticas conjuntas do judiciário e do setor político só terão alguma credibilidade se o judiciário recusar a superestimação com que é perfidamente gratificado, e se for reconduzido à sua função mínima, que é ao mesmo tempo sua melhor posição, a saber, a tarefa de *dizer o direito*. O que não é punir e reparar, mas pronunciar a palavra que nomeia o crime e assim põe a vítima e o delinqüente em seu justo lugar graças a uma obra de linguagem, que começa com a qualificação do delito e vai até o pronunciamento da sentença ao cabo de um verdadeiro debate verbal. A justiça ajudará a democracia, que também é obra da palavra, do discurso, cumprindo com modéstia, mas com firmeza, sua "obrigação para com a linguagem, instituição das instituições". "Sentença significa repatriação na pátria humana, ou seja, a pátria da linguagem." Antes mesmo de sua função de autorização da violência legítima, a justiça é palavra, e a sentença, um dizer público. Todo o resto decorre disso: purgação do passado, continuidade da pessoa e também – e quase sobretudo – afirmação da continuidade do espaço público. Entenda-se: se a sentença é um ato da palavra pública, todos os seus efeitos, inclusive a detenção – que é uma exclusão – devem desenrolar-se no mesmo espaço público, quer se trate de penas aditivas, de relações humanas, de relações familiares, de trabalho etc. Essa defesa é política: significa que, mesmo privado de liberdade, o detento continua sendo um cidadão, e a finalidade da privação de liberdade é a recuperação de todas as capacidades jurídicas que fazem um cidadão pleno. Com isso, à comunidade seria feita a promessa de lhe restituir um cidadão.

Como a autoridade constituiria um "momento subtraído à contratualização democrática", se uma autoridade indiscutível é simplesmente substituída pela "autoridade da discussão e por uma autoridade sempre submetida à discussão"? E como o debate permanente sobre a legitimidade engendraria autoridade, se a ética da discussão se baseasse apenas no prestígio do procedimento de discussão? Se restar apenas essa saída, a expectativa de que o juiz possa "legitimar a ação política, estruturar o sujeito, organizar o elo social, elaborar construções simbólicas, cultivar a verdade" só pode levar de volta às ilusões da atividade jurisdicional denunciada no primeiro capítulo. Por isso eu me sinto mais à vontade com outras fórmulas de Garapon, tais como: "A autoridade estabelece o elo com as origens, o poder, a projeção para o futuro [...] Autoridade é fundação; poder é inovação"; "As regras protegem o poder; a autoridade protege a regra"; "Poder é aquilo que pode; autoridade, aquilo que autoriza". Que coerção procedimental estará algum dia à altura dessa ambição? Eu tenderia a crer que a origem da autoridade é fugaz, que ela herda convicções já prévias, levadas estas, por sua vez, à deposição, à substituição, à renovação. Caso contrário, a posição terceira do juiz se transformaria na posição de um terceiro absoluto, mais desmuniciado que qualquer tirano. Diz também Garapon: "O juiz não deve substituir o terceiro absoluto, cujo luto a democracia nunca pára de fazer." Ou seja, o que é um luto que não interiorize de um modo ou de outro o objeto de amor perdido para elevá-lo ao nível da simbólica estruturadora?

A bem da verdade, todo o restante da segunda parte se baseia num primeiro gesto de reconstrução que, segundo se diz no limiar dessa nova navegação, terá em vista "refazer o caminho da instituição, partindo daqueles que a fundam".

Mas, se é com essa insistência no elo por preservar entre a justiça e o uso público da palavra que se deve começar qualquer projeto de restauração ou mesmo de instauração do elo que se configura como propósito dessa reflexão, ou seja, o elo entre o jurisdicionado e o cidadão, a dificuldade consiste então em continuar com esse ímpeto, sem tropeçar no obstáculo oposto à justiça e à democracia pela deslegitimação da autoridade em sua função fundadora, tanto em relação à posição do terceiro no plano jurídico quanto à instituição de mediações no plano político. Como se disse, o exercício da palavra pública e o exercício do poder estão ambos carentes de legitimação. A partir daí, a substituição da política pela justiça como último recurso, como último instituinte, acaso poderá constituir algo mais que um efeito de engodo relativamente a essa carência que afeta tanto o substituto quanto o paradigma político? O desaparecimento de um mundo comum acaba se mostrando como a tese mais bem defendida do livro, tanto na sua parte terapêutica quanto na diagnóstica. Pois substituição não significa cura, mas eventualmente agravamento:

A posição da justiça é paradoxal: ela reage a uma ameaça de desintegração para cuja promoção, porém, ela contribui.

O subtítulo mais perturbador e desconcertante do livro é o seguinte: "Autoridade necessária e impossível". Aqui Garapon parece aliar-se sem reservas às teses de Gauchet:

Uma sociedade que saiu do regime da coerção tida como líquida e certa, oriunda de uma comunidade que sempre precederia os indivíduos, tal sociedade, chamada emancipada, precisa de autoridade mais que a anterior.

Também a fórmula "autoridade necessária e impossível" é do próprio Gauchet, quando fala "de um complemento que para nós se tornou carência – em suma, uma substituição ao mesmo tempo indispensável e impossível". Confesso que não vejo solução para esse paradoxo recorrendo-se, como proposto, à fórmula de Montesquieu: "Não a ausência de senhor, mas a aceitação desses iguais como senhores." O fato de um igual ser considerado senhor ainda supõe que sua frágil senhoria seja reconhecida como superior e como digna de ser obedecida. Em vez de me entregar à tarefa digna de Sísifo, de recriar permanentemente uma instância simbólica, preferirei pessoalmente a saída do paradoxo em termos de Rawls, quando fala de "convicções ponderadas", "tolerância numa sociedade pluralista", "consenso por intersecção", "desacordos razoáveis", expressões estas que supõem a revivificação de heranças culturais hoje fragmentadas, mas ainda motivadoras em última instância. Lembrarei também com Charles Taylor, em *The Sources of the Self,* a possível criação de um sinergismo das heranças imensas e ainda não esgotadas, não interpretadas em termos de promessas não cumpridas, heranças recebidas do judaico-cristianismo, do racionalismo iluminista e do grande romantismo alemão e anglo-saxão do século XIX. Sem heranças múltiplas e mutuamente criticadas, não vejo como extrair do vazio o "simbólico fundador". Talvez não tenhamos posto fim aos recursos de simbolização marcados pelos selos da anterioridade, da exterioridade e da superioridade. Isso é ilustrado negativamente pela aventura do Terror e dos totalitarismos, que pretenderam recomeçar do zero e criar um homem novo... Também Garapon, depois de dar ouvidos às confissões de uma sociedade desencantada, afirma sem aparentes ressalvas que a justiça, na qualidade de quem diz o justo, está legitimada para colocar-se como *instituição identificadora* graças, precisamente, à sua dimensão simbólica.

A profissão dessa dimensão simbólica desempenha o papel de um novo ponto de partida, que chamarei de convicção, para toda a seqüência do livro. A justiça é convocada a cumprir essa função de instituição unificadora, ao fazer do debate e de sua encenação aceita sem paixões o lugar visível em cujos limites uma cerimônia verbal instaura a justa distância entre todos os jurisdicionados. Mas a meditação perplexa mencionada acima volta em forma lancinante na corajosa defesa do ritual do processo. Como pedir hoje, depois das declarações sobre "a autoridade indispensável e impossível", que a manifestação simbólica repita a experiência da fundação? E é a vez de Garapon aludir ao mundo da Bíblia, à razão grega, ao juridicismo romano, a Justiniano, São Luís, Carlos Magno e Napoleão. Que reconciliação com o pai morto possibilitará à autoridade fundamentar-se num anterior, diferentemente do poder que, como dizia Hannah Arendt, só existe enquanto subsistir o querer-viver junto de uma comunidade histórica? A seqüência do livro, porém, se baseará na seguinte admissão: a autoridade é a força da formalização. Fundação, repetição. Parece que Garapon impõe à procedura todo o peso dessa relação entre fundação e repetição: "O contexto é então aquilo que ocupa o lugar da tradição para os modernos"; "O recurso ao momento da fundação, indisponível por definição, será mais necessário e vital quanto maior for o pluralismo". A idéia de um futuro fundador dispensará da idéia de um acontecimento fundador? E será que não esperamos demais da função simbólica ao lhe pedirmos que desempenhe o papel de "autoridade à revelia"?

São notáveis as páginas seguintes sobre o espetáculo dado nas dependências do tribunal, a repetição da transgressão e sua reabsorção sob o signo da palavra mediadora. É forte a idéia de unir estreitamente à apologia desse lugar que a encenação põe à parte o tema da formação de um sujeito de direito para além do indivíduo psicológico, ou seja, de um sujeito cujas capacidades são imediatamente ordenadas de acordo com a qualidade de cidadão. O jurisdicionado é cidadão. Sujeito de direito e Estado de direito. Aí tudo repousa no primado da função simbólica, portanto da palavra comum, em individualidades psicológicas identificadas com seu sofrimento e seu desejo. Volta como *leitmotiv*

> o desafio que para uma sociedade dessacralizada e um indivíduo desorientado é constituído pela preservação de um momento de autoridade, ou seja, pelo manejo simultâneo da força legítima e da dimensão simbólica.

O que se diz em seguida sobre a composição entre função condenatória e função reintegratória da detenção decorre diretamente da tese da justa distância num espaço público contínuo, que em contrapartida garante a continuidade do sujeito de direito. Nesse aspecto, uma abordagem puramente psiquiátrica, portanto terapêutica, da condenação mostra-se paradoxalmente com uma visão sacrificial que separa a vítima radicalmente do grupo. Entre expiação e terapia, subsistem passagens secretas. O autor não ignora lentidões, resistências, preconceitos e medos que freiam a conquista da idéia de condenação-reintegração, em detrimento da idéia de condenação-punição; a esse preço, a violência residual da punição poderia fazer parte de uma instituição justa. Mas a função do reformador é pensar, dar sentido a um reformismo que não cedesse ao ceticismo de Foucault nem à obsessão do público com a segurança. A fé na palavra pública é, de ponta a ponta, a convicção mobilizadora de um reformismo refletido. Possibilitar ao sujeito assumir compromissos é mantê-lo no interior do círculo da palavra pública comum ao homem livre e aos detentos. Entre a cultura de vingança e a utopia de um mundo sem pena, há lugar para uma "pena inteligente", em que a sanção fosse pensada para além da pena, segundo seu sentido etimológico de aprovação/reprovação. E, para não sucumbir a um novo tipo de utopia, desta vez reformista, o autor se vale de sua experiência e da experiência de seus pares para respaldar propostas precisas, de manifesto caráter profissional.

Mas eu não gostaria de terminar estas páginas introdutórias, que quase não passam de notas de leitura, sem levar o pêndulo do livro para o lado da defesa da democracia; vimos que no diagnóstico o ativismo jurídico é decorrente de uma obliteração do político; a transição para uma postura militante nos dois fronts era possibilitada pela idéia do parentesco e da íntima união entre a posição terceira da justiça, geradora de justa distância entre os jurisdicionados, e o papel mediador das instituições representativas do Estado de direito. É este último aspecto da reconstrução que se reafirma nas últimas páginas do livro. O perigo de uma nova forma de utopia em matéria jurídica, que só faria aumentar o ativismo jurídico denunciado, só poderá ser conjurado se, ao mesmo tempo, procedermos ao reexame do problema da representação política. Se quisermos que o lugar de justiça se aproxime dos jurisdicionados, será preciso, ao mesmo tempo, desprofissionalizar ao máximo a representação política. Um "novo ato de julgar" exige uma contextualização de natureza política, a saber, o avanço da democracia associativa e participativa. O fato de a chave das instituições judiciárias estar nas mãos dos políticos é tanto mais inevitável porquanto o judiciário, na França, não é um poder distinto do executivo e do legislativo, mas uma autoridade. A partir daí, é importante que nosso autor se abstenha de qualquer invocação encantatória da independência da justiça, assim como de qualquer retorno à tentação redentora. Em última análise, é o mesmo poder de julgar que faz o juiz e o cidadão.

O fundamental e o histórico –
Nota sobre Sources of the Self
de Charles Taylor*

Minha contribuição tem em vista explorar os recursos propostos pela obra de Charles Taylor, *Sources of the Self,* para resolver uma dificuldade importante que me parece resultar da própria composição da obra e me parece afetar sua própria substância. A dificuldade consiste no contraste entre a primeira parte, dedicada àquilo que é considerado como *inescapable frameworks* da experiência moral, e o restante da obra, que consiste essencialmente numa genealogia da modernidade, conforme ressaltado pelo próprio subtítulo, *The Making of the Modern Identity*. A questão é a do hiato epistemológico, pelo menos aparente, que resulta da concorrência entre o fundamental e o histórico na constituição da ipseidade moral.

I

A primeira parte baseia-se numa correlação importante que se pode considerar como o fundamental do fundamental na elaboração do livro: correlação entre aquilo que se poderia chamar de universais da eticidade e os universais da ipseidade.

---

* Texto publicado em G. Laforest e Ph. De Lara (org.), *Charles Taylor et le interprétation de l'identité moderne,* Paris/Sainte-Foy, Cerf/Presses de l'université Laval, col."Passages", 1998, pp. 19-34.

Vejamos melhor como se estabelece essa correlação. Primeiramente, observemos as formas do "bom". Acabo de falar de universais da eticidade. O autor não deixaria de objetar já na introdução que os *inescapable frameworks* de que se tratará não se referem ao nível da universalidade formal de uma moral da obrigação (Kant) ou de uma pragmática transcendental da comunicação (Habermas), mas sim, num filão aristotélico ou neo-aristotélico, da constituição primordial da visão de vida boa. Para começar, é preciso fazer justiça à obra e dizer que ela procede de uma *epokhé* importante, que incide precisamente sobre esse tipo formal de universalidade deontológica ou pragmática transcendental. No entanto, é verdade que a experiência moral é suposta como algo que, já desde esse nível originário, apresenta uma estrutura forte que justifica a expressão *inescapable frameworks*. Nesse sentido, pode-se falar de universalidade concreta, desde que se reserve para uma discussão ulterior a questão de saber se o que se tem é uma estrutura anistórica, que dificilmente se compõe com a historicidade própria à genealogia da modernidade, ou um estatuto trans-histórico no qual seria preciso discernir as características compatíveis com a abordagem genealógica que prevalece no restante da obra. O problema dos *inescapable frameworks* decorre da seguinte interrogação: o que nos leva a reconhecer o caráter ético (ou moral, pouco importa) de uma interrogação, uma argumentação, uma convicção? Nesse sentido, trata-se realmente de depreender algo como existenciais da existência moral em geral num sentido trans-histórico ou anistórico da universalidade assim trazida à tona. Nesse aspecto, seria possível defender o seguinte paradoxo: é numa filosofia moral atenta às disposições habituais mais enraizadas na vida, ou, pode-se dizer, atenta às maneiras de levar a vida de acordo com uma ou outra orientação, é em tal filosofia que se torna mais urgente a questão de conferir estabilidade às qualificações éticas menos sobrecarregadas de teoria, porém capazes de possibilitar a transição entre o viver natural ou biológico e o viver bem da condição ética dos seres humanos. São essas qualificações éticas, intermediárias entre viver e viver bem, as consideradas inelutáveis, inevitáveis, indispensáveis (para traduzir o inglês *inescapable*). Sobre elas se poderá perguntar se, em última instância, são anistóricas ou trans-históricas, num sentido que deve ser definido. A primeira dimensão inevitável, inelutável, incontornável, indispensável é designada com o termo "avaliação forte" (*strong evaluation*). Avaliação implica polarização e discriminação (bem/mal; melhor/pior; honroso/vergonhoso; digno/indigno; admirável/abominável etc.). A polarização confere marca moral aos desejos, às inclinações, às reações brutas. Além disso, ao se especificar o termo avaliação com o adjetivo "forte", insiste-se na profundidade, na pujança e na universalidade da avaliação. Sua profundidade: em relação às mudanças rápidas dos desejos e das reações, as disposições têm caráter mais duradouro do que as simples emoções. Sua pujança: a capacidade motivadora em oposição às constatações objetivas que não implicam nenhum compromisso pessoal ou comunitário. Sua universalidade: pretensão a ser compartilhada, comunicabilidade de princípio, uma vez que, apesar das contestações e das controvérsias, os agentes éticos não só se mantêm em suas convicções, como também as oferecem à aprovação alheia. Considerar inelutável esse recurso às avaliações fortes é afirmar que o significado moral assim conferido à própria vida não lhe é acrescentado a título de projeção, e isso é afirmado com muita força contra todas as formas de "naturalismo" no plano das teorias morais; nesse aspecto, a tese da neutralidade da vida e da ação humana já decorre da teorização que a *epokhé* mencionada acima suspende; trata-se, de fato, de uma transferência injustificada de modelos pertencentes ao pensamento científico; ora, essa transferência equivale a um desconhecimento da especificidade do agir e do viver humanos: a resposta ética a uma situação é coisa diferente de uma reação *de facto*. Outras discussões travadas em outros fronts – o do "estado de natureza" presumido pelos filósofos do

Iluminismo, o do pós-nietzschianismo ilustrado pelo tema weberiano do "desencantamento do mundo" etc. – reforçam a tese de que a idéia de avaliação forte supostamente deve resistir à erosão de toda e qualquer herança cultural moderna ou antiga.

A segunda característica das avaliações fortes, a discriminação, nos põe no caminho de componentes novos daquilo que aqui chamamos, para encurtar, universal concreto. Discriminação implica hierarquização. Seria possível dizer que, com essa característica, o querer viver bem penetra já na esfera da obrigação moral, com suas características de universalidade e imparcialidade. Isso é verdade: a exortação socrática a uma "vida examinada" engendra de maneira exemplar um momento crítico, a crise da avaliação. Caberá dizer que esse momento crítico já se coloca fora do campo da experiência moral originária? Realmente, é forte a pressão para se invocar a instância extrínseca do juízo, o qual, por sua vez, imporia a passagem do ponto de vista teleológico para o ponto de vista deontológico. Sem negar a força dessa reivindicação, cabe dizer que a crítica dos termos avaliativos não pode ser feita em outra linguagem senão a linguagem avaliativa. A justificação é constitutiva da força de uma avaliação, e as razões de nível superior são homogêneas às avaliações fortes. O exame socrático tem em vista dizer em que termos avaliamos que isto vale mais que aquilo. A distância crítica é, assim, um momento da avaliação. O fato é que a consideração desse momento de discriminação acentua o caráter trans-histórico ou anistórico da própria noção de avaliação. Ora, com a noção de hierarquia vem à tona a noção daquilo que Charles Taylor chama de *hypergoods*, ou seja, bens de nível superior que articulam e, assim, delimitam a moralidade de um grupo e de uma cultura, definindo a cada vez um sistema diferente de prioridades. Os tratados das Virtudes dos Antigos – e também ainda o dos grandes clássicos – exprimem bem tanto a pluralidade dos referenciais últimos de avaliação para dada cultura quanto a preocupação em ordenar essa pluralidade. Assim, a justiça é elevada em muitas concepções morais a esse nível superior. Mas, assim como se deve insistir na variabilidade dos conteúdos pelos quais se definem esses *hypergoods*, também é preciso afirmar que nenhuma experiência moral digna desse nome escapa a essa estruturação que transmite perfil hierárquico a toda a vida moral. Um último passo conduz aos confins – se não às margens – da fenomenologia da experiência moral. Às idéias de avaliação forte, hierarquização e articulação é preciso acrescentar a idéia de uma força de mobilização, oriunda das *moral Sources*, que também decorrem do "inelutável enquadramento" da vida moral. A consideração das "fontes morais" nasce da necessidade de saber o que impele a agir, o que faz de uma idéia moral aquilo que um filósofo francês (Fouillée) chamava de "idéia-força", uma idéia que dá a força (*empower us*) para fazer o bem e ser bom? O *éros* platônico e o *agápe* cristão desempenharam esse papel. Nem mesmo as concepções mais formais e procedimentais da moral poderiam escapar dessa consideração: Kant reserva um capítulo inteiro da *Critique de la raison pratique* à idéia de respeito como "móbil", sem receio de vincular à idéia de uma razão que move a sensibilidade a contrapartida de passividade de uma sensibilidade humilhada enquanto é elevada. Essa polaridade entre poder mobilizador e passividade receptora parece realmente constitutiva do fundo moral mais originário. Ela se reveste de diversas variantes: admissão do antecedente da lei em relação a nossas escolhas presentes, correspondendo a isso um sentimento humilde de reconhecimento; autoridade vinculada à superioridade de ideais que merecem o sacrifício de bens considerados inferiores etc. De diversas maneiras, a articulação, ordenação de bens superiores, deve constituir condição de adesão e estímulo. Caberá ressaltar aqui, com mais vigor ainda do que nos dois níveis precedentes, o caráter profundamente conflitual dessas figuras de retorno às fontes da vida moral? Isso na esteira da "genealogia da moral", segundo Nietzsche. Como se dirá adiante, o si moderno está como que lacerado por suas contestações, suas suspeitas, suas desmistificações etc. Assim, parece difícil defender que a idéia de fonte moral pertença ao nível pré-teórico da vivência moral. Mas, mesmo mencionando o *éros* platônico, o *agápe* cristão, a razão do Iluminismo, o gênio dos Românticos, a transvaloração nietzschiana de todos os valores ou mesmo o desencantamento do mundo, não se falaria em dor moral se a idéia de motivação última não fizesse parte integrante do *inescapable framework* da vida moral, tanto quanto a idéia de avaliação forte.

Não sairemos da primeira parte de *Sources of the Self* sem termos mencionado a importante correlação presente no título da primeira parte: "Identity and the Good". Aos universais concretos da eticidade correspondem universais da ipseidade. Do mesmo modo, essa análise nos leva à expressão famosa de Sócrates acerca da "vida examinada". A expressão se coloca expressamente no ponto de articulação entre visões do si e visões do bem. Nossas respostas à pergunta "quem sou eu?" são estruturadas por nossas respostas à pergunta "como deveria eu viver?", pergunta mais fundamental do que "que devo fazer?".

Pode-se retomar desse ponto de vista aquilo que foi dito sucessivamente sobre as avaliações fortes, as articulações em torno de bens de nível superior e sobre as fontes morais, em suma, tudo aquilo que diz respeito aos predicados morais tomados em seu estágio pré-teórico, antepredicativo, como se diria em linguagem fenomenológica.

À idéia de avaliação forte corresponde a idéia de uma maneira de ficar, de manter-se através do tempo (aqui fico!). É notável que essas expressões ressaltam não só a dimensão temporal de nossa adesão a avaliações fortes, mas também sua dimensão espacial. Pode-se falar nesse sentido de *orientação* num espaço moral (aspecto ao qual somos especialmente sensíveis quando nos sentimos desorientados ou, como se diz hoje, sem referenciais...). Seria então preciso distinguir esse espaço moral do espaço geométrico euclidiano, com base no modelo de distinção entre a temporalidade-*ipse* e a temporalidade-*idem*, falando de espaço de ipseidade. A metáfora espacial (mas não conterá ela um sentido mais originário do próprio espaço?), aliás, reverte-se facilmente do si que avalia para os bens avaliados: pode-se falar do "mapa" no qual são dispostos os "referenciais" éticos que regulam nossa orientação e para os quais se abrem nossos ângulos de perspectiva. Tampouco devem ser esquecidas as noções de errância, partida (Abraão), retorno ao lar (Ulisses). Mas, na era do desencantamento, a ausência de referenciais ainda faz referência ao "espaço de distinções qualitativas no qual vivemos e escolhemos" (p. 30). É característica inelutável do poder humano de agir, de "existir num espaço de interrogações incidentes sobre bens passíveis de avaliação forte" (p. 31). É aquilo que uma concepção naturalista da vida e da ação como terreno neutro, portanto sem orientação, suprime por redução indevida da idéia de espaço moral com estatuto de simples metáfora retórica.

Encontra-se essa equivalência entre a indagação "*quem sou eu*" e a indagação "*onde fico*" no espaço moral quando se passa da idéia de avaliação forte à idéia de articulação, com seu caráter duplo de hierarquização e de heterogeneidade entre bens de segundo grau, e à idéia de fonte moral. O elo entre as duas vertentes da metáfora espacial é feito por meio da idéia de espaço de interlocução, de teias de interlocução (*webs of interlocution*). Na vertente do espaço moral, a idéia de articulação apresenta um caráter manifesto de espacialização: trata-se de especificar não só como os bens se interligam, mas também a que distância eles se situam uns dos outros. Desse trabalho reflexivo resulta outra maneira de nos situarmos no espaço moral. O que se deveria então conceber é a idéia de orientação no tempo narrativo e no espaço moral.

Com as idéias de heterogeneidade e hierarquização entre bens superiores e, sobretudo, com a idéia de fonte moral, surge um aspecto mais dramático da correlação entre a idéia do si e a idéia do bem, a saber, uma conflitualidade crescente que afeta simetricamente nossas avaliações fortes e nossa identidade. Parece constituir característica da experiência moral mais fundamental o fato de não podermos visar o bem, a realização, a plenitude, como horizonte de visão parcial e fragmentária sem demonstrarmos essa conflitualidade constitutiva.

É principalmente no reconhecimento dessas avaliações qualitativas de nível superior, acima chamadas de *hypergoods*, que residem ao mesmo tempo a grandeza e a fragilidade da vida moral. Parece que faz parte da estrutura inelutável da vida moral o fato de os bens de nível superior servirem de ponto de vista a partir do qual pesamos, julgamos e adotamos os bens de menor importância. Ora, nossa personalidade moral se estrutura correlativamente a essa articulação do espaço moral. Charles Taylor certamente tem razão ao escrever: "hypergoods are generally a source of conflict" (p. 64).

Antes de darmos, sob o signo da historicidade da construção do si moderno, alguns exemplos concretos desses lugares conflituais de nosso espaço moral, cumpre dizer que a conflitualidade atinge o ápice com a elevação da idéia de "fontes morais" ao nível de motivações fortes. Cabe lembrar que, se a idéia de *articulação* ressalta a função de ordenação exercida por certas idéias morais de nível superior, a idéia de fonte moral ressalta, como dissemos, o lado mobilizador de energia das concepções morais consideradas como idéias-força. Ora, é nesse nível que o conflito afeta o sentido da identidade moral, com mais força – se isso é possível – que o de articulação. O lugar de acolhida de uma idéia moral, na qualidade de fonte moral, é o si. Ora, este é posto em posição de passividade por aquilo que o torna capaz de adesão. O que dá o poder de agir, segundo a injunção deste ou daquele bem de nível superior, tem como correlato a receptividade para a injunção moral. Do mesmo modo, os bens considerados podem ser denominados constitutivos, não só em relação aos bens subordinados, mas também em relação ao si injungido por eles.

II

Chegou a hora de opor a historicidade que caracteriza *The Making of the Modern Identity* a essa estrutura inelutável constitutiva da correlação entre a noção de bem e a noção de si.

É essencial ressaltar, no início desse percurso, que a espécie de "genealogia da moral" que a obra constitui tem como horizonte, para não dizer *telos*, a identificação do *mal-estar*, do transe (*predicament*) característico do si na época moderna. O capítulo de conclusão tem como título:"Os conflitos da modernidade". Isso significa que o projeto não consiste de modo algum numa história neutra das mentalidades, mas, digamos, na urdidura de nossa própria história cultural. A reconstrução do caminho percorrido dos gregos até nós é pautada por três grandes temas estruturais que, como mostraremos adiante, servem de ponte entre aquilo que chamávamos na introdução de *fundamental* e de *histórico*. Um primeiro percurso é colocado sob o tema da interioridade, ou melhor, do "olhar para dentro" (*inwardness*); um segundo, sob o tema da "afirmação da vida ordinária"; um terceiro, sob o tema da "via da natureza". Seguiremos inicialmente o primeiro eixo.

1. Embora a idéia de reflexividade possa ser enunciada a rigor sem referência à história, isso não ocorre com o sentido de interioridade cujo movimento de ascensão, desenvolvimento e possível declínio pode ser traçado. O fato de o si ser correlato do espaço moral também decorre da estrutura *inevitável* de toda experiência moral; mas a distinção *dentro/fora* tem uma história, aliás tipicamente ocidental. Platão, por quem é preciso começar, situa a fonte moral no domínio do pensamento considerado hegemônico; no quadro de uma topografia da alma, o *logos* aparece como lugar dos recursos morais; ao mesmo tempo, uma concepção superior da razão é ligada a uma ordem cósmica da verdade, ao"bem do todo", o que põe o Bem mais alto que nós, acessível apenas por retorno a nós mesmos.

– O homem "interior", segundo Agostinho, compartilha características comuns com a alma racional de Platão; mas, com base na identificação entre Deus e o Bem e na identificação entre o olhar interior e a memória de Deus, o *agápe* cristão dá vigor a um si em primeira pessoa, descoberta que faz de Agostinho o verdadeiro *inventor* da reflexividade radical.

– Com Descartes, a "desobrigação da razão" (*désengagement de la raison*) confere um cunho novo à interioridade, que simultaneamente recebe como correlato um cosmos mecânico desencantado e pronto para o controle instrumental. No entanto, o colorido neo-estóico da "generosidade" cartesiana preserva algo da ética da honra dos Antigos. Com Locke, aparece um "si pontual", totalmente liberto de tutelas autoritárias, ao mesmo tempo que progride a instrumentalização do controle sobre a realidade exterior, anunciando a afirmação da razão procedimental. O ideal moral do domínio sobre si mesmo tem, pois, uma história sem a qual seriam incompreensíveis nossas discussões sobre a identidade pessoal, sobre a responsabilidade por si mesmo e sobre a emergência do contratualismo em filosofia política.

2. Com a "afirmação da vida ordinária" está essencialmente contestada a superioridade da vida contemplativa sobre a vida prática, portanto certa hierarquização dos bens de grau superior, oriunda tanto do platonismo quanto do monaquismo cristão. A Reforma contribui com sua idéia da "vocação" sem ascese, cujo apogeu deve ser buscado nos puritanos anglo-saxões (ver o livro de Michael Walzer, *The Revolution of the Saints*). Segue-se o aparecimento do deísmo como "cristianismo racionalizado". Essa revolução no nível das fontes religiosas da moralidade é capital para o entendimento do mal-estar moderno. Charles Taylor insiste veementemente na autenticidade religiosa do deísmo, com sua fé numa ordem providencial, deísmo que ele distingue do ateísmo ulterior do Iluminismo. Quanto ao si, enriquece-se com toda uma investigação dos sentimentos morais (com Shaftesbury e Hutchinson, que pautaram a moralidade

anglo-saxônica moderna). Nasceu uma cultura da "natureza interior", oposta a qualquer orientação autoritária extrínseca e voltada para a apreciação positiva dos movimentos naturais de benevolência em harmonia com um universo providencial. 3. O estágio decisivo nessa rápida história da construção do si moderno e de seus tormentos é a grande bifurcação entre o racionalismo ateu do Iluminismo francês e a ascensão do Romantismo filosófico, principalmente na Alemanha. As duzentas últimas páginas do livro de Charles Taylor são dedicadas à criação de um quadro de "horizontes fraturados", no qual se confrontam três recursos: uma fonte divina, ao mesmo tempo transcendente e íntima, a autoafirmação de uma razão que se põe soberanamente, o recurso às energias criadoras de uma natureza mais vasta que nós. Somente as duas últimas correntes podem ser chamadas modernas. Mas há dois modelos de modernidade: o conflito não é de modo algum abolido entre esses dois modelos, enquanto persiste o fundo agostiniano, a despeito da secularização. Nesse aspecto, Charles Taylor propõe uma interpretação interessante da secularização que, segundo ele, não se reduz ao progresso das ciências e ao desenvolvimento da economia mercantil, mas consiste no nascimento de alternativas novas no plano mais radical das fontes morais. A razão autônoma e autoprodutora de sentido e a voz da natureza ocupam respectivamente, no interior do espaço moral, um lugar comparável ao outrora ocupado pelo *agápe* cristão que nutriu o homem interior agostiniano. Teísmo, Racionalismo e Romantismo, defrontando-se em nós, engendram o "mal-estar" (*predicament*) moderno. Segundo Taylor, as três pretensões à fundação última se fragilizam mutuamente, ainda que tímidos empréstimos cruzados atenuem as feridas de nossa consciência moral. Nesse aspecto, o que talvez seja mais impressionante no retrato que ele faz do si moderno é a conflitualidade, considerada tão forte entre a razão desobrigada e o recurso à criatividade da natureza, quanto entre esses dois ramos da modernidade e a herança não esgotada do helenismo e do judaico-cristianismo.

III

Chegou a hora de confrontar o cunho da primeira parte, que pode ser chamado sincrônico, e o cunho diacrônico dos três grandes capítulos cujo desenvolvimento acabamos de esboçar. É preciso confessar que Taylor não discute por si mesmo o problema suscitado pela justaposição dos dois estilos aos quais ele dá prioridade consecutivamente. Existe de fato um capítulo intitulado "Digressões sobre a explicação histórica" (pp. 199-210), mas trata-se apenas da relação entre aquilo que chamamos aqui de fundamental e histórico. O que mais preocupa o autor aí é a relação de algum modo vertical entre o nível das concepções éticas e o nível dos fenômenos econômicos, sociais e políticos que marcam dada época. A discussão sem dúvida é interessante, porquanto ela enfrenta a acusação de idealismo, que não provém apenas dos autores marxistas. A idéia de relação circular entre todos os componentes do fenômeno histórico global certamente é válida, assim como a idéia segundo a qual é através das práticas nas quais se encarnam os ideais que as concepções éticas se integram na corrente geral da história. No entanto, ainda que esta última sugestão diga respeito à busca de saber o que dá força a certas idéias em determinado momento, e mesmo sendo justo dizer que a indagação feita suscita uma resposta "interpretativa", em vez de causal, essas observações não possibilitam elucidar o desenvolvimento das idéias morais na diacronia. Nesse breve capítulo trata-se mais de uma relação ainda vertical do tipo infra-/superestrutura, enquanto nosso problema é a relação entre a verticalidade dos universais que, juntos, estruturam o *bem* e o *si*, e o percurso longitudinal do desenvolvimento das idéias morais, relação de que dão testemunho expressões fortemente recorrentes, como nascimento, mutação, deslocamento, superação e declínio. Ora, são exatamente esses elos que subjazem à historicidade que afeta principalmente os bens de nível superior e as noções que desempenham papel de fonte moral. O problema aqui formulado evidentemente se refere à periodização em grandes malhas, tal como a que opõe Antigos e Modernos e eventualmente Pós-modernos às duas épocas mencionadas. Nessa grande escala, o problema ainda é formulado em termos maciços demais para dar ensejo a análises finas. Além disso, as mudanças ocorridas nesse nível são resultado de transformações mais sutis num nível mais próximo das periodizações curtas que subdividem as três grandes rubricas colocadas sob os títulos: "Inwardness", "Affirmation of Ordinary Life", "The Voice of Nature", sem contar a faixa suplementar dos "Subtler Languages".

Se quisermos entender a relação dialética entre o fundamental e o histórico, será preciso prestar muita atenção ao jogo de retrospecção e antecipação que rege a estratégia interpretativa dos capítulos históricos de *Sources of the Self*.

Voltemos à primeira rubrica: o termo *Inwardness* já é interessante em si mesmo, pois se trata de uma noção construída pelo intérprete para dar conta da "ascensão" (*rise*), do "desenvolvimento" daquilo que o autor chama de "certo sentido", ou talvez uma "família de sentidos" (p. 111), englobada pela palavra *inwardness*. Observação semelhante é suscitada pela noção de "topografia moral", que de algum modo serve de subtítulo a encabeçar o capítulo: ela possibilita explorar as formas sucessivas pelas quais passou a oposição "interno/externo", assim como os "lugares" nos quais foi sucessivamente alojado o princípio de interioridade por Agostinho, Descartes e Locke. Sobre essa "localização" o autor declara que "ela não é universal e é, antes, um modo limitado de autocompreensão" (p. 111). Outra observação: pode-se perguntar se a série percorrida não é reconstruída a partir do fim, que se situa ainda na virada do século XVIII, e se esse fim não extrai sentido da interpretação final da modernidade em termos de mal-estar. Nesse sentido, o capítulo XI, intitulado "Inner", que termina essa longa parte, é entendido menos como recapitulação do caminho percorrido e mais como antecipação da evolução ulterior dirigida para o surgimento do sujeito plenamente autônomo (principalmente por ocasião de uma incursão no terreno da filosofia política estabelecida em premissas atomistas). Uma teleologia secreta e não criticada parece assim reger o "sentido" de toda a "família de sentidos" colocada sob o título "Inwardness".

O título da parte seguinte, "Affirmation de la vie ordinaire", não é menos construído do que o da parte anterior. Embora o papel desempenhado pela Reforma, particularmente sob o impulso do puritanismo anglo-saxão, permita dizer que a afirmação da vida ordinária tem origem na espiritualidade judaico-cristã (p. 259), e embora também se possa falar de teologia calvinista da "vocação" profana como "continuação do estoicismo por outros meios" (p. 258), é em termos de "transvaloração de valores" que se caracteriza a derrubada da hierarquia anterior realizada por Francis Bacon. Disso resulta que o surgimento do tema do controle instrumental sobre a natureza é "sobredeterminado" (p. 232). O jogo entre retrospecção e antecipação prossegue de capítulo em capítulo. Assim, encontra-se Locke no ponto em que o futuro se bifurca. O autor, além de se mostrar preocupado em estabelecer nítida distinção entre, por um lado, o deísmo de Locke e o cultivo dos sentimentos decorrentes desse deísmo e, por outro, a descrença do *radical enlightenment* do século XVIII inglês e francês, também tem o cuidado de discernir no deísmo de Locke não só as primícias da razão inteiramente secularizada, como também as do culto à natureza. Caberá dizer adiante aquilo que, na dinâmica da mudança, justifica essas idas e vindas da interpretação.

A estratégia do intérprete muda um pouco na longa parte intitulada "The Voice of Nature". Insiste-se primeiramente naquilo que poderia ser chamado cabedal da modernidade, a saber: individualismo nas formas de autonomia, introspecção e compromisso pessoal, com seus corolários políticos, entre os quais a formulação dos direitos subjetivos, a valorização do trabalho produtivo e da família e a nova relação com a natureza. Tudo isso constitui um sentido novo da "vida boa". Mas as valorações fortes, que podem ser consideradas comuns a toda a época, limitam-se àquilo que se pode chamar de "bens vitais básicos" (*life goods*). A visão de vida boa começa a divergir quando nos voltamos para o nível dos "bens constitutivos", outro nome dado às "fontes morais" da primeira parte. É precisamente sobre a idéia de natureza que se desenha uma bifurcação que se tornará abismo depois do Romantismo. É nesse estágio que ganha corpo a tese principal, a saber, a alma moderna é a sede de uma competição entre várias instâncias legitimadoras e mobilizadoras. À eclipsação do deísmo e de seu providencialismo segue-se um ateísmo que deixa lugar livre para as duas reivindicações rivais da chamada razão natural e da natureza viva. É o surgimento dessas duas instâncias no nível de "fontes morais" geradoras de "bens constitutivos" – portanto, no nível onde havia reinado quase sem partilha a espiritualidade cristã – que constitui a verdadeira explicação do fenômeno da secularização (devem ser lidas, a respeito, as importantes pp. 310 ss.). Repetimos que não é a ascensão do pensamento científico ou o surto da economia de mercado que constitui o fator decisivo, mas sim o fato de que se tornam acessíveis novas fontes morais: "Esse é o *cultural shift* que devemos compreender." Mas, se o teísmo como fonte moral se torna problemático, o pensamento secularizado tampouco oferece uma alternativa única. Ele consiste num império dividido contra si mesmo. No século XVIII começa a surgir aquilo que define nossa situação contemporânea, a saber, a oposição entre dois "fronts", o da razão dona de si e de toda a ordem exterior a si mesma, e o das capacidades de expressão que se elevam das profundezas de uma natureza mais vasta e mais poderosa que a nossa. Nesse ponto, o panorama se torna a estratégia dominante do intérprete. Passa a ser sistemático o vai-e-vem entre o mal-estar contemporâneo e a decifração minuciosa de mutações ocorridas no espaço de mais de dois séculos. Por sua vez, essa estratégia é posta a serviço da tese principal do livro, segundo a qual "todas as posições se tornaram problemáticas pelo simples fato de existirem alternativas num campo" (p. 317). Fé, razão e natureza se confrontam no ápice das hierarquias de "bens constitutivos". É com precaução e, diria eu, timidez que o autor sugere que "as três direções devem ser consideradas rivais, mas também complementares" (p. 318).

Não seguiremos Charles Taylor em sua travessia do racionalismo do Iluminismo e do Romantismo, aos quais ele atribui importância igual, provavelmente por querer manter pressão igual entre as pulsões que animam o espaço tridimensional desenhado pelas três últimas instâncias de mobilização das energias morais. Para concluirmos, preferimos demorar-nos no estilo de *historicidade* instaurado nessa hermenêutica histórica.

IV

A questão subjacente à estratégia de retrospecção e antecipação que discernimos na longa parte histórica do volume consiste em saber em que sentido ela encontra justificação no estilo de historicidade característico da constituição fundamental dos *inescapable frameworks*. Digamos inicialmente, em termos negativos, que não se trata, no restante do livro, de uma história linear, na qual uma concepção moral substitua outra, nem de uma dialética de tipo hegeliano, na qual o superado seja também o retido, como levaria a crer a expressão *historical supersessions* (superações históricas?). A temporalidade própria a essa história é de um tipo singularíssimo. Aquilo que se poderia chamar de perenidade dos vestígios é o que possibilita a conjunção entre o caráter histórico das concepções morais e o caráter trans-histórico dos universais da eticidade. Minha distinção entre mesmidade e ipseidade talvez tenha aqui um novo emprego. Isto porque nenhuma posição permanece idêntica no sentido da mesmidade, a não ser em virtude do acesso ao regime de problematicidade ao qual estão condenadas as fontes mais veneráveis, confrontadas com a competição entre as novas fontes de mobilização. Mas o tipo de ipseidade, aliás ilustrado pela idéia de promessa cumprida, exprime-se aqui de maneira completamente diferente. Na ordem moral, o passado não deixa apenas vestígios inertes, resíduos, mas também energias adormecidas, recursos inexplorados que compararíamos mais a promessas não cumpridas, que fundam a memória, como foi dito por Paul Valéry, ao falar do futuro do passado. Esse caráter adormecido das potencialidades não desenvolvidas é o que possibilita "retomadas", "renascimentos", "despertares", por meio dos quais o novo se encadeia com o antigo. De maneira mais geral, essa constituição temporal *sui generis* justifica aquilo que se pode chamar de anacronismos desejados, assumidos pelo historiador das idéias morais: é sempre ulteriormente que discernimos no passado aquilo que não chegou à maturidade em seu próprio tempo. Nesse aspecto, a contrapartida das idéias não empregadas de vestígio, dívida e potencialidades deveria ser procurada na região dos fatos intelectuais, com os quais se tenta explicar mutações que possibilitam as retomadas, os *retrievals* de que abunda a história das idéias morais.

Reencontramos por esse intermédio o tema mais conhecido da dialética entre inovação e tradição. Encontraríamos em Walter Benjamin uma expressão mais dramática e, diríamos, mais exaltada desse intercâmbio entre o presente da retomada e o passado liberado de seus entraves. Em sua concepção da narração e da história, Walter Benjamin atribui uma função de resgate (*Rettung*), redenção (*Erlösung*), à rememoração na perspectiva do messianismo judaico. Essa função é urgentíssima quando se trata de salvar do esquecimento as vítimas da história política. Seria possível objetar que na história das idéias não se encontra nada tão dramático. Nem sempre é verdade. O declínio de algumas concepções morais apresenta às vezes um espetáculo comparável ao das ruínas. Na ordem espiritual, o esquecimento assume formas que vão do desgaste quase biológico, da perda de alento, à rejeição violenta, passando pela negligência e pelo descrédito. O Iluminismo, em particular, em sua forma radical, está numa relação semelhante com a cristandade histórica e mesmo com o deísmo e a cultura dos bons sentimentos. Na história moral existem fraturas, e não apenas reinterpretações pacíficas. É preciso admitir que, nesse exemplo extremo, é quase impossível reconhecer o *inescapable framework* da fenomenologia moral. É verdade, mas é também tarefa do historiador das idéias atenuar a alegação de uma ruptura tão radical quanto a ocorrida entre Modernos e Antigos, que é em grande parte uma pretensão não só exagerada, mas infundada, resultante de uma recusa da dívida, que faz parte da mensagem de certa Modernidade. Mas talvez seja preciso logo dizer o mesmo das pretensões neonietzchinianas dos Pós-modernos.

Para explicar todos os exemplos, seria possível expressar essas relações temporais complexas recorrendo-se ao vocabulário próximo da estranheza e da familiaridade, da contemporaneidade e da não-contemporaneidade, ou mesmo da proximidade e do distanciamento. Privilegiando-se essa metáfora da distância, é possível considerar a eclipsação, a perda de poder, de persuasão, desta ou daquela fonte moral como um prolongamento da distância, e o fenômeno da retomada (por exemplo, a do estoicismo no século XVI) como um fenômeno de desdistanciamento. A bem da verdade, todo o percurso do livro de Charles Taylor pode ser entendido como um longo exercício de desdistanciamento, no qual o sentido da distância é incessantemente pressuposto para ser superado.

Estamos agora em condições de responder à indagação feita no começo: o que permite manter juntos o fundamental da primeira parte e a historicidade que prevalece na maior parte da obra? Pode-se perguntar se o fundamental da primeira parte não comportava um estilo próprio de historicidade, condizente com o estilo da grande genealogia da Modernidade. Se é verdade que, do lado do histórico, a sobreposição entre contemporâneo e não-contemporâneo na mesma consciência moderna produz o caráter epocal da experiência moral, não caberá dizer que o estilo de historicidade, em contrapartida, é possibilitado pela própria estrutura daquilo que foi denominado *inescapable frameworks*? Consideremos a noção de avaliação forte, a de *hypergoods* ou, mais evidentemente, a de fontes morais, e poderemos dizer que a conflitualidade pertence constitucionalmente, digamos, ao fundamental e pode ser considerada *inescapable*. Podemos agora decidir: essas estruturas inelutáveis não são anistóricas, mas trans-históricas. É próprio às avaliações fortes pretender ao compartilhamento, portanto, reivindicar uma comunicabilidade de princípio; mas, exatamente por essa razão, é próprio delas ser sempre contestáveis. A discriminação que, conforme vimos, é inseparável da avaliação forte leva para o caminho da controvérsia tanto quanto a própria avaliação. Não se pode pôr isto "mais acima" do que aquilo sem apresentar razões. A pergunta "como deveríamos viver?" abre um campo conflitual assim que nossas escolhas exigem justificação. Tínhamos dito na hora propícia: a exortação socrática a uma "vida examinada" põe em jogo de maneira exemplar o momento crítico, a crise da avaliação. Mas a heterogeneidade dos *hypergoods* também não deixa de abrir caminho para a controvérsia. Pois como hierarquizar de maneira unívoca aquilo que é fundamentalmente heterogêneo? Pode-se notar de passagem que esse espetáculo da competição entre bens de nível superior e, mais ainda, entre sistemas de prioridade motivou, de Kant a Rawls e Habermas, a substituição da idéia de bem, considerada conflituosa demais, pela idéia de válido, justo e obrigatório, considerada mais pacífica, ao preço da redução da moralidade a uma regra de procedimento. Mas o que se fez foi apenas transferir o momento trágico da vida moral para o ponto de articulação entre o universal formal e o juízo moral em situação. Mais vale admitir que esse trágico específico, ligado à heterogeneidade dos bens de nível superior, é constitutivo da vida ética mais originária, desde que esta não seja concebida de outro modo, que não como "vida examinada". Que dizer da conflitualidade insuperável das "fontes morais", que Taylor não hesitou em colocar, apesar de tudo, entre os componentes do "inelutável enquadramento"? Nesse nível, o elo entre conflitualidade e historicidade salta à vista. A bem da verdade, o autor não poderia ter concluído a primeira parte de sua obra com o tema das "fontes da vida moral", caso não tivesse em vista, desde o início, o *predicament* do si em regime de modernidade. Nesse sentido, a estratégia de antecipação e retrospecção, que vimos em ação dentro dos segmentos históricos do livro, rege a estrutura global da obra, e a historicidade do campo ético se projeta antecipadoramente na aporicidade constitutiva do si. Poderíamos até arriscar-nos a dizer que é a historicidade própria à construção do si moderno que se antecipa na estrutura trans-histórica da experiência moral, marcada originariamente por um caráter epocal. É por nossa consciência padecer em partes iguais do caráter não contemporâneo da contemporaneidade e do caráter contemporâneo da não-contemporaneidade, que nos é possível reviver na imaginação e na simpatia todas as épocas da moralidade. Nesse sentido, a primeira parte do livro pode ser considerada resultado, tanto quanto pressuposição, desse caráter *acumulativo* totalmente original da vida moral.

TERCEIRA PARTE
Exercícios

A diferença entre o normal e o patológico como fonte de respeito*

As reflexões que proponho têm o objetivo de fundamentar o respeito – e, além do respeito, a amizade – que devemos aos deficientes mentais e físicos, bem como a outros seres afetados por invalidez, por meio de uma argumentação que gira em torno da própria noção de patológico. O que eu gostaria de pôr em movimento é a maneira preguiçosa de justapor uma noção demasiadamente vaga de respeito devido a todo ser humano sem distinção e uma noção do patológico como simples déficit em relação a um normal presumido. Portanto: ajustar um sentido diferenciado de respeito a uma noção do patológico carregada de valores positivos. Insisto em ajustar: trata-se realmente de um respeito que tem por alvo o patológico como algo que se reconheça estruturalmente digno de respeito.

Partirei do pólo patológico e proporei uma reflexão inspirada pela filosofia biológica exposta por Georges Canguilhem em *Normal et le pathologique* (1943, 2.ª edição 1966) e depois em *La Connaissance de la vie* (1965).

Assim como Canguilhem, darei a estas reflexões centradas no normal e no patológico um preâmbulo dedicado aos conceitos mais gerais relativos à relação entre "o ser vivo e seu meio". Traçarei assim um grande círculo no interior do

---

* Conferência proferida na associação L'Arche (Jean Vanier), Avignon, 1997, e no XI colóquio científico da Fondation John Bost, Bergerac, 1998.

qual colocarei o círculo mais restrito do normal e do patológico. A idéia que quero reter é a de que o ser vivo, como algo distinto de uma máquina física, mantém com o seu meio uma relação dialética de debate, explicação com. Essa idéia representa uma grande conquista em relação à teoria por tanto tempo dominante nas ciências do comportamento, segundo a qual o ser vivo responde a estímulos exteriores que, de alguma maneira, têm prioridade de iniciativa: o meio age, o ser vivo responde. Trata-se da hipótese behaviorista que Tolman levou ao auge de sofisticação. É possível multiplicar as variáveis intermediárias entre estímulo e resposta (disposições afetivas, exploração motora etc.); trata-se apenas das maneiras de encher a caixa preta constituída, afinal, pelo próprio organismo e sua capacidade de estruturação. O ataque a essa teoria pretende ser duplo: metodológico e experimental. No plano metodológico, o que se questiona é a definição preliminar do meio pelo próprio experimentador: nessa hipótese, o meio é o mundo tal como o cientista o vê, ou seja, tal como ele o constrói em termos físico-químicos. Pior: o que vale como estímulo é manipulado pelo experimentador que extorque resposta do paciente. A inversão de método é a seguinte: deixa-se o organismo orientar-se em meio livre – é a atitude do etólogo – e observa-se como ele mesmo *define* seu meio por via de seleção dos sinais significantes, enfim, como ele estrutura sua relação com o meio à maneira de uma relação com dois acessos. Essa inversão de método é marcada no vocabulário pela substituição do termo meio pelo termo ambiente, meio ambiente, meio vital (*Umwelt*) (sobre J. von Uexküll, que levou à aceitação desse termo, ver Canguilhem, *La Connaissance de la vie*, p. 144). Para a etapa seguinte, tomo a idéia diretiva de "valor vital":

> O meio ambiente do animal nada mais é que um meio centrado em relação a um sujeito de valor vital em que consiste essencialmente o ser vivo. Devemos conceber na raiz dessa organização no meio ambiente animal uma subjetividade análoga à que somos obrigados a considerar na raiz do meio ambiente humano (*ibid.*, p. 145).

Essa idéia de valor vital é correlativa da idéia de um debate entre o ser vivo e seu meio: debate para o qual "o ser vivo contribui com suas normas próprias de apreciação das situações, no qual ele domina o meio e o acomoda a si" (*ibid.*, p. 146). Canguilhem acrescenta – e esta nota adicional nos servirá de transição:

> Essa relação não consiste essencialmente – como se poderia acreditar – numa luta, numa oposição: isto concerne ao estado patológico (*ibid.*, p. 146).

Abordemos agora a relação patológico/normal. Que espécie de debate com o meio temos aí?

Proponho desenvolver uma sugestão do mesmo Canguilhem em *La Connaissance de la vie*, quando ele escreve o seguinte: "A vida humana pode ter um sentido biológico, um sentido social, um sentido existencial" (*ibid.*, p. 155). O importante é ressaltar que não se trata de estágios sucessivos, mas de um imbricamento de valores simultâneos só distinguidos para fins de exposição.

O que pode significar patológico no plano biológico? Pergunta mais radical: como é possível que haja patológico no plano da vida?

Para responder à pergunta, é preciso remontar à diferença fundamental que distingue a ordem biológica da ordem física; nesta última, um acontecimento singular (a queda de uma maçã) obedece estritamente, como se diz, à lei. A bem da verdade, a lei física não é uma regra que possa ser infringida: a maçã não obedece à lei física. É com a vida apenas que o indivíduo constitui mais do que uma variante singular: a individualidade comporta a possibilidade de irregularidade, discrepância, anormalidade. Mas em relação a quê? Aqui não funciona a relação desdramatizada tipo/indivíduo; a legalidade própria à vida é de outra ordem. Mas então há discrepância em relação a quê? A resposta aqui só pode ser ambígua; e essa ambigüidade não nos abandonará quando passarmos de um nível ao outro. São propostas duas leituras do normal: podemos identificar a norma com uma média estatística; o critério é então de freqüência, e a discrepância não passa de desvio em relação à média; mas pode-se entender também por norma um ideal, também em sentido múltiplo: sucesso, bem-estar, satisfação, felicidade. Dessa ambigüidade da idéia de norma resulta a ambigüidade ligada à noção de saúde. Aqui é importante levar em conta o fato de que – como diz Canguilhem –, o objeto da ciência médica é ao mesmo tempo o obstáculo à vida. Essa nova ambigüidade resulta da ambigüidade vinculada à idéia de norma, tomada ora como média, ora como ideal. Ora, a saúde caracteriza um indivíduo em sua relação com a norma. Essa relação é inelutavelmente precária (uso a palavra precário no sentido ontológico, reservando ambíguo para o plano epistemológico). A vida apresenta-se como uma aventura, e não se sabe o que nela é ensaio, e o que é fracasso. É fácil entender por quê; o valor vital não é um fato observável. A vida é sempre avaliada, e essa avaliação é sempre relativa. Para retomar (com Canguilhem) as categorias de Kurt Goldstein, a saúde se apresenta como capacidade limitada de gerir ameaças, perigos, disfunções e, entre estas, as doenças:

> Viver já para o animal e, com mais razão, para o homem não é apenas vegetar e conservar-se, é enfrentar as exigências de novos ambientes, na forma de reações ou de iniciativas ditadas por situações novas (*ibid.*, p. 165).

Chegamos assim, ainda nesse mesmo nível biológico, à noção de doença. É sempre um indivíduo que adoece. Não existe doença no mundo físico, portanto não existe medicina nem médicos. Não há oportunidade de tratar e curar, ou seja, de percorrer o intervalo entre estar doente e estar curado. Mas também não há definição absoluta da doença. No máximo se pode dizer, com Kurt Goldstein, que

> as normas de vida patológica são as que obrigam o organismo a passar a viver num meio "encolhido", qualitativamente diferente, em sua estrutura, do meio vital anterior (*ibid.*, p. 167).

Detenhamo-nos na expressão meio "encolhido". É aí que duas leituras do patológico acompanharão duas leituras da norma. Numa leitura negativa, patológico significa déficit, deficiência. Numa leitura positiva, significa organização *outra*, que tem suas leis próprias. Sim, uma estrutura outra da relação entre o ser vivo e seu meio. É em torno dessa estrutura outra que articularemos no fim de nosso percurso o respeito devido a esse outro modo de ser-no-mundo, com seus valores próprios. Estes só se manifestam no terceiro nível, o existencial. Mas têm sua razão biológica na idéia de ajuste a um meio "encolhido", com sua dupla valência, positiva e negativa.

Antes de sair desse nível, gostaria de insistir num fator que tende a ocultar a avaliação positiva da relação com o meio. Trata-se de uma noção que chamarei de noção insolente de saúde, que tende a arvorar a norma, no sentido de média, em norma no sentido de ideal. Digo isso mesmo: uma noção insolente. Ela consiste em vangloriar-se de sua "boa saúde"; o sentimento de poder leva a dizer: posso isto, posso aquilo. A partir daí, a doença só pode ser definida em termos de impotência: aquilo que eu não posso, aquilo que eu já não posso (o envelhecimento é a oportunidade favorável para o questionamento dessa insolência que os moralistas antigos e medievais chamavam *concupiscencia essendi*, gloríola de ser). Certamente a saúde não é apenas um engodo.

Diz Canguilhem (*ibid.*, p. 167):

> O que a caracteriza é a capacidade de tolerar variações das normas, às quais apenas a estabilidade (aparentemente garantida e na verdade sempre necessariamente precária) das situações e do meio confere um valor enganoso de norma definitiva (*ibid.*, p. 165).

Destaco a expressão valor enganoso. É dessa ilusão que resulta a depreciação unívoca do patológico. Em certo sentido, a própria existência da medicina, como instância social paralela à do tribunal, confirma essa "depreciação vital da doença" (*ibid.*, p. 167). O projeto – ou melhor, a exigência – de cura pressupõe essa depreciação. Sentir-se doente, dizer-se doente e comportar-se como doente são coisas que ratificam essa avaliação negativa, essa depreciação. E o que pode nos curar da ilusão? O sentimento de incerteza da mortalidade:

> Todos os sucessos estão ameaçados, pois os indivíduos e mesmo as espécies morrem. Os sucessos são fracassos adiados; os fracassos são sucessos abortados (*ibid.*, p. 160).

Essa é a lição episódica da doença; a lição crônica, ouso dizer, do envelhecimento...

Peço perdão se me demorei tanto no plano biológico. Tantas coisas atuam no plano social e, mais ainda, no existencial, dois planos nos quais atua uma criteriologia nova do normal, portanto também do patológico. Uma normalidade social de uso põe-se no lugar da normalidade biológica de exercício. É normal a conduta capaz de satisfazer aos critérios sociais de viver junto. É aqui que surge de maneira temível a comparação de um ser vivo com outro. Somos fascinados por aquilo que aos outros é permitido e a nós, proibido. Um patológico por comparação entra em cena. Numa sociedade individualista que leva ao auge a capacidade de autonomia, direção individual de um tipo de vida, é considerada deficiência qualquer incapacidade de escapar a uma relação de tutela na forma de assistência e controle. A saúde é assim normatizada socialmente, e a doença também; também a necessidade de tratamentos, também a expectativa dessa necessidade. O critério da cura consiste em poder viver como os outros, fazer o que os outros podem fazer. Ocorreu um deslocamento da norma interior ao ser vivo para a norma exterior do social, codificado pelos outros. Daí resulta o estigma social por excelência, a exclusão, que não tem modelo biológico definido, mas socialmente um modelo pertinente. A sociedade gostaria de ignorar, esconder, eliminar seus deficientes. Por quê? Porque eles constituem uma ameaça surda, uma lembrança inquietante da fragilidade, da precariedade, da mortalidade. Constituem um

EXERCÍCIOS

insuportável *memento mori*. Ocultam-se os desviantes patológicos, assim como se ocultam os desviantes sentenciados. Medicalizados e sentenciados, eis o que são os desviantes sob todos os aspectos. O que está fundamentalmente ameaçado pelo espetáculo do desvio é a mesma insolência da vida, ratificada e consolidada em confiança e segurança pelo sucesso social. Inferioridade e depreciação são socialmente normatizados. Aí também a psiquiatria, como ramo da medicina, está sempre ameaçada de desempenhar o papel de "signo objetivo dessa universal reação subjetiva de afastamento, ou seja, de depreciação vital da doença"(*ibid.*, p. 167). O afastamento biológico é dramaticamente consolidado pelo afastamento social.
  O hospital psiquiátrico pode reforçar essa ameaça de exclusão que vem da sociedade. A estrutura institucional intervém de maneira tácita e quase invisível durante o diálogo de pessoa para pessoa. Sem dúvida, tem-se como verdade que cada paciente é um ser único; mas não é verdade que cada doença também é única. Um caso não é único. Protocolos codificados são introduzidos no caso por tratar, incorporando-o nas ramificações mundiais do conhecimento e da prática médica relativos ao diagnóstico, ao tratamento e ao prognóstico. A competência exercida aqui e agora pelo médico introduz no jogo o conhecimento profissional que, sendo comunicado, ensinado e aplicado, coloca toda a instituição médica entre o doente e seu médico. Não é só isso. Por sua vez, a estrutura institucional está conectada a um vasto complexo de estruturas administrativas, jurídicas e penais relativas à política de saúde, características de um Estado de direito sob cuja jurisdição opera a profissão médica. Nesse nível, o próprio conceito de saúde assume significado complexo. A entidade à qual ela se aplica não é precisamente a pessoa individual, mas uma realidade estatística ligada à noção de população, noção que a medicina pública compartilha com a demografia.
  Essa dupla intrusão da instituição no ato médico, na forma de saber profissional e de enquadramento político, tem

um impacto específico no nível psiquiátrico. O conhecimento médico é a coisa menos comumemente compartilhada na situação de déficit mental. O médico é o único que sabe, no sentido forte da palavra. Mas é principalmente a psiquiatria que enseja um tipo único de instituição, especialmente permeável aos preconceitos dominantes da sociedade tendente à exclusão social, uma vez que ela confere extrema visibilidade a esses preconceitos. Certamente as instituições psiquiátricas tencionam ser espaços hospitalares entre outros. E nesse aspecto a educação do público fez imensos progressos durante a última metade do século XX, no que se refere à doença mental, que passa a ser cada vez mais considerada como uma doença entre outras. A hospitalização psiquiátrica tende cada vez mais a ser considerada como forma comum de hospitalização.

No entanto, é fato que a clínica psiquiátrica, por razões fortes, continua sendo um mediador opaco entre a medicina e seus pacientes. Essa opacidade afeta o pacto de tratamento e sua estrutura bilateral. Em se tratando de doença em geral, temos de um lado alguém que sofre e pede ajuda, e de outro, alguém que oferece competência e ajuda. O ponto de encontro é o diagnóstico e a proposta de tratamento. Essa situação é profundamente perturbada no caso da doença mental. Afetado não é apenas o elo afetivo e empático, mas também o exercício da própria deontologia que garante a eqüidade do pacto de tratamento. Basta lembrar as três regras que regem a consulta médica: compartilhamento do sigilo médico, direito do paciente a conhecer a verdade de seu caso em termos de diagnóstico do médico, do tratamento proposto com seu resultado provável e, acima de tudo, o direito ao consentimento esclarecido. Quando um dos parceiros desse contrato se apresenta como deficiente, seja no plano emocional e relacional ou no plano mental e verbal, a responsabilidade da parte médica do pacto aumenta consideravelmente. Como evitar que ele seja pervertido por essa espécie de monopólio imposto por uma situação de fato? Como atingir, para além da doença, os recursos ainda disponíveis do paciente, vontade de viver, de ter iniciativas, fazer avaliações, tomar decisões? Em outros termos, como compensar a deficiência do outro parceiro, o paciente, sem lhe infligir um estigma de exclusão? Fazer essas perguntas já é manifestar a vontade de não permitir que o ato de exclusão social penetre no âmago do atendimento médico.

No entanto, é aí que a exclusão tacitamente assumida pela opinião pública média, em relação às pessoas deficientes no plano de sua existência social, é reforçada uma segunda vez no plano institucional. O ato de exclusão social assume forma institucional de múltiplas maneiras. Em primeiro lugar, de uma maneira quase invisível a cada estágio da intervenção médica; a seguir, de maneira visível e terrivelmente perturbadora no plano das fantasias que, na seqüência de uma história terrível, continuam presentes nas atitudes públicas que nos levam a fugir dos desviantes patológicos como fugimos dos criminosos. O que vale em geral para qualquer doença se aplica particularmente ao desvio psiquiátrico. Michel Foucault escreveu paralelamente a história da loucura e a história da prisão. Ele narra a lenta conquista do tratamento sobre a violência física e mental. Mas continua havendo confusão no plano do subconsciente coletivo entre tratamento e punição. O "louco" continua assustando e provocando a rejeição que – suspeita-se – o hospital realiza com outro nome. Para o imaginário coletivo, hospital psiquiátrico e prisão não fazem parte da pólis. Simbolicamente, existem fora dos muros.

Por que houve de ser assim? De onde a força de exclusão extrai energia? Foucault sugere que a conquista da razão autônoma na idade moderna teve como contrapartida a exclusão do irracional como inumano por excelência. Reiterando no mesmo sentido, eu diria que, quanto mais carregamos de responsabilidades o indivíduo e o sujeito solitário, mais insuportável esse fardo se torna para cada um. A linha de exclusão já não é apenas traçada entre os sujeitos considerados saudáveis e os deficientes; ela permeia a consciência de cada um. A perspectiva da loucura substitui o medo do inferno, ao mesmo tempo que se aproxima a ameaça da retribuição social. A exclusão provém de cada interioridade própria; substituindo a transcendência, a imanência se mostra mais cruel que ela. O louco é meu duplo infinitamente próximo.

Tais são os preconceitos, no sentido forte da palavra, que a educação pública não foi capaz de debelar. Mas como o ato médico poderia erradicá-los se, no nível da prática social ordinária, o senso de comunidade ruiu, deixando cada indivíduo confrontado com sua solidão?

Chega-se assim ao nível existencial da avaliação da vida. Nesse nível a norma já não é definida estatisticamente como média, mas como projeto singular, o que Sartre chamava de projeto existencial. O indivíduo se define em referência a si mesmo em função de seu horizonte de desempenhos, com seus critérios pessoais de efetuação e avaliação.

O que aqui está em jogo é o reconhecimento de si mesmo em termos de identidade pessoal. Na verdade, esta última é objeto de uma busca indefinida, "interminável", como diz Freud acerca de certos caso psicanalíticos. Precisaríamos falar desde já de identificação, e não de identidade ou mesmo, como faz Peter Homans em sua *The Ability to Mourn*[1], de "individuação" e "reapropriação". De fato, a identidade pessoal não pode ser um simples projeto que se lance à frente; ela requer um trabalho de memória graças ao qual o sujeito se agrega e tenta construir uma história de vida que seja ao mesmo tempo inteligível e aceitável, intelectualmente legível e emocionalmente suportável. Por sua vez, esse trabalho de memória implica um trabalho de luto, aplicado aos objetos perdidos de seu desejo, bem como aos ideais e aos símbolos abandonados. Não há coerência narrativa sem a integração da perda. Esses dois trabalhos, de memória e de luto, coroam o sentido da auto-estima – do

---

1. Peter Homans, *The Ability to Mourn. Disillusionment and the Social Origins of Psychoanalysis*, The University of Chicago Press, 1989.

Selbstgefühl – que confere dimensão moral ao auto-reconhecimento. É os *Selbstgefühl*, diz Freud, que desmorona na melancolia, em que a perda do objeto se prolonga como perda de si. Ora, a melancolia não é simplesmente um transtorno psíquico. É uma ameaça presente em cada um de nós, desde que comecemos a consentir com a tristeza, com o cansaço, com o desânimo. Seu nome então é desesperança, ou melhor, inesperança, essa "doença-para-a-morte", descrita por Kierkegaard. O contrário desse consentimento com a tristeza é o sentimento moral, ou melhor, a atitude espiritual que Paul Tillich denominava "coragem de ser". A coragem de ser une num único feixe o trabalho da memória, o de luto e a auto-estima. Ao mesmo tempo, ela lança uma ponte entre a recuperação do passado no auto-reconhecimento e a antecipação do futuro no projeto, na forma específica do ato de prometer.

Essa coragem de ser é efetivamente afetada na doença mental nas formas variadas que perturbam o *Selbstgefühl*, segundo a nosografia complexa da psicose e da neurose. Mas o que nos importa nesse nível de reflexão não é essa tipologia do desastre, mas os diferentes prejuízos sofridos pelo pacto de tratamento e a maneira como a arte médica pode replicar a essa ameaça extrema.

Nesta altura precisamos introduzir um componente novo que até aqui escapou à nossa análise: a auto-estima não se resume a uma simples relação de si para consigo. Esse sentimento inclui também um pedido dirigido aos outros. Inclui a expectativa da aprovação vinda desses outros. Nesse sentido, a auto-estima é ao mesmo tempo um fenômeno reflexivo e um fenômeno relacional, e a noção de dignidade reúne as duas faces desse reconhecimento.

É no nível desse elo entre auto-reconhecimento e reconhecimento pelos outros que o processo de exclusão discutido no plano da avaliação social continua com suas devastações, desta vez até o âmago da auto-estima. Esse efeito destruidor é estruturalmente possibilitado pelo fato de que a doença tende a funcionar como uma espécie de auto-exclusão. Aquilo que no plano biológico se nos mostrou como regressão a um meio "encolhido", e no plano social, como uma exclusão sancionada por instituições de diferentes ordens, reaparece no plano existencial como recusa de dignidade, recusa de reconhecimento. Abordamos aqui aquilo que pode se mostrar como o ponto mais delicado da relação médica: esse outro do doente, que é o médico, está encarregado de compensar o déficit de auto-estima e de coragem de ser do paciente com uma espécie de estima dupla e clivada, que poderíamos chamar de estima substitutiva ou suplementar.

Esse suplemento de estima baseia-se no reconhecimento dos valores positivos associados à doença, no que se refere não só à relação do doente consigo mesmo, mas também a suas relações com os outros. Desse modo, reencontramos no nível existencial a interpretação do patológico proposta no plano biológico. A doença, dizíamos, é coisa diferente de falta, de carência, enfim de quantidade negativa. É uma outra maneira de ser-no-mundo. É nesse sentido que o paciente tem dignidade, é objeto de respeito. Dissimulado por trás das trevas da loucura permanece o valor da doença e o do doente.

Essa é a mensagem propriamente ética que eu gostaria de extrair desses estudos dedicados à relação entre o normal e o patológico. É importante que o indivíduo considerado saudável distinga no indivíduo deficiente os recursos de convivialidade, simpatia, convivência e compassividade, ligadas expressamente ao ser doente. Sim, que os sãos acatem essa proposta de sentido da doença, e que esta os ajude a suportar sua própria precariedade, sua própria vulnerabilidade, sua própria mortalidade.

Os três níveis do juízo médico*

Meu estudo enfatiza a orientação terapêutica (clínica) da bioética como algo distinto do ramo orientado para a pesquisa. As duas, na verdade, comportam uma dimensão prática, quer a serviço do conhecimento e da ciência, quer em vista de tratar e curar. Nesse sentido, as duas suscitam indagações de ética, uma vez que as duas se referem a intervenções deliberadas no processo da vida, humana e não humana. O que se mostra peculiar à abordagem terapêutica (clínica) é que ela acarreta atos de juízo pertencentes a vários níveis diferentes. O primeiro pode ser chamado de prudencial (o termo *prudentia* constitui a versão latina do grego *phrónesis*): a faculdade de julgar (para utilizar a terminologia kantiana) é aplicada a situações singulares em que um paciente individual está situado numa relação interpessoal com um médico individual. Os juízos proferidos nessa ocasião exemplificam uma sabedoria prática de natureza mais ou menos intuitiva resultante do ensino e do exercício. O segundo nível merece ser chamado de deontológico, porquanto os juízos assumem a função de normas que transcendem de diferentes maneiras a singularidade da relação

---

* Conferência internacional "Ethics – Codes in Medicine and Biotechnology", Freiburg im Breisgau (Alemanha), outubro de 1997; "Les trois niveaux du jugement médical", *Esprit* ("Malaise dans la filiation"), dezembro de 1996, pp. 21-33.

entre tal paciente e tal médico, como se vê nos "códigos deontológicos de medicina" em uso em numerosos países.

Num terceiro nível, a bioética lida com juízos de tipo reflexivo, aplicados à tentativa de legitimação dos juízos prudenciais e deontológicos de primeiro e segundo níveis.

Submeto à discussão as seguintes teses: primeiramente, é da dimensão prudencial da ética médica que a bioética em sentido lato extrai seu significado propriamente ético. Em segundo lugar, embora baseados nos juízos prudenciais, os juízos formulados no nível deontológico exercem grande variedade de funções críticas irredutíveis que começam com a simples universalização das máximas prudenciais de primeiro nível e tratam, entre outras coisas, dos conflitos externos ou internos à esfera de intervenção clínica, bem como dos limites de todas as espécies impostos às normas da deontologia, a despeito de sua natureza categórica. Em terceiro lugar, no nível reflexivo o juízo moral faz referência a uma ou a várias tradições éticas, por sua vez enraizadas numa antropologia filosófica: é nesse nível que são questionadas noções como saúde e felicidade, e a reflexão ética aborda problemas tão radicais quanto os da vida e da morte.

Pacto de confiança

Por que é preciso partir do nível prudencial? É o momento de lembrar a natureza das situações às quais se aplica a virtude da prudência. Seu campo é o das decisões tomadas em situações singulares. Enquanto a ciência, segundo Aristóteles, versa sobre o geral, a *tékhne* versa sobre o particular. Isto é eminentemente verdadeiro na situação na qual intervém a profissão médica, a saber, o sofrimento humano. Juntamente com o prazer, o sofrimento é o refúgio último da singularidade. Aliás, diga-se de passagem, essa é a razão da distinção, feita na bioética, entre o ramo orientado para a clínica e o ramo orientado para a pesquisa biomédica, consideradas as interferências das quais falaremos adiante.

É verdade que o sofrimento não diz respeito apenas à prática médica; ele afeta e desorganiza a relação de cada um consigo, como portador de uma variedade de poderes e de uma multiplicidade de relações com outros seres na família, no trabalho e em grande variedade de instituições, mas, além disso, a medicina é uma das práticas baseadas numa relação social para a qual o sofrimento é a motivação fundamental, e o *télos* é a esperança de ser ajudado e talvez curado. Em outros termos, a prática médica é a única prática que tem como alvo a saúde física e mental. Retornaremos no fim deste estudo à variedade de significados atribuídos à noção de saúde. No início desta investigação, considerei líquidas e certas as expectativas comuns, porém controvertidas, ligadas à noção de saúde como uma forma de bemestar e de felicidade. Na base dos juízos prudenciais encontra-se, pois, a estrutura relacional do ato médico: o desejo de ser libertado do fardo do sofrimento e a esperança de ser curado constituem a motivação principal da relação social que faz da medicina uma prática de tipo particular cuja instituição se perde na noite dos tempos.

Dito isto, podemos ir diretamente ao cerne da problemática. Perguntamos: qual é o núcleo ético desse encontro singular? É o pacto de confidencialidade que compromete mutuamente um paciente com um médico. Nesse nível prudencial, ainda não falaremos de contrato e de sigilo médico, mas de *pacto de tratamento baseado na confiança*. Ora, esse pacto conclui um processo original. No início, um fosso e mesmo uma dissimetria notável separam os dois protagonistas: de um lado, aquele que sabe e sabe fazer, do outro, aquele que sofre. Esse fosso é coberto, e as condições iniciais se tornam mais uniformes por meio de uma série de medidas que partem dos dois pólos da relação. O paciente – este paciente –"traz para a linguagem" seu sofrimento, pronunciando-o como queixa, o que comporta um componente descritivo (tal sintoma...) e um componente narrativo (um indivíduo em tais e tais histórias); por sua vez, a queixa especifica-se em pedido: pedido de... (cura e – quem sabe? –

saúde e – por que não? – no plano de fundo, imortalidade) e pedido a... dirigido como apelo a tal médico. Sobre esse pedido se enxerta a *promessa* de observar o protocolo do tratamento proposto, desde que admitido. Situado no outro pólo, o médico percorre a outra metade do caminho da "uniformização das condições", com o que Tocqueville define o espírito da democracia, passando pelos estágios sucessivos da inclusão em sua clientela, formulação do diagnóstico e pronunciamento da prescrição. Essas são fases canônicas do estabelecimento do pacto de tratamento que, ligando duas pessoas, supera a dissimetria inicial do encontro. A confiabilidade do acordo ainda deverá ser posta à prova de ambas as partes por meio do compromisso do médico de "acompanhar" seu paciente, e do compromisso do paciente de se "comportar" como agente de seu próprio tratamento. O pacto de tratamento torna-se assim uma espécie de *aliança* firmada entre duas pessoas contra o inimigo comum, a doença. O caráter moral do acordo decorre da promessa tácita feita pelos dois protagonistas de cumprir fielmente seus compromissos respectivos. Essa promessa tácita é constitutiva do estatuto prudencial do juízo moral implicada no "ato de linguagem" da promessa.

Nunca é demais insistir, já de começo, na fragilidade desse pacto. O contrário da confiança é a desconfiança ou a suspeita. Ora, esse contrário acompanha todas as fases da instauração do contrato. Do lado do paciente, a confiança é ameaçada por uma mistura impura de desconfiança em relação ao presumido abuso de poder por parte de todo e qualquer membro do corpo médico e pela suspeita de que o médico, hipoteticamente, não atenderá à insensata expectativa depositada em sua intervenção: todo paciente pede demais (acabamos de aludir ao desejo de imortalidade), mas desconfia do excesso de poder daquele mesmo em quem deposita uma confiança excessiva. Quanto ao médico, os limites impostos a seu compromisso, afora qualquer negligência ou indiferença presumida, se mostrarão mais adiante quando falarmos da intrusão das ciências biomédicas, que tendem à objetivação e à reificação do corpo humano, ou da intrusão da problemática de saúde pública atinente ao aspecto não mais individual, porém coletivo, do fenômeno geral da saúde. Essa fragilidade do pacto de confiança é uma das razões da transição do plano prudencial para o plano deontológico do juízo moral.

No entanto, gostaria de dizer que, apesar de seu caráter íntimo, o pacto de tratamento não está desprovido de recursos de generalização que justificam o próprio termo prudência ou sabedoria prática, associado a esse nível do juízo médico. Demos a este último o qualificativo de intuitivo por proceder do ensino e da prática. Mas chamar prudencial o nível de compromisso moral ligado ao pacto de tratamento não é deixá-lo entregue às incertezas da benevolência. Como toda arte, é praticado caso a caso e, precisamente graças ao ensino e ao exercício, engendra aquilo que se pode chamar de preceitos – para não falar ainda de normas – que levam o juízo prudencial para a via do juízo deontológico.

Considero como primeiro preceito da sabedoria prática exercida no plano médico o reconhecimento do caráter singular da situação de tratamento e, antes disso, da situação do próprio paciente. Essa singularidade implica o caráter não substituível de uma pessoa por outra, o que exclui, entre outras coisas, a reprodução por clonagem de um mesmo indivíduo; em virtude da diversidade das pessoas humanas, o que se trata não é a espécie, mas sempre um exemplar único do gênero humano. O segundo preceito ressalta a indivisibilidade da pessoa; o que se trata não são órgãos múltiplos, mas um doente, integral, pode-se dizer; esse preceito se opõe à fragmentação imposta tanto pela diversidade das doenças e de sua localização no corpo, quanto pela correspondente especialização dos saberes e das competências; também se opõe a outro tipo de divisão entre biológico, psicológico e social. O terceiro preceito soma às idéias de insubstituibilidade e indivisibilidade a idéia, já mais reflexiva, de auto-estima. Esse preceito diz mais que o respeito devido ao outro; tem em vista equilibrar o caráter unilateral do respeito, que vai do mesmo ao outro, com o reconhecimento pelo sujeito de seu próprio valor. É para mim mesmo que vai a estima; ora, a situação de tratamento, especialmente nas condições de hospitalização, só pode incentivar muito a regressão do doente a comportamentos de dependência e, por parte do pessoal que o trata, a comportamentos ofensivos e humilhantes para a dignidade do doente.

É mesmo por ocasião dessa recaída na dependência que se fortalece perniciosa mescla de exigência excessiva e desconfiança latente que perverte o pacto de tratamento. Assim é enfatizada de outro modo a fragilidade do pacto de tratamento, da qual se falou acima. Esse pacto implica idealmente uma co-responsabilidade dos dois parceiros. Ora, a regressão a uma situação de dependência, quando se entra na fase dos tratamentos pesados e das situações que podem ser chamadas de letais, tende insidiosamente a restabelecer a situação de desigualdade da qual a constituição do pacto de tratamento supostamente afasta. É essencialmente o sentimento de estima pessoal que fica ameaçado pela situação de dependência que prevalece no hospital. A dignidade do paciente não é ameaçada apenas no nível da linguagem, mas por todas as concessões à familiaridade, à trivialidade, à vulgaridade nas relações cotidianas entre membros do pessoal médico e pessoas hospitalizadas. A única maneira de lutar contra esses comportamentos ofensivos é voltar à exigência básica do pacto de tratamento, a saber, a associação do paciente à condução de seu tratamento; em outras palavras, ao pacto que faz do médico e do paciente aliados na luta comum contra a doença e o sofrimento. Insisto mais uma vez no conceito de auto-estima, que situo no nível prudencial, reservando o de respeito ao nível deontológico. Na auto-estima a pessoa humana aprova a si mesma por existir e exprime a necessidade de se saber aprovada pelos outros por existir. A auto-estima introduz assim um toque de amor-próprio, de orgulho pessoal na própria relação: é o fundo ético daquilo que se chama comumente de dignidade.

EXERCÍCIOS   227

O contrato médico

Por que precisamos agora elevar-nos do nível prudencial ao nível deontológico do juízo, no âmbito de uma bioética orientada para a clínica e a terapêutica? Por diversas razões ligadas às funções múltiplas do juízo deontológico. A primeira função é *universalizar* preceitos pertinentes ao pacto de tratamento que interliga paciente e médico. Se falei de preceitos de prudência num vocabulário próximo às notações gregas aplicadas às virtudes atinentes a ofícios, técnicas e práticas, é num vocabulário mais marcado pela moral kantiana que falarei das normas consideradas em sua função de universalização em relação aos preceitos que Kant situava sob a categoria das máximas da ação, à espera da prova de universalização capaz de elevá-los ao nível de imperativos. Enquanto o pacto de confiança e a promessa de honrar esse pacto constituem o núcleo ético da relação que liga um médico a um paciente, o momento deontológico do juízo é constituído pela elevação desse pacto de confiança ao nível de norma. O que se afirma é essencialmente o caráter universal da norma: esta liga todo médico a todo paciente, portanto qualquer um que entre na relação de tratamento. Mais profundamente ainda, não é por acaso que a norma se reveste da forma de interdição, a de violar o *sigilo médico*. No nível prudencial, o que não passava de preceito de confidencialidade, conservava as características de uma afinidade a ligar duas pessoas de maneira eletiva; nesse sentido, o preceito podia ainda ser atribuído à virtude da amizade. Na forma de interdito, a norma exclui *terceiros*, situando o compromisso singular no âmbito da regra de *justiça*, e não mais dos preceitos de amizade. O pacto de tratamento, do qual falamos no plano prudencial, pode agora ser expresso no vocabulário das relações contratuais. Certamente há exceções por considerar (falaremos delas adiante), mas elas mesmas devem seguir uma regra: não há exceção sem uma regra para a exceção à regra. Assim, o segredo profissional pode ser "oposto" a todo confrade que não faça parte do tratamento, às autoridades judiciárias que esperem ou sejam tentadas a requerer um testemunho por parte de membros do pessoal médico, aos empregadores curiosos por informações médicas referentes a eventuais empregados, aos pesquisadores de institutos especializados, interessados em informações nominativas, aos funcionários da seguridade social não habilitados por lei a ter acesso a prontuários médicos. O caráter deontológico do juízo que rege a prática médica é confirmado pela obrigação que têm os membros do corpo médico em geral de prestar socorro não só a seus pacientes, mas a toda e qualquer pessoa doente ou ferida que se encontre em situação de perigo. Nesse nível de generalidade, os deveres próprios à profissão médica tendem a confundir-se com o imperativo categórico de prestar socorro a pessoa em perigo.

A segunda função do juízo deontológico é uma função de *conexão*. Uma vez que a norma que rege o sigilo médico faz parte de um código profissional, tal como o *Código deontológico da profissão médica*, ela deve estar correlacionada com todas as outras normas que regem o corpo médico dentro de dado corpo político. Tal código deontológico funciona como subsistema dentro do campo mais vasto da ética médica. Por exemplo, o *Código francês de deontologia médica*, em seu título I, correlaciona os deveres gerais de todo médico com regras propriamente profissionais que conferem estatuto social a tais regras. Assim, um artigo do código francês reza que a medicina não é comércio. Por quê? Porque o paciente, como pessoa, não é mercadoria, não importa o que se diga depois sobre o custo financeiro do tratamento, que extrapola a relação contratual e põe em jogo a dimensão social da medicina. Na mesma rubrica de universalidade, num âmbito profissional, devem ser colocados os artigos que dispõem sobre a liberdade de prescrição por parte do médico e a livre escolha do médico por parte do paciente. Esses artigos não caracterizam apenas certa espécie de medicina, a medicina liberal, mas reafirmam a distinção básica entre o contrato médico e qualquer outro contrato que reja o intercâmbio entre bens mercantis. Mas a função de conexão do juízo deontológico não pára nas regras que constituem o corpo médico como corpo social e profissional. Dentro desse subsistema bem delimitado, os direitos e deveres de todo membro do corpo médico são coordenados com os dos pacientes. Assim, às normas que definem o sigilo médico correspondem normas que regem os direitos dos pacientes a serem informados sobre seu estado de saúde. A questão da *verdade compartilhada* vem assim equilibrar a questão do *sigilo médico*, que obriga apenas o médico. Segredo de um lado, verdade de outro. Enunciada em termos deontológicos, a interdição de quebrar o segredo profissional não pode ser "oposta" ao paciente. Assim são postas em paralelo as duas normas que constituem a unidade do contrato situado no centro da deontologia, da mesma maneira que a confiança recíproca constituía a pressuposição prudencial principal do pacto de tratamento. Aqui também foi preciso incorporar restrições ao código, em vista da capacidade do doente para compreender, aceitar, interiorizar e, se podemos dizer, compartilhar a informação com o médico que o trata. A descoberta da verdade, principalmente se ela significar sentença de morte, equivale a uma prova iniciática, cujos episódios traumáticos afetam a compreensão que se tem de si mesmo e o conjunto das relações com outrem. É o horizonte vital em sua integridade que sofre um abalo. Essa ligação demonstrada pelo código entre o segredo profissional e o direito à verdade possibilita atribuir aos códigos de deontologia uma função bem peculiar na arquitetura do juízo deontológico, a saber, o papel de ponte entre os níveis deontológico e prudencial do juízo médico e de sua ética. Fazendo do lugar ocupado por cada norma dentro do código de deontologia uma parte de sua significação, o código profissional exerce sua função de conexão dentro do campo deontológico.

Uma terceira função do juízo deontológico consiste em *arbitrar* uma multiplicidade de conflitos que surgem nas fronteiras da prática médica de orientação "humanista". Na verdade, a arbitragem entre conflitos sempre constituiu a *parte* crítica de toda deontologia. Ultrapassamos aqui a letra dos códigos que, tais como se apresentam à leitura, se não dissimulam os conflitos de que falaremos, tendem pelo menos a formular certas composições oriundas dos debates travados em diferentes níveis do corpo médico, da opinião pública e do poder político. Aquilo que está escrito no código e aquilo que nele lemos muitas vezes constituem a solução que oculta o problema.

Ora, os conflitos surgem em duas frentes nas quais a orientação da prática médica que acabamos de chamar de "humanista" está hoje cada vez mais ameaçada.

A primeira frente é aquela em que a ética médica orientada para a clínica – a única aqui considerada – se encontra com a ética médica orientada para a pesquisa. Esses dois ramos, tomados em conjunto, constituem aquilo que hoje se chama bioética; esta também comporta uma dimensão legal, fortemente enfatizada em âmbito anglo-saxônico, que dá ensejo à formação do conceito relativamente recente de biolei (*biolaw*). Deixarei inteiramente de lado as controvérsias internas à ética da pesquisa e as relativas à sua relação com a instância legal superior. No entanto, a despeito das orientações diferentes – melhorar o atendimento e/ou fomentar o progresso da ciência –, clínica e pesquisa têm uma fronteira comum ao longo da qual surgem inevitavelmente conflitos. Os progressos da medicina dependem em grande parte dos das ciências biológicas e médicas. A principal razão disso é que o corpo humano é ao mesmo tempo carne de um ser pessoal e objeto de investigação observável na natureza. É principalmente no momento da exploração do corpo humano, na qual intervém a experimentação, que podem surgir conflitos, uma vez que a participação consciente e voluntária dos pacientes está em jogo; nesse aspecto, o desenvolvimento da medicina preditiva aumentou a pressão das técnicas objetivadoras sobre a medicina praticada como arte. É aí que intervém a regra do "consentimento esclarecido" (*informed consent*). Essa regra implica que o paciente deve ser não só informado, mas também associado como parceiro voluntário à experimentação, mesmo que consagrada unicamente à pesquisa. Todos conhecem os inúmeros obstáculos opostos ao respeito pleno a essa norma; algumas soluções de compromisso oscilam entre a tentativa honesta de impor limites ao poder médico (conceito evidentemente ausente dos códigos) e as precauções mais ou menos confessáveis tomadas pelo corpo médico para prevenir-se contra as ações judiciais movidas por seus pacientes transformados em adversários, em caso de presunção de abuso dissimulado, ou – o que é mais freqüente – diante de fracassos considerados erros profissionais (*malpractice*) por pacientes enfurecidos, prontos a confundir o dever de tratar, ou seja, meios, com o dever de curar, ou seja, resultados. São conhecidos os danos provocados nos Estados Unidos pelo furor processual das partes em conflito, danos cujo efeito é substituir o pacto de confidencialidade, cerne da ética prudencial, por um pacto de desconfiança (*mistrust vs. trust*).

Mas nem tudo é arrevesado ou perverso nas composições impostas pelas insuperáveis situações de conflito. O que dizer, por exemplo, do caso extremo, provocado pela medicina preditiva de duplo cego (*double blind*), em que o paciente não é o único excluído da informação, mas também o pesquisador experimentador? O que ocorre então com o consentimento esclarecido? Nesse ponto, a função arbitral da deontologia assume características não só de jurisprudência, mas também de casuística.

A segunda frente segue a linha incerta de compartilhamento entre a preocupação com o bem-estar pessoal do paciente – pedra angular pressuposta da medicina liberal – e a consideração da saúde pública. Ora, um conflito latente tende a opor a preocupação com a pessoa e sua dignidade e a preocupação com a saúde como fenômeno social. Esse é o tipo de conflito que um código como o *Código francês de deontologia médica*[1], se não tende a dissimular, tende pelo me-

---

1. Louis René, *Code français de déontologie médicale*, introd. e coment. de Louis René, com prefácio de Paul Ricoeur, Paris, Le Seuil, 1996, pp. 9-25.

nos a minimizar. Assim, seu artigo 2º reza que "o médico, a serviço do indivíduo e da saúde pública, exerce sua missão no respeito à vida humana, à pessoa e à sua dignidade". Esse artigo é um modelo de solução de compromisso. A ênfase é posta na pessoa e em sua dignidade; mas a vida humana também pode ser entendida no sentido da maior extensão das populações e até do gênero humano em seu todo. Essa consideração da saúde pública afeta todas as regras mencionadas antes, para começar a do sigilo médico. Cabe saber, por exemplo, se um médico tem o dever de exigir do paciente que este informe seu parceiro sexual de sua condição de soropositivo, ou mesmo se não é preciso fazer uma triagem sistemática, que não pode deixar de afetar a prática do sigilo médico. É aí, com toda certeza, que a lei deve intervir, e a bioética deve transformar-se em ética legal. Depende das instâncias legislativas de uma sociedade (Parlamento em alguns países, instituições judiciárias superiores em outros) prescrever os deveres de cada um e definir as exceções à regra. Mas o dever da verdade devida ao paciente também é afetado, uma vez que são numerosos os terceiros implicados no tratamento. No caso da medicina hospitalar, o defrontante do doente tende a vir a ser a própria instituição hospitalar, à custa de uma incontrolável esquiva à responsabilidade. Esse encargo administrativo assumido pela saúde pública não afeta menos o terceiro pilar da ética normativa que, ao lado do sigilo médico e do direito à verdade, é constituído pelo consentimento esclarecido. Já fizemos alusão acima à dificuldade crescente de dar conteúdo concreto a esta última noção, especialmente na prática da medicina preditiva, na qual equipes ou instituições de biologia médica situadas do outro lado do planeta se encarregam de protocolos de investigação ou de testes de novos tratamentos.

Em última análise, esse conflito no front da saúde pública nada tem de surpreendente. O contrato médico poderia ser reescrito nos termos de uma série de paradoxos. Primeiro paradoxo: a pessoa humana não é coisa, no entanto seu corpo é uma parte da natureza física observável. Segundo paradoxo: a pessoa não é mercadoria, e a medicina não é comércio, mas a medicina tem preço e custa para a sociedade. Último paradoxo que abrange os dois anteriores: o sofrimento é privado, mas a saúde é pública. Portanto, não é de espantar que esse conflito no front da saúde pública não pare de se agravar, em vista do custo cada vez mais elevado da pesquisa em biologia médica, dos estudos feitos com o corpo humano e das intervenções cirúrgicas altamente sofisticadas, tudo agravado pelo prolongamento da vida humana, para não falar das expectativas insensatas de uma opinião pública que exige demais de um corpo médico do qual ela, por outro lado, teme os abusos de poder. Em suma, só pode aprofundar-se o fosso entre a reivindicação de liberdade individual ilimitada e a preservação da igualdade na distribuição pública do tratamento sob o signo da regra de solidariedade.

O não-dito dos códigos

Chego agora àquilo que na introdução chamei de função *reflexiva* do juízo deontológico. Dessa função decorre um novo ciclo de considerações menos atinentes a normas passíveis de pertencer a um código de deontologia médica e mais atinentes à *legitimação* da própria deontologia como codificação de normas. Nesse sentido, poderíamos denunciar o não-dito de toda iniciativa de codificação. Partiremos daquilo que acabamos de dizer sobre o potencial conflito implicado pela dualidade dos interesses que a arte médica supostamente deve servir: o interesse da pessoa e o interesse da sociedade. Está subjacente aí um conflito entre várias filosofias; esse conflito põe em cena aquilo que se poderia chamar de *toda a história da solicitude*. Assim, o juízo prudencial conserva o melhor da reflexão grega sobre as virtudes vinculadas a determinadas práticas; dizer o que é um médico é definir as excelências, as "virtudes" que fazem um *bom* médico. O juramento de Hipócrates continua vinculando o médico de hoje. É a *phrónesis* dos Trágicos gregos e da ética de Aristóteles que se perpetua na concepção latina e medieval da prudência. Em seguida, é ao cristianismo e a Agostinho que devemos o sentido da pessoa insubstituível. Mas eis que o espírito do Iluminismo retoma o mesmo tema dentro do discurso da autonomia. E como não dar espaço à história da casuística oriunda da tradição talmúdica, antes de nos voltarmos para a sutileza dos Jesuítas? Basta pensar em nossos debates sofisticados sobre o embrião, "pessoa potencial", e sobre as situações-limite nas quais o tratamento das doenças em fase terminal oscila entre a obstinação terapêutica, a eutanásia passiva ou ativa e o suicídio assistido!

A condensação de história das idéias morais que se abrevia nas fórmulas lapidares e às vezes ambíguas de nossos códigos não pára por aí. A pressão exercida pela ciência biomédica e pelas neurociências decorre de uma abordagem racionalista ou mesmo materialista, cuja genealogia remonta a Bacon, Hobbes, Diderot e d'Alembert. E como ignorar a influência, mais perceptível em meio anglo-saxão, das várias formas de utilitarismo exemplificadas por máximas como maximização dos QUALYs (*Quality/Adjusted/Life/Years*)? Tocamos no ponto em que a ética médica se funde na bioética com sua dimensão legal. De fato, as soluções de compromisso em vista de aplacar os conflitos mencionados acima nas fronteiras das ciências biomédicas e da socialização da saúde, em nome da solidariedade, exprimem composições em ação, não mais entre *normas*, mas entre *fontes* morais, no sentido de Charles Taylor em *Sources of the Self*. Ora, não poderíamos criticar os códigos de deontologia por nada dizerem sobre essas fontes morais. É certo que estas não são mudas, mas já não é mais no campo da deontologia que elas se exprimem. O não-dito, aqui apontado, está mais oculto.

O que está em jogo, em última instância, é a própria noção de saúde, seja ela privada ou pública. Ora, esta não é separável daquilo que pensamos – ou tentamos não pensar – sobre as relações entre vida e morte, nascimento e sofrimento, sexualidade e identidade, nós mesmos e os outros. Aqui, é transposto um limiar no qual a deontologia se enxerta numa antropologia filosófica, que não poderia escapar ao pluralismo das convicções nas sociedades democráticas. No entanto, se nossos códigos, sem declararem suas fontes, podem dar crédito ao espírito de composição, é porque as próprias sociedades democráticas só sobrevivem no plano moral com base naquilo que John Rawls chama de "consenso por intersecção" completado pelo conceito de "desacordos razoáveis".

Gostaria de concluir este estudo com duas observações. A primeira refere-se à arquitetura de três níveis da ética médica e ao percurso que aqui proponho de um nível ao outro. Ocorre que, sem ter procurado deliberadamente, reencontro a estrutura fundamental do juízo moral tal qual expus na "pequena ética" de *Soi-même comme un autre*. Esse encontro não é fortuito, uma vez que a ética médica se insere na ética geral do viver bem e do viver junto. Mas é numa ordem inversa à percorrida aqui pelos níveis teleológico, deontológico e sapiencial da ética. Essa inversão da ordem também não é fortuita. O que especifica a ética médica no campo de uma ética geral é a circunstância inicial que suscita a estruturação própria à ética médica, a saber, o sofrimento humano. O fato de haver sofrimento e o desejo de livrar-se dele motivam o ato médico básico, com sua terapêutica e sua ética básicas, a saber, o pacto de tratamento e a confidencialidade que este implica. Assim, partindo do terceiro nível da ética de *Soi-même comme un autre*, que defino como sabedoria prática, remonto do nível sapiencial ao nível normativo ou deontológico caracterizado aqui pelas seguintes três regras: sigilo médico, direito do paciente ao conhecimento da verdade e consentimento esclarecido. São as dificuldades próprias a esse nível deontológico da ética médica que suscitam o movimento reflexivo que reconduz a ética a seu nível teleológico. O que encontro então é a estrutura básica de toda ética, conforme defini em *Soi-même comme un autre*, na seguinte formulação canônica: querer viver bem, com e para os outros, em instituições justas. As perplexidades que menciono um pouco acima, sobre o significado vinculado à idéia de saúde, fazem parte precisamente do âmbito de uma reflexão sobre o querer viver bem. A saúde é a modalidade própria do viver bem nos limites que o sofrimento impõe à reflexão moral. Mais que isso, o pacto de tratamento, através da fase deontológica do juízo, remete à estrutura triádica da ética no nível teleológico. Enquanto o desejo de saúde é a forma assumida pelo desejo de viver bem sob as injunções do sofrimento, o pacto de tratamento e a confidencialidade que ele requer implicam uma relação com outrem, configurada pelo médico e, dentro de uma instituição básica, pela profissão médica. Assim, este estudo propõe um percurso inverso dos níveis sucessivos da ética fundamental.

A segunda observação diz respeito à fragilidade específica da ética médica. Essa fragilidade se expressa em termos diferentes, mas convergentes, nos três níveis da ética médica. No plano prudencial, essa fragilidade é expressa pela dialética da confiança e da desconfiança que fragiliza o pacto de tratamento e seu preceito de confidencialidade. Fragilidade comparável, no ponto de articulação do juízo prudencial com o juízo deontológico, afeta os três preceitos que concluem a primeira fase de nossa investigação. Quer se trate da insubstituibilidade das pessoas, quer de sua indivisibilidade (ou, como proponho dizer, integralidade), quer da auto-estima, cada uma dessas exigências designa uma vulnerabilidade cumulativa do juízo médico no nível prudencial. No plano deontológico, a ética médica está exposta a uma fragilidade de outro tipo. Esta é expressa acima pela dupla ameaça que pesa sobre a prática "humanista" do contrato médico, quer se trate da inevitável objetivação do corpo humano, resultante da interferência entre o projeto terapêutico e o projeto epistêmico ligado à pesquisa biomédica, quer se trate das tensões entre a solicitude em relação ao doente como pessoa e a proteção da saúde pública. A função de arbitragem que atribuímos ao juízo médico em sua fase deontológica é assim fundamentalmente motivada pelas fragilidades próprias a esse nível normativo do juízo. Mas é evidentemente no plano reflexivo do juízo moral que se revelam as modalidades mais intratáveis da fragilidade própria à ética médica. Que elo estabelecemos entre o pedido de saúde e o querer viver bem? Como integramos o sofrimento e a aceitação da mortalidade à idéia que temos da felicidade? Como uma sociedade integra em sua concepção de bem comum os estratos heterogêneos depositados na cultura atual pela história sedimentada da solicitude? A maior fragilidade da ética médica resulta da estrutura consensual/conflitual das "fontes" da moralidade comum. As composições que situamos sob o signo das noções de "consenso por intersecção" e "desacordos razoáveis" constituem as únicas réplicas de que dispõem as sociedades democráticas confrontadas com a heterogeneidade das fontes da moral comum.

A tomada de decisão no ato médico e no ato judiciário*

A ética médica foi com demasiada freqüência tratada como uma arena. Considero que é mais fácil compreendê-la quando comparada a outras atividades de julgamento e decisão. Proponho aqui um paralelismo entre duas situações típicas do ponto de vista da tomada de decisão, a saber, o ato médico e o ato judiciário. Numa primeira abordagem, tem-se dos dois lados o fato de se passar de um saber constituído por normas e conhecimentos teóricos para uma decisão concreta em situação: a prescrição médica de um lado e a sentença judicial de outro. Nos dois casos, trata-se de submeter uma decisão singular, única e relativa a uma pessoa singular a uma regra geral e, em contrapartida, de aplicar uma regra a um caso. Esse vai-e-vem entre a regra e o caso é feito sempre por um ato comparável, o julgamento: juízo médico num projeto terapêutico, sentença judiciária num projeto que tenha como alvo pronunciar uma palavra de justiça. Vejamos como vamos proceder. Vou apresentar, cada uma por sua vez, a dinâmica do julgamento médico e a do julgamento judiciário e propor no fim algumas reflexões acerca da maior compreensibilidade que se pode esperar desse paralelismo entre cada um dos atos de julgamento.

---

* Conferência internacional "Bioethics and Biolaw", Copenhague, 28 de maio-1º de junho de 1996.

Lembro aqui aquilo que constitui o cerne da ética médica, a saber, o estabelecimento de um *pacto de tratamento*. É um ato entre duas pessoas, uma que sofre e expõe sua queixa, pedindo o socorro de um especialista da saúde, e a outra que sabe, que sabe fazer, que oferece seus cuidados; entre as duas é firmado um pacto baseado na confiança: o paciente acredita que o médico pode e quer, se não curá-lo, pelo menos tratá-lo; o médico espera que seu paciente se comporte como agente de seu próprio tratamento. O ato pelo qual é firmada a aliança está consignado na prescrição que encontrará, em breve, seu simétrico e equivalente na sentença pronunciada por um tribunal de justiça.

Nunca seria demais insistir no caráter singular do pacto de tratamento concluído entre duas pessoas singulares: este médico e este doente, bem como esta prescrição que dá início a uma história singular, a do tratamento deste doente confiado a este médico. Mas, por mais singular que seja cada pacto de tratamento, é possível submetê-lo a regras de vários tipos. Numa tabela de três colunas, porei na coluna do centro as regras éticas que, juntas, constituem o código deontológico que rege cada ato médico. Direi adiante o que é preciso pôr nas outras duas colunas laterais.

Considerando-se o código deontológico, cabe lembrar algumas de suas regras básicas, antes de mostrar por meio de que processo elas passam do geral ao particular, a que modelo de aplicação o processo corresponde. É o equivalente dessa estrutura que buscamos na ordem judiciária.

A primeira norma é aquela que dá forma de direito ao pacto de confidencialidade selado pelo ato de prescrição. Essa norma é denominada sigilo médico. Ela rege a relação entre todo médico e todo doente, com exceções que só servem para confirmar a regra. Adiante veremos seu equivalente no plano judiciário.

Segunda norma: direito que o doente tem de conhecer a verdade. Enquanto o sigilo profissional constitui um dever para o médico, o acesso do doente à verdade de seu caso constitui um direito deste. Esse direito também tem seus limites, que decorrem menos do direito estrito no sentido da legalidade e mais da prudência, no sentido da virtude antiga da *prudentia,* sinônimo de sabedoria prática. A verdade não é desfechada como um golpe: sua revelação deve ser proporcional à capacidade do paciente para recebê-la e aceitá-la. Essa norma também encontrará eco nos tribunais.

Terceira norma: consentimento esclarecido. De certa maneira, essa norma se situa no ponto de articulação entre as duas anteriores. Ela pressupõe o conhecimento da verdade e sanciona a regra do sigilo associando o paciente aos riscos incorridos em seu tratamento, tornando assim o paciente um parceiro da luta comum travada contra a doença. Veremos em breve a contrapartida jurídica dessa norma.

Aí está o que se refere à coluna central da tabela de regras e normas gerais. As duas colunas que ladeiam a coluna central também comportam sistemas de regras a regerem o ato médico concreto.

O primeiro sistema é atinente mais ao laboratório do que ao consultório médico ou ao hospital. Trata-se do conjunto de saberes científicos, nos ramos biológicos e médicos. Esses saberes científicos guiam o saber prático médico, que tem seus métodos próprios de diagnóstico, prescrição e tratamento. Mas os principais progressos da arte são devidos aos progressos científicos, cujo primeiro móbil não é aliviar o sofrimento, e sim conhecer melhor o organismo humano. Seu móbil é a curiosidade, não a solicitude, a compaixão. O perigo está então na possibilidade de que o centro de gravidade se desloque do saber prático para o saber científico, do tratamento da pessoa para o domínio do objeto de laboratório. Podemos chamar desde já de eqüidade o equilíbrio que deve ser encontrado entre o saber científico e o saber prático, entre as ciências biológicas e médicas e a ação terapêutica. Entre as duas deve ser preservado o distanciamento do qual falaremos adiante. O perigo hoje está mais na possibilidade de tutela exercida pelas ciências biológicas e médicas sobre o ato terapêutico, rebaixado ao nível de simples técnica de aplicação. O desenvolvimento da medicina preditiva aumentou a pressão do aparato científico sobre o aparato terapêutico. O ato médico pode ser até mesmo colonizado de seu interior, por exemplo, nas juntas científicas e médicas durante intervenções cirúrgicas ou por ocasião de tratamentos complexos de afecções graves. A ciência avança mais depressa, freqüentemente com grande vantagem em relação ao diagnóstico direto, na cabeceira do doente. Cabe então lembrar que o lugar de nascimento da medicina é o sofrimento humano, e que o primeiro ato consiste em socorrer a pessoa em perigo. Essa é até a norma das normas que obriga o médico a dar assistência a todo doente que encontrar em seu caminho, fora das quatro paredes do consultório médico. Todo ser humano tem direito a atendimento, sejam quais forem a condição social, a raça, a etnia, a religião, os costumes e as crenças. Essa norma das normas faz do ato médico o eixo da coluna central, da qual acabamos de ver um dos painéis adjacentes.

Na terceira coluna, simétrica à anterior, lê-se um título em negrito: saúde pública. Enquanto o sofrimento, o tratamento e o desejo de cura são privados, as doenças são ao mesmo tempo questões privadas e questões públicas. As epidemias, alternadas com picos de poluição, são apenas a parte mais visível desse caráter duplo da doença. O nível de saúde de uma população inteira é um fenômeno estatístico que interessa aos poderes públicos e aos cidadãos. A isso se soma o custo financeiro da medicina para um corpo político cujos recursos continuam submetidos à lei da raridade. A saúde, vista pelo indivíduo, talvez não tenha "preço" em termos de valor; vista pela sociedade, tem um "custo" em termos de moeda. A saúde pública torna-se assim um problema político, uma vez que os riscos são compartilhados em nome da solidariedade. Uma política de saúde torna-se assim necessidade e obrigação para as autoridades investidas do poder estatal. Assim, a medicina, mesmo liberal, está situada no cruzamento de duas exigências potencialmente conflituosas que, por exemplo, são justapostas pelo *Código francês de deontologia médica*, que tende a minimizar, se não a dissimular, a oposição entre elas. Em seu artigo 2º, ele estipula: "O médico, a serviço do indivíduo e da saúde pública, exerce sua missão no respeito à vida humana, à pessoa e à sua dignidade." Evidentemente, a tônica é posta na pessoa, mas a prática cotidiana da medicina, principalmente em meio hospitalar, está submetida a critérios, restrições, controles e imperativos cuja produção ocorre nos escritórios do ministério da saúde. Para este, o indivíduo é o fragmento de uma população. A administração pública pensa em termos de população. Não pode ser de outro modo, uma vez que o destino de cada organismo humano interessa, de uma maneira ou de outra, ao destino da comunidade inteira. Cada incidente de saúde individual constitui um risco para a população toda. Uma política de saúde tem como primeiro imperativo decidir de que maneira esse risco pode e deve ser compartilhado. Também desse lado, o fiel da balança pode inclinar-se para o lado do conceito e da prática da saúde pública em detrimento da preocupação com pessoas singulares, particulares e insubstituíveis. É dar mostras de eqüidade fazer justiça, como se diz, ao conceito primordial de solicitude para com o sofrimento, defrontante final do ato médico.

Tal é o enquadramento do ato médico concreto, do pacto de tratamento que redunda numa decisão concreta, a prescrição. O julgamento une um nível ao outro: de um lado, o conjunto constituído pelas normas deontológicas, pelos conhecimentos científicos em torno do organismo humano e de suas disfunções, bem como as orientações gerais da política de saúde pública; de outro lado, o ato médico concreto, o pacto de tratamento que redunda numa decisão concreta, a saber, a prescrição médica. Mas ainda nada dissemos sobre o processo de decisão que leva de um nível ao outro, que leva das regras e das normas à decisão concreta. É esse processo que ganha ao ser esclarecido pela análise que se pode aplicar também ao processo de tomada de decisão na ordem judiciária.

À primeira vista, as diferenças entre os dois domínios são mais visíveis que as semelhanças. A situação original da qual decorre o ato médico é o sofrimento e o pedido de tratamento. A situação da qual decorre o ato jurídico é o conflito. Dessa oposição inicial resulta uma oposição de mesma amplitude no fim dos dois processos. No âmbito médico, um pacto de tratamento que une na mesma luta o médico e seu doente; no âmbito judiciário, uma sentença que separa os protagonistas, designando um como culpado e o outro como vítima.

Dito isto, as semelhanças pertinentes dizem respeito ao entremeio que se estende entre a situação inicial e a decisão final. Esse entremeio é o da tomada de decisão, que conduz do nível normativo ao nível concreto de resolução do estado inicial de incerteza. De ambos os lados, parte-se de uma regra geral para uma decisão em situação concreta singular. A regra geral no âmbito médico, como vimos, é o conjunto constituído pelo saber científico, pelo saber prático profissional, inseparável dos princípios de deontologia médica, e pelas orientações principais da política sanitária no nível da saúde pública. Qual seria então o paralelo no âmbito judiciário? Também neste, é possível dividir em três colunas as regras e as normas de caráter geral. Na coluna do centro, é possível colocar os códigos escritos, a jurisprudência, as regras processuais que presidem o processo judiciário. Esse conjunto é ladeado também por outros dois sistemas de regras gerais. Em paralelo com o saber científico, pode-se colocar a teoria do direito dos juristas, principalmente acadêmicos. Estes últimos afirmam exercer um juízo de apreciação aplicável a todas as decisões judiciárias, inclusive as da Corte de Cassação, em nome da doutrina, que só deve contas a si mesma. Na outra coluna, em paralelo com a política de saúde pública, seria preciso colocar a política penal do ministério da Justiça, na qualidade de componente do projeto de política geral do governo. Entre as duas, toma lugar, na coluna do centro, o processo de tomada de decisão em situação concreta. De um lado, à luz do diagnóstico, teríamos a prescrição médica; do outro, ao cabo desse debate verbal em que consiste o processo judiciário, teríamos a sentença. Poderíamos estender o paralelo para além do ponto sem retorno constituído pela prescrição e pela sentença: teríamos do lado penal a execução da pena, cujo paralelo médico seria a efetivação do tratamento. Mas é no entremeio, entre o nível normativo e o nível decisório, que se mostra mais estrito o paralelismo entre o ato médico e o ato judiciário. Nesse entremeio estende-se o espaço de argumentação e interpretação no qual se condensam as semelhanças entre os dois campos. É aí que a compreensão do fenômeno de tomada de decisão no campo médico tira mais proveito da comparação com o fenômeno paralelo no campo judiciário. É fácil entender por quê: as operações que chamei de argumentação e interpretação nele são mais explícitas; por conseguinte, são mais bem conhecidas e, aliás, cuidadosamente estudadas[1]. No campo judiciário, o processo de tomada de decisão, distribuído entre os múltiplos protagonistas, está detalhado, articulado, refletido, numa complexa dialética do julgamento. Por sua vez, essa noção de julgamento, tomada inicialmente em sua acepção jurídica, ganha toda a sua amplitude da transferência para um campo não jurídico. Julgar, na maioria das vezes, é submeter um caso particular a uma regra: é aquilo que Kant chama de juízo determinante, quando se conhece melhor a regra do que sua aplicação. Mas é também procurar uma regra para o caso, quando se conhece melhor o caso do que a regra: é o que Kant chama de juízo reflexivo.

Ora, essa operação está longe de ser mecânica, linear e automática. Ao trabalho da imaginação que lida com as variações de sentido da regra ou do caso mesclam-se silogismos práticos. Temos um misto de argumentação e interpretação: o primeiro vocábulo designa o lado lógico do processo (dedução ou indução), e o segundo enfatiza a inventividade, a originalidade, a criatividade. Esse misto merece ser chamado de aplicação: aplicar uma regra a um caso ou encontrar uma regra para um caso é produzir sentido.

---

1. Paul Ricoeur,"Interpretação e/ou argumentação", *O justo 1*, pp. 153-73.

Isso é mais visível na ordem judiciária porque as fases são mais distintas, e os papéis são distribuídos entre vários atores. Assim, é preciso interpretar a lei para decidir em que acepção ela convém ao caso; mas também é preciso interpretar o caso, principalmente na forma narrativa, para estatuir o grau de conveniência mútua entre a descrição do caso e o ângulo pelo qual a lei é interpretada.

Não é diferente a tomada de decisão na ordem médica. Todo caso é particular em relação a um saber científico e a um saber prático da profissão médica em geral. Também aí é preciso interpretar de maneira apropriada o conhecimento médico disponível por meio de uma manipulação inteligente da nosologia, em outras palavras, da tipologia das doenças, mas também descrever de modo apropriado, no plano narrativo, digamos, os sintomas do caso, concernentes à história pessoal do doente. Assim, a tomada de decisão no plano médico se situa no entrecruzamento de um trabalho de argumentação e de um trabalho de interpretação perfeitamente comparáveis aos procedimentos aplicados na tomada de decisão na ordem judiciária.

Pode-se estender o paralelo para além do processo de formação do juízo até o momento em que a decisão é tomada e ditada à maneira de um evento. A prescrição médica e a sentença judiciária apresentam as mesmas características formais.

Primeira característica: a despeito do fato de uma – a sentença judicial – separar os protagonistas, e a outra – a prescrição médica – os unir, juiz e médico são obrigados a julgar, na maioria das vezes, num tempo limitado. A essa obrigação nem o médico nem o juiz podem subtrair-se, a não ser que se declarem incompetentes.

Segunda característica formal comum: em ambos os campos, a tomada de decisão constitui um evento irredutível ao processo que ela conclui. A decisão propriamente dita deslinda a hesitação anterior à qual põe fim. É assumido um risco, a sentença é ditada. Do ponto de vista subjetivo, essa irredutibilidade do momento do evento se expressa no

EXERCÍCIOS

plano judiciário pela ressalva de íntima convicção que transcende todo saber aplicado. Mas o médico também pode invocar com a mesma força que o juiz a íntima convicção em caso de contestação de sua decisão.

Uma terceira característica formal completa e corrige a anterior: nem o juiz, nem o médico estão absolutamente sozinhos nesse momento temível; foram acompanhados o máximo possível por aquilo que se poderia chamar de banco de idéias; se, no âmbito jurídico, este parece disperso em razão da distribuição dos papéis entre presidente, promotor, advogado e outros representantes das partes, à cabeceira do doente parece mais concentrado: nesse aspecto, gostaria de insistir na necessidade de pôr às claras a hierarquia médica, desde o diretor do hospital à enfermeira, nas situações terminais e de acompanhamento dos agonizantes.

O parentesco que se estabelece assim entre os dois tipos de juízo, no nível da prescrição médica e da sentença penal (ou civil), irradia-se a partir desse centro de gravidade para outros componentes do juízo médico e do juízo judiciário, no nível de sua formação. Poderíamos retomar aqui as três regras básicas da deontologia médica à luz de regras comparáveis no âmbito judiciário.

A elevação da relação singular de confidencialidade ao nível deontológico de sigilo médico faz do contrato de tratamento um ato de justiça do mesmo nível dos juramentos, pactos e tratados que na ordem jurídica vinculam contratantes. Entre os contratantes do pacto de tratamento se estabelece uma relação que se pode chamar de justa distância, a meio caminho entre, de um lado, a indiferença, a condescendência e até o desprezo, em todo caso a suspeita e, de outro, a fusão afetiva na qual as identidades submergem. Nem tanto ao mar, nem tanto à terra. Nesse sentido, o pacto de tratamento também separa aqueles que não devem perder-se um no outro, como na compaixão desbragada.

Quanto ao direito do doente à verdade, é enunciado em termos de direito, por pertencer ao nível deontológico do juízo médico: diz respeito a todo doente e a todo médico. Por esse motivo, pode ser reivindicado até perante os tribunais.

O caráter jurídico do consentimento esclarecido é mais marcado ainda do que o das duas normas anteriores, uma vez que é origem de processos, o que é mais freqüente nos Estados Unidos do que na Europa. Entende-se por que o direito é diretamente mobilizado: o pacto de tratamento não é univocamente um pacto de confiança; ele encerra potencialmente um componente de suspeita, visto que o doente teme, com ou sem razão, que o médico abuse de seu poder (a expressão poder médico não será, por sua vez, abusiva?) em virtude de seu saber científico e de seu saber prático e em razão da situação de dependência na qual a doença mergulha o paciente, principalmente em meio hospitalar. Por sua vez, o médico pode temer que o paciente, confundindo obrigação de tratar com obrigação de apresentar resultado, espere e até exija dele aquilo que ele não pode dar, ou seja, a imortalidade, em última análise. O consentimento esclarecido constitui assim uma espécie de garantia e seguro de que as duas partes – o médico, sem dúvida mais que o paciente – lançam mão contra o fracasso e a censura pelo fracasso.

Não gostaria de terminar sem fazer uma proposta na qual a relação entre ética médica e ética da magistratura se inverteria. Procurei esclarecer aquilo que permanece implícito no processo de tomada de decisão no plano judiciário. Isso ocorre porque esse processo no plano judiciário tem como origem o conflito e como contexto a causa. É o antagonismo que torna visíveis todas as dimensões desse processo. Mas não se poderia dizer, em contrapartida, que o juízo médico esclarece uma dimensão do judiciário que ficou na sombra? A sentença, como dissemos, põe fim ao processo judiciário nas dependências do tribunal. É verdade: alguma coisa terminou, foi dita uma palavra de justiça. Mas começa outra história para o condenado, a história da pena, sobretudo se o condenado for um detento. Apresenta-se então a questão da finalidade da pena. Será ela apenas punir, compensar um dano, um delito, dar satisfação à vítima? Proteger a ordem pública? Não será também reabilitar o condenado, reconduzi-lo eventualmente da prisão à liberdade, ou seja, restabelecer a plenitude de seus direitos? Se for assim, apresenta-se a questão da finalidade da justiça a longo prazo. Enquanto a finalidade de curto prazo é deslindar um conflito, a finalidade de longo prazo não será restabelecer o elo social, pôr fim ao conflito, instaurar a paz? Mas então é o juízo médico que esclarece o julgamento judiciário: todo o aparato jurídico se mostra como uma vasta empresa de tratamento das doenças sociais, no respeito à diferença dos papéis.

Justiça e vingança*

Minha intenção aqui é refletir sobre o paradoxo ligado ao ressurgimento irresistível do espírito de vingança à custa do senso de justiça cujo objetivo é precisamente suplantar a vingança. Essa regressão tem início com a pretensão dos partidários de medidas de represália a exercer diretamente a vingança em seu próprio benefício. Tal é a pretensão inicial que nunca será completamente erradicada. Por quê? Comecemos acompanhando a trajetória da justiça para além desse ponto inicial de confusão. O primeiro estágio do surgimento do senso de justiça acima da vingança coincide com o sentimento de indignação, que encontra sua expressão menos sofisticada no simples grito: é injusto! Não é difícil lembrar as situações típicas preservadas por nossas lembranças de infância, quando emitimos esse grito: distribuição desigual de partes entre irmãos, imposição de punições (ou de recompensas) desproporcionais e, talvez mais do que tudo, promessas não cumpridas. Ora, essas situações típicas antecipam a distribuição básica entre justiça social, justiça penal e justiça civil que rege trocas, acordos, tratados.

O que falta a esse acesso de indignação para satisfazer à exigência moral de um verdadeiro senso de justiça? Essen-

---

* Conferência proferida na Universidade de Ulm (Alemanha), novembro de 1997, na Columbia University (Estados Unidos), novembro de 1999, na Universidade Beida de Pequim (China), setembro de 1999.

cialmente, o estabelecimento de uma distância entre os protagonistas do jogo social – distância entre a injustiça alegada e a represália apressada –, distância entre a imposição de um primeiro sofrimento pelo ofensor e a imposição de um sofrimento adicional aplicado pela punição. Mais fundamentalmente, o que falta à indignação é uma clara ruptura do elo inicial entre vingança e justiça. De fato, é essa mesma distância que já faltava na pretensão dos defensores de represálias imediatas ao exercício direto da justiça. Ninguém está autorizado a fazer justiça com as próprias mãos; assim reza a regra de justiça. Ora, é em benefício de tal distância que se faz necessário um terceiro, uma terceira parte, entre o ofensor e sua vítima, entre crime e castigo. Um terceiro como avalista da justa distância entre duas ações e dois agentes.

É o estabelecimento dessa distância que requer a transição entre a justiça como virtude e a justiça como instituição.

Que a justiça seja virtude não se contesta. De Sócrates, Platão e Aristóteles até Kant e Hegel, a filosofia moral não cessa de ressaltar a conexão entre justiça e igualdade, a famosa *isótes* dos gregos. Por igualdade não se deve introduzir com excessiva pressa a referência a bens distribuídos entre agentes rivais. Esse modelo de justiça distributiva pressupõe uma forma mais radical de igualdade, uma igualdade de valor entre os agentes. A fórmula dessa igualdade básica seria: tua vida é tão importante, significativa e válida quanto a minha. A expressão mínima desse reconhecimento consistiria em levar em conta todas as circunstâncias de intenções, interesses, crenças e exigências alheias. A justiça como virtude implica a referência recorrente a outrem. Nesse sentido, a justiça não é uma virtude entre outras, ao lado da coragem, da temperança, da generosidade, da amizade e da prudência; ela compartilha com todas essas virtudes o estatuto racional do equilíbrio entre excesso e carência. Mas, sobretudo, de todas as virtudes, a justiça é o lado orientado para outrem, uma vez que as virtudes levam em conta a existência, as necessidades e as exigências de outra pessoa.

É dentro desse vasto contexto que a questão da justa distância pode ser agora formulada. E é essa procura, essa busca da justa distância que incita à mediação de uma instituição capaz de encarnar o terceiro. Nesse novo contexto, o termo mediação não significa apenas moderação dentro de um único e mesmo agente, mas sim arbitragem entre pretensões contrárias oriundas de pessoas que se opõem. Nosso problema então será saber em que medida esse papel de arbitragem de um terceiro contribui para a ruptura dos elos entre justiça e vingança. A questão é mais legítima porque a vingança também está orientada para outrem. Por essa razão, a confrontação entre justiça e vingança refere-se primordialmente à direção para outrem da justiça e de todas as outras virtudes através da justiça.

Agora, o que se deve entender por instituição da justiça como terceiro? Sob o título instituição não se deve levar em conta apenas uma entidade específica, mas uma cadeia de instituições que apresenta uma estrutura hierárquica. Procederemos do vértice à base desse conjunto de instituições.

A ruptura decisiva, em relação à manifestação da violência privada, decorre do surgimento de uma entidade política – *politeía, res publica, common wealth, state, Staat*. Se os senhores concordarem com Max Weber em caracterizar o Estado como *Herrschaft*, dominação, ou seja, por sua capacidade de impor sua vontade a indivíduos ou comunidades subordinadas, então a pretensão ao monopólio no uso da violência legítima pode ser considerada como corolário direto do poder dirigente do Estado. A interrupção do curso da violência começa com essa expropriação dos agentes sociais, privando as vítimas do direito de exercer a justiça direta, de fazer justiça com as próprias mãos, de reagir por meio de represálias. Nesse sentido, a justiça não pode ser inteiramente identificada com a supressão da violência, mas com seu deslocamento da esfera privada para a entidade política. No entanto, não podemos ficar nessa consideração simples demais. Os senhores podem ter observado que o próprio Max Weber precisou corrigir sua definição de Estado em termos de dominação com o acréscimo do epíteto legítima à palavra violência. Uso da violência legítima. Essa especificação acarreta uma consideração ulterior acerca da amplitude total da noção de instituição, necessária para a própria noção de Estado de direito, ou seja, de Estado governado por regras, Estado constitucional. É o que ocorre com todos os Estados democráticos modernos regidos por uma filosofia política implícita que pode ser designada com a expressão liberalismo político. Essa noção de Estado regido pela regra nos leva de volta ao enigma da fonte última de legitimação do próprio Estado. Não é minha intenção tratar desse enigma como tal. Basta aos nossos propósitos saber que esse enigma – seja qual for a resposta apropriada – chama nossa atenção para aquilo que pode ser considerado o segundo componente da instituição como terceiro, a saber, o estabelecimento de um *corpus* de leis escritas no âmago dessa herança cultural. O surgimento de tal corpo de leis escritas constitui um evento altamente significativo na história geral da cultura, facilmente ilustrado pelas instituições legais do Oriente Próximo antigo, dos hebreus, da Grécia e de Roma. A transição do estatuto oral para o estatuto escrito do sistema inteiro de regras e normas é ao mesmo tempo resultado do surgimento do Estado como entidade política e o suporte distintivo dado à sua ambição de legitimidade. Desse modo se estabelece uma relação circular notável entre Estado e lei escrita, seja esta constitucional, civil ou penal.

Um terceiro candidato ao papel de terceiro é representado pela própria instituição judiciária, com seus tribunais, cuja tarefa é pronunciar a palavra de justiça numa situação concreta. Mas essa responsabilidade e essa tarefa não podem ser separadas do direito à coerção, graças ao qual a autoridade pública tem a capacidade de impor uma decisão de justiça. Voltaremos mais tarde a essa conexão entre justiça e força, ressaltada por uma fórmula famosa de Pascal. Precisamos agora nos demorar um pouco no emprego específico da linguagem e do discurso para o qual o tribunal constitui o espaço apropriado. Em dizer e proferir a palavra de justiça numa situação singular de conflito consistem a função e a tarefa primordiais da instituição judiciária entre as paredes do tribunal.

Agora, em vista da execução dessa tarefa, deve ser introduzido um quarto componente da instituição de justiça. Penso no juiz como pessoa física investida do direito e do poder de enunciar a palavra de justiça de que acabamos de falar. Os juízes são seres humanos como nós, cidadãos comuns; seres humanos, e não deuses ou anjos. Mas são elevados acima de nós em virtude de regras específicas de designação, com o objetivo de proferir a palavra de justiça que o sistema judiciário em seu conjunto tem a função de elaborar. Pode-se dizer que os juízes vestem a justiça de carne. Eles são a boca da justiça.

Agora atingimos o ponto no qual todos os componentes da instituição de justiça podem ser interligados, a saber, a ação judicial, cerimônia de linguagem ao fim da qual pode ser pronunciada a palavra de justiça. Nesse contexto cerimonial desenrola-se um complexo jogo de linguagem regido pelas regras processuais que garantem a eqüidade exigida dessa ação. Esse jogo consiste essencialmente numa troca de argumentos entre os representantes do autor e os representantes da parte contrária.

Em relação à problemática da violência e da justiça, a função primordial da ação judicial é transferir os conflitos do nível da violência para o nível da linguagem e do discurso. A ação judicial eleva a arte da confrontação verbal ao ápice por meio de procedimentos retóricos baseados no uso de argumentos prováveis. Nesse sentido, a arte de argumentar pode ser vista como um ramo daquilo que se chama de pragmática transcendental da linguagem, uma vez que todo esse processo se baseia na presunção da validade das normas aplicadas em dada situação. De um ponto de vista lógico, trata-se da "aplicação", em outras palavras, do movimento que vai da norma ao caso. É uma operação complexa que combina de modo notável a argumentação como procedimento dedutivo e a interpretação como exercício da imaginação produtiva. Permitam-me dizer algumas palavras sobre essa conexão entre argumentação e interpretação. A argumentação tem em vista fazer a pretensão à validade descer do nível das regras e das normas admitidas ao nível do caso específico. Mas essa transferência de validade não poderia ser reduzida a um procedimento mecânico; ela implica a interpretação de dois modos complementares. Por um lado, é preciso fazer uma escolha entre as leis disponíveis, mais especificamente entre as interpretações prévias acumuladas ao longo da história da jurisprudência. Essa escolha é governada pela presunção de afinidade, digamos de adequação, entre as leis selecionadas e o caso considerado. Por outro lado, o próprio caso deve ser descrito de modo apropriado em função da norma que é posta em jogo no caso em pauta. Essa descrição põe à prova aquilo que constitui de fato uma interpretação narrativa do caso considerado. Ora, sabemos que várias "histórias" podem ser construídas em torno do mesmo curso de acontecimentos. A partir daí, interpretação legal e interpretação narrativa devem ser combinadas no processo de tomada de decisão. Não avanço mais nesse campo da lógica da aplicação como combinação de argumentação e interpretação. A abordagem superficial acima basta para nossa investigação atual, cuja orientação é mais ética que lógica. Será suficiente dizer que é no âmbito desse processo de aplicação que transcorre a tentativa institucional de superar a violência com o discurso. A meu ver, está fora de dúvida que as regras procedimentais da ação judicial constituem por si mesmas um avanço da justiça em detrimento do espírito de vingança. Isto desde que a ação judicial forneça um âmbito discursivo apropriado para a arbitragem pacífica dos conflitos. O mérito indiscutível do estabelecimento de regras procedimentais consiste em possibilitar que a ação, na qualidade de instituição distinta, transfira os conflitos da esfera da violência para a esfera da linguagem e do discurso.

Mas esse primado dado ao discurso no cerne dos conflitos interpessoais e sociais tem suas sobras. Subsiste um grau residual de violência. Por quê?

Por quê? Porque a violência não cessa de se afirmar nas duas extremidades do processo inteiro, partindo do estabelecimento do Estado como corpo político até o estabelecimento desse corpo específico, a magistratura. Por um lado, o Estado, como foi dito, não cessa de reivindicar para si mesmo o monopólio da violência legítima. Do ponto de vista histórico, essa pretensão está enraizada nos acontecimentos fundadores, habitualmente de natureza violenta, que presidem seu nascimento. Essa violência, que se pode dizer fundadora, ainda observável no cerne dos Estados liberais, tem expressão máxima na ameaça de recorrer à violência contra os supostos inimigos da ordem democrática. E é essa violência que, em última análise, dota de força de imposição cada decisão de justiça. Não é outra a origem do direito de exercer a coerção, que constitui uma distinção essencial entre legalidade e moralidade. Mas voltemos à decisão de justiça na outra extremidade do processo. Até aqui não dissemos nenhuma palavra sobre a sentença como decisão. Limitamo-nos a ressaltar a contribuição igual da argumentação e da interpretação no processo de aplicação de uma norma legal a um caso singular. Falta levar em conta o último estágio, o ato de proferir a sentença. Esse ato tem duas faces: por um lado, põe fim a uma confrontação verbal e nesse sentido é um ato conclusivo; por outro lado, constitui o ponto de partida de um novo processo e de uma nova história, pelo menos para uma das partes, a saber, a imposição da sentença como castigo. Consideremos os dois lados da decisão judiciária, pois cabe à sentença como ato conclusivo da ação judicial engendrar o processo ulterior, a punição, o castigo com sua história própria.

Na qualidade de decisão, a sentença é um ato distinto que transcende todo o processo de tomada de decisão. Esse ato acrescenta algo a esse processo. Em primeiro lugar, o tribunal é obrigado pelas regras processuais a deslindar o caso num prazo limitado. Em segundo lugar, espera-se que a sentença ponha fim ao estado anterior de incerteza. Em terceiro lugar, pede-se ao tribunal que profira a palavra de justiça que estabelece a justa distância entre as partes em conflito. Finalmente e acima de tudo, tal decisão exerce um poder sobre a liberdade e, ainda em alguns países, sobre a vida e a morte. Uma parte de nossa liberdade é posta nas mãos da justiça, uma vez que seu destino é transferido, como dissemos, da esfera da violência privada para a esfera da linguagem e do discurso. Mas, no estágio de imposição da sentença, essa parte de justiça é ao mesmo tempo uma palavra de força, portanto, em certa medida, de violência. Dessa maneira, a sentença se torna o ponto de partida de um novo processo, a saber, a execução da sentença, que no caso da ação criminal consiste na cominação de uma punição. Mesmo como reparação ou compensação civil e, mais ainda, como supressão da liberdade, a simples imposição de uma pena implica a soma de um sofrimento suplementar ao sofrimento anterior imposto à vítima pelo ato criminoso.

Como acabamos de dizer, começa uma nova história, especialmente para nossos concidadãos encarcerados, os detentos. Nesse sentido, a imposição de uma sentença penal consiste numa espécie de violência legal que, ao cabo de todo um processo, responde à violência primária da qual todo Estado de direito decorre em tempos mais ou menos remotos. Simultaneamente, uma nova dimensão é somada à nossa busca da redução do nível de violência numa sociedade democrática. O problema não é resolvido pela certeza que possamos ter de que a punição é eqüitativa, proporcional à ofensa, e de que se levou em conta o grau de responsabilidade do réu, seja lá o que possa significar essa afirmação de responsabilidade. Uma pena eqüitativa continua sendo uma punição, um sofrimento de certo tipo. Nesse sentido, a punição como pena reabre o caminho para o espírito de vingança, a despeito de ter ela passado por uma mediação, de ter sido prorrogada e filtrada por todo o procedimento da ação judicial, mas não suprimida, abolida. Somos lembrados do triste fato de que uma sociedade inteira é posta à prova e, ouso dizer, julgada pelo seu modo de tratar o problema apresentado pela privação de liberdade sucessiva ao castigo físico por trás dos muros da prisão. Somos confrontados com a falta de alternativa exeqüível à perda de liberdade, à prisão. Essa confissão equivale a admitir um fracasso coletivo de nossa sociedade. É fato que não dispomos de nenhum projeto viável de abolição total da prisão. Fica o dever de preservar para os detentos a perspectiva de reintegração na comunidade dos cidadãos livres, o projeto de recuperação de sua plena cidadania. A tarefa é restituir ao prisioneiro a capacidade de voltar a ser um cidadão pleno no fim da pena, pôr um fim à sua exclusão física e simbólica, em que consiste a prisão. Dessa perspectiva, a prisão deve ser vista como uma parte da cidade, como uma instituição dentro, e não fora, da cidade. Nesse sentido, deve-se falar de continuidade do espaço público. Para tanto, todas as medidas que não contribuam para a defesa e a proteção da sociedade devem ser gradualmente suprimidas, a saber, as medidas referentes à saúde, ao trabalho, à educação, ao lazer e às visitas. Da mesma preocupação decorre a discussão sobre o tempo de detenção, compatível ao mesmo tempo com a defesa da sociedade e com a reabilitação do culpado. Fora de tais projetos, a punição continua sob o domínio do espírito de vingança que o espírito de justiça tinha como projeto superar. Sob a orientação do conceito de reabilitação, as medidas concretas por explorar são parte integrante de um esforço pragmático submetido à discussão pública numa sociedade democrática. Mas a finalidade desse esforço incide sob a responsabilidade moral do corpo político tomado como um todo. Talvez pudéssemos entrar em acordo em torno das seguintes afirmações: a punição tem duas finalidades, uma finalidade de curto prazo, que é a proteção da sociedade contra toda e qualquer ameaça à ordem pública; uma finalidade de longo prazo, que é a restauração da paz social. Todas as medidas de reabilitação, pertencentes ao sistema penal, estão a serviço deste fim último.

    Não é meu objetivo discutir a legitimidade e a viabilidade desta ou daquela medida atualmente submetida à discussão pública. Minha tarefa é apenas avaliar corretamente o que está em jogo nessa discussão, a saber, o tratamento prático do paradoxo básico com o qual nos confrontamos desde o início deste ensaio, a saber, o ressurgimento do espírito de vingança em cada estágio do longo processo através do qual nosso sentido da justiça tenta superar seu enraizamento inicial na violência, na vingança como violência. A inexistência de solução especulativa disponível para esse paradoxo e a existência tão-somente de uma solução pragmática, tais são as únicas e modestas conclusões a que este breve ensaio pôde chegar.

O *universal* e o *histórico**

Minha intenção, nesta conferência, é ajudar meus ouvintes a orientar-se num debate contemporâneo do qual participam importantes pensadores europeus e americanos. Os dois principais focos da discussão são, por um lado, *Théorie de la justice* de Rawls e os debates por ela provocados entre juristas, economistas, politólogos e filósofos, principalmente a partir do mundo anglo-saxão; por outro lado, a "ética da discussão" de Karl-Otto Apel e Jürgen Habermas e os debates que ela também provocou nos mesmos meios, mas sobretudo a partir da Europa ocidental. O alvo comum do debate é saber se, no plano ético, jurídico, político e social, é possível formular princípios universais, válidos independentemente da diversidade das pessoas, das comunidades e das culturas capazes de aplicá-los, sem limitações decorrentes das circunstâncias particulares de aplicação e, principalmente, da novidade dos casos surgidos na época moderna. A isso foram objetados tanto o caráter formal de princípios que ignoram da variedade dos conteúdos de aplicação, quanto o caráter anistórico de regras estranhas à va-

---

* Texto apresentado na conferência proferida no colégio universitário francês de Moscou, abril de 1996, e publicado com o título "Universalidade e historicidade", em *La filosofia y sus margines: Homenaje al Profesor Carlos Batinas Fernandez*, editado por S. Vences Fernandez, Universidade de Santiago de Compostela, 1997, pp. 511-26.

riedade das heranças culturais e ao enraizamento das regras da vida em comum na prática comunitária.

Para esclarecer o debate, proponho construir previamente um quadro de discussão no qual a confrontação entre universal e histórico será feita de modos diferentes, segundo o nível a partir do qual nos colocarmos. Para fins didáticos, adoto a distinção entre três níveis de formulação da problemática moral que proponho em *Soi-même comme un autre*, abrangendo não só a vida privada, mas também o direito, as estruturas econômico-sociais da sociedade civil e as instituições políticas.

I

No primeiro nível, para o qual reservo o termo técnico ética, em razão de sua proximidade com os costumes efetivamente vigentes nas sociedades consideradas, defino a moralidade, no sentido mais geral do termo, como querer viver bem com e para os outros, em instituições justas. O primeiro termo dessa tríade define o caráter teleológico dessa primeira abordagem, a saber, o desejo da realização bem-sucedida tanto da vida privada quanto da vida em comum, chamada em termos populares de felicidade. Ora, nessa primeira estrutura já se vê como a dimensão universal e a dimensão histórica estão mescladas. Por um lado, pode-se dizer com Aristóteles que toda ação, toda prática, se define por esse *télos*, que *todos* os homens querem ser felizes. Mas essa meta do bem, embora deva merecer o nome de ética, passa por apreciações raciocinadas daquilo que caracteriza como boa ou má uma ação. É então que intervêm, entre a raiz do desejo raciocinado e o horizonte da felicidade, as instâncias denominadas "virtudes": temperança, coragem, generosidade, amizade, justiça etc. Ora, essas grandes estruturas da vida moral se arraigam na experiência coletiva de um povo, como confirmam as diferentes morais herdadas dos gregos. O filósofo aí apenas reflete sobre aquilo que

Charles Taylor chamou de "avaliações fortes" (de sua própria cultura); assim, Aristóteles parte das opiniões mais firmes e constantes, já introduzidas na linguagem pelos poetas, por Homero, Ésquilo, Sófocles e Eurípides, por oradores, historiadores, políticos etc. O filósofo contribui com um projeto racional, expresso, por exemplo, pela idéia de que cada uma das virtudes consideradas representa um ponto médio, uma "mediania", ou seja, bem mais que uma média, mas uma espécie de crista entre duas carências (por exemplo, a coragem está a meio caminho entre a covardia e a temeridade; a amizade, entre a complacência e a severidade etc.). O filósofo pode então construir a idéia de raciocínio reto, de *orthos logos*, que constituiria a dimensão intelectual, razoável, em suma, verdadeira da escolha moral esclarecida. É o que Sócrates, antes de Platão e Aristóteles, designava com a expressão "vida examinada". Uma vida não examinada não é digna de ser vivida. A mesma preocupação com a racionalidade se encontra na distinção familiar aos pensadores antigos entre vida segundo o prazer ou segundo a utilidade; vida prática, principalmente política, e vida contemplativa, filosófica.

A mistura entre dimensão comunitária e dimensão universal torna-se mais sutil e frágil quando se consideram os outros dois componentes da definição de meta ética proposta acima: viver bem com e para os outros. Aqui é preciso distinguir duas relações com o outro. A primeira é uma relação de proximidade com um outro presente em seu rosto; é a relação implicada no relacionamento dialógico curto da amizade e do amor. Talvez seja por esse lado que a meta ética manifesta sua maior universalidade. Entre as culturas circulam elogios bastante semelhantes à amizade. No entanto, não seria possível negligenciar as diferenças atinentes à estrutura aristocrática de uma pólis como a dos gregos e as formas mais populares de solidariedade, características das sociedades modernas. A solicitude, supostamente dirigida a todas as pessoas concretas na forma mais evidente de socorro dado à pessoa em perigo, tem seus limites, no mínimo os limites impostos pela impossibilidade de arcar com toda a miséria do mundo ou, como se diz, assumi-la. Mas é com o terceiro termo da tríade básica que a dialética entre universal e histórico se impõe. Na verdade, a conflitualidade objeto dessa comunicação só se manifestará no segundo nível que logo consideraremos. Mas a sede de justiça não é reservada ao nível do dever e da obrigação que em breve consideraremos. Ela é um componente fundamental do querer viver bem. Ora, não é apenas com os próximos que se exprime o viver-com, mas com todos os distantes, implicados em instituições de todos os tipos que estruturam a vida em sociedade. Meu defrontante já não é então a pessoa significada por seu rosto, mas o cada-um definido por seu papel social. Essa relação com o cada-um é constitutiva daquilo que Hannah Arendt chama de "pluralidade humana" em oposição ao relacionamento de proximidade da amizade e do amor. A pluralidade humana é o lugar do político apreendido em sua raiz aquém das estruturas de poder, da distinção entre dirigentes e dirigidos no nível daquilo que se pode chamar de querer-viver junto. Pode-se considerar o querer-viver junto um fato universal. Mas, assim que o qualificamos pelo desejo de instituições justas, nós nos colocamos num nível em que o universal está inextricavelmente mesclado ao contextual. Imediatamente se põe a pergunta: o que é uma instituição justa? Essa pergunta é inseparável de outra elementar: com quem queremos viver e de acordo com que regras?

No entanto, continuo considerando universal a própria idéia de desejo de instituições justas. Basta que cada um de nós se remeta a suas lembranças de infância, quando proferiu pela primeira vez o grito: não é justo! É na indignação que se forma e educa o desejo de justiça. Procuremos lembrar também em que ocasiões emitimos esse grito: foi por ocasião de divisões que julgávamos desiguais, ou de promessas não cumpridas e traídas pelos adultos, ou por ocasião de punições ou recompensas que achávamos desproporcionais ou, como dizíamos, injustamente distribuídas. Ora, nesses três exemplos, temos como que nas entrelinhas a distinção entre justiça distributiva, acusada de divisões desiguais, todo o campo dos contratos, dos tratados e das trocas, e, em termos de nosso terceiro tipo de recriminação, todo o império do judiciário e do direito penal com seu cortejo de condenações e de punições. É no momento em que nossa indignação procura justificar-se que entramos realmente no problema da justiça, pois a indignação continua presa à preocupação de fazer justiça com as próprias mãos. Falta-lhe o senso da justa distância que só códigos, leis escritas, tribunais etc. poderão concretizar. É então que as diferenças de cultura e a história das instituições jurídicas, com sua mistura inextricável de racionalidade e preconceitos, nos obrigam a pôr à prova critérios diferentes de nossa preocupação elementar com viver bem; mas previamente é importante enraizar no querer viver bem o querer viver em instituições justas. Pode-se dizer, nesse aspecto, que a idéia primitiva de justiça nada mais é que a manifestação em escala dialógica, comunitária e institucional do querer viver bem. Essa ligação entre o viver bem e a justiça encontrou uma expressão estável, cujo vigor ao mesmo tempo emocional e racional não está esgotado, a expressão bem comum.

II

Enquanto a tese universalista e a tese contextualista encontram argumentos de força idêntica na reflexão dos gregos sobre a vida boa, a tese universalista ganha vantagem ao se passar para o segundo nível de moralidade, que já não é definido pelo querer vida boa, mas pelas noções de obrigação, dever e interdição. Nesse aspecto, observo que a forma negativa é, afinal, menos coercitiva que a forma positiva: existem mil maneiras de não matar, ao passo que a obrigação de dizer a verdade em todas as circunstâncias põe diante de situações às vezes inextricáveis, conforme demonstra a famosa discussão entre Kant e Benjamin Constant.

É de perguntar então por que não se pode ficar no nível ético do querer viver bem. A razão é que a vida em sociedade abre um espaço imenso e às vezes aterrorizante a conflitos de todos os tipos que afetam todos os níveis dos relacionamentos humanos em termos de interesses, crenças, convicções. Ora, esses conflitos tendem a expressar-se por violências de todos os tipos, que vão do assassinato à traição da palavra dada. Essas violências engendram danos que afetam tanto os indivíduos tomados individualmente quanto as instituições que enquadram a vida em sociedade. É então que o espírito de vingança tende a somar violência à violência numa cadeia sem fim, como se vê na tragédia grega *Oréstia*. Daí nasce a necessidade de um terceiro, representado em nossas sociedades civilizadas pela existência de um corpo de leis escritas, pela instauração de instituições judiciárias, pela separação de um corpo de juízes e pela seqüência de condenações que conferem cunho coercitivo à moral pública sob a guarda de um Estado de direito. É essa necessidade social de arbitragem que suscita a questão da natureza das regras capazes de delimitar o campo do permitido e do proibido, bem como o uso considerado legítimo da coerção. A justificação dessas regras e da arbitragem que elas instauram suscita o problema da justificação das regras da vida em sociedade.

É a Kant que devemos a formulação mais rigorosa da tese que os defensores do universalismo moral, tanto do lado de Rawls quanto de Habermas, vão desenvolver. A primeira pressuposição é de que existe uma razão prática distinta da razão teórica, mas que, como ela, apresenta uma diferença fundamental de níveis entre aquilo que pode ser considerado como *a priori*, ou seja, as condições de possibilidade de todos os argumentos empíricos invocados, e um nível *a posteriori* ou empírico, constituído pelo conjunto de desejos, prazeres, interesses, preconceitos e reivindicações irracionais. A hipótese básica, portanto, é de que a razão prática está estruturada como a razão teórica, com a diferença de que o *a priori* da razão prática é prático. Em que consiste esse *a priori* prático? Resposta: num universal, válido para todos e independentemente das circunstâncias de aplicação. Mas, se todo conteúdo prático procede afinal do desejo, portanto do desejo de felicidade, o universal só pode ser um universal formal, ou seja, sem conteúdo. Ora, como formular um universal formal, senão na forma da regra de universalização à qual serão instadas a submeter-se as máximas de nossa ação, tal como o projeto de um plano de vida? À primeira vista, a regra consiste apenas num teste de verificação da pretensão à universalidade de minha máxima. No entanto, é difícil não dar uma versão utilitária desse teste, formulada nos seguintes termos: o que aconteceria se todos fizessem o que eu faço? Kant só tinha em vista uma contradição lógica interna à regra que a pretensa exceção viria destruir. Veremos em breve como Habermas e outros tentaram remediar a fragilidade dessa distinção entre contradição lógica e contradição que se pode dizer utilitária. Não poderíamos antes encerrar Kant na acusação de só oferecer um critério monologal da universalidade (age – tu – de tal modo que... etc.). O próprio Kant ampliou o campo do universal apresentando duas outras versões do imperativo categórico que possibilitam construir uma tríade da moral comparável à tríade da ética (querer vida boa, com e para os outros, em instituições justas):

1. age de tal modo que possas considerar a máxima de tua ação como uma lei universal da natureza;

2. age de tal modo que possas sempre tratar a humanidade, em tua pessoa e na pessoa de outrem, não só como um meio, mas também como um fim em si;

3. age de tal modo que no império dos fins possas comportar-te ao mesmo tempo como súdito e como legislador.

Essa tríade define a autonomia nas formas pessoal, comunitária e cosmopolítica. O formalismo permanece íntegro de um extremo ao outro da tríade. Na primeira fórmula, a noção de lei moral é posta em paralelo com a noção de lei física, que outra não é senão a forma do determinismo universal; mas a segunda fórmula do imperativo categórico não é menos formal que a primeira, pois não é a pessoa como tal, a minha ou de outrem, que se propõe ao respeito, mas sim a humanidade, não no sentido do conjunto dos homens, mas no sentido do caráter humano que distingue os homens dos outros seres vivos e também de outros seres racionais eventuais, mas não dotados de sensibilidade como nós. Quanto à noção de reino dos fins, não define nenhuma comunidade histórica conhecida, mas apenas o horizonte racional de um Estado de direito que seria já de dimensão universal ou, segundo expressão de Kant, de dimensão cosmopolítica; em outras palavras, é uma idéia reguladora, não um conceito descritivo. Sua realização depende dos comportamentos políticos concretos das sociedades históricas.

É sobre esse plano de fundo kantiano que se deve situar a tentativa de Rawls de apresentar uma definição universal dos princípios de justiça. O formalismo da empreitada é marcado pelo fato de que a escolha dos princípios de justiça é supostamente feita numa situação imaginária, não histórica, chamada originária, na qual todos os participantes são postos sob um véu de ignorância, sob o qual podem fazer abstração de suas vantagens reais ou das desvantagens eventuais resultantes da deliberação. Quanto a essa deliberação, gira em torno de regras de distribuição com as quais uma sociedade em geral é caracterizada: distribuição de bens mercantis (retribuições, patrimônios, vantagens sociais) e de bens não mercantis, tais como segurança, saúde, educação e sobretudo posições de responsabilidade, autoridade e comando em toda a escala das instituições sociais. Essa hipótese de sociedade concebida como um vasto sistema de distribuição de bens de todos os tipos possibilita conferir um cunho particular ao formalismo herdado de Kant; já não é o formalismo do teste de universalização, mas o do procedimento de distribuição. E esse procedimento é definido pelos dois princípios de justiça:

> Em primeiro lugar, cada pessoa deve ter um direito igual ao sistema mais extenso de liberdades, de base igual para todos, que seja compatível com o mesmo sistema para os outros.

Esse primeiro princípio rege a igualdade diante da lei no exercício das liberdades públicas (liberdade de expressão, de associação, de reunião, de culto etc.). Em segundo lugar: as desigualdades sociais e econômicas devem ser organizadas de tal modo que, ao mesmo tempo, a) seja possível esperar razoavelmente que elas tragam vantagem para todos e b) que elas estejam vinculadas a posições e a funções abertas a todos. Este segundo princípio tem como ponto de aplicação as partilhas irredutivelmente desiguais de nossas sociedades produtoras de valor agregado. Mas antes de desenvolvê-lo, Rawls insiste na necessidade de satisfazer antes o primeiro princípio; isso significa que não é justificável a tentativa de resolver os problemas sociais de desigualdade sem levar em conta a igualdade abstrata dos cidadãos diante da lei. As desigualdades econômicas e sociais não podem servir de pretexto para transgredir o primeiro princípio de justiça. Quanto ao segundo princípio, é desenvolvido da seguinte maneira, pelo menos em sua primeira metade:

> É justa ou, pelo menos, não tão injusta quanto qualquer outra a partilha na qual o aumento da vantagem dos mais favorecidos seja compensado pela diminuição da desvantagem dos mais desfavorecidos; donde o nome *maximin*, dado a esse princípio.

Diremos adiante com quais críticas feitas pelos comunitaristas esse princípio se chocou. Realmente, dois pontos sensíveis da doutrina estão abertos à crítica: primeiramente, o formalismo de um procedimento de distribuição que não leva em conta a heterogeneidade real dos bens por partilhar: por exemplo, os problemas de remuneração são da alçada da mesma regra da partilha de autoridade numa administração? Segundo ponto crítico: como a escolha de um princípio de justiça estabelecido numa situação imaginária e anistórica pode obrigar uma sociedade histórica real? Mais precisamente: que tipos de sociedade, entre as existentes atualmente, são acessíveis a tal fórmula da justiça distributiva?

Mas, antes de examinarmos as objeções pertinentes ao terceiro nível que adoto para a análise da moralidade – o da sabedoria prática –, digamos algumas palavras sobre a ética da discussão. À primeira vista, trata-se de coisa bem diferente: com Rawls, tem-se um problema de distribuição, no sentido amplo que acabamos de ver; com Apel e Habermas, tem-se um problema de discussão e, mais precisamente, de argumentação. Mas as duas situações consideradas não estão distantes entre si; de um lado, o estabelecimento dos princípios de justiça, na situação originária e sob o véu de ignorância, decorre de uma discussão aberta capaz de inserir-se em categorias da ética da discussão; por outro lado, que preferências se discutem, senão as de partilhas capazes de ensejar conflito? Habermas, como Rawls, pode extrair argumentos da multiplicidade de concepções do bem numa sociedade como a nossa, caracterizada pelo pluralismo; portanto, é fora desse conflito que se devem buscar as regras de um acordo possível; mas onde as buscar, senão no próprio interior da prática da linguagem? Ora, todas as relações humanas passam inevitavelmente pelo discurso. Além disso, a ameaça de violência que, como vimos, justifica a transição de uma moral da felicidade para uma moral da obrigação, convida a buscar na transferência de todos os conflitos para a região da palavra a única resposta humana à violência. Ora, o compartilhamento da palavra não pode ocorrer sem a arbitragem normativa de regras que presidam à discussão. Todo o problema consiste em passar da mediação da linguagem para o direito da argumentação.

A questão é saber se existem regras universais de validade que rejam toda e qualquer discussão possível e toda e qualquer argumentação racional. A resposta de Habermas é positiva. Ela se baseia num uso da contradição que é diferente do uso com o qual Kant justificava seu recurso à regra de universalização; a justificação última dos critérios de validade de que falaremos não se baseia numa contradição formal, mas numa chamada contradição performativa, que pode ser assim formulada: se dizemos que a regra de discussão não é válida, começamos a argumentar; portanto, nós nos contradizemos quando dizemos que uma regra de discussão não pode ser universal. Pressupomos que essa regra é comum a nós e a nosso adversário.

As regras de validade da comunicação, por sua vez, não são numerosas, mas fáceis de identificar: cada um tem um direito igual à palavra; tem o dever de dar seu melhor argumento a quem o pede; deve ouvir com disposição favorável o argumento do outro; por fim – e talvez principalmente – os antagonistas de uma argumentação regrada devem ter como horizonte comum o entendimento, o consenso. A ética da discussão é assim colocada sob o horizonte de uma utopia da palavra compartilhada, que funciona como idéia reguladora de uma discussão aberta, sem limites nem entraves. Sem a pressuposição desse consenso exigível, não se pode falar de verdade na ordem prática. Nesse aspecto, Habermas insiste muito no caráter cognitivista de sua ética. Não há diferença entre a razão prática e a razão teórica quanto à exigência de verdade no uso da palavra compartilhada.

Percebe-se de imediato a força dessa ética da comunicação, justamente chamada ética do discurso ou da discussão, contra três adversários bem definidos. São eles, primeiramente, os defensores de uma moral decisionista, que funciona caso a caso, por abuso (dirá Habermas) da noção grega de *phrónesis* que supostamente rege as situações singulares; o pressuposto é que todas as situações singulares podem ser submetidas às regras de validade de uma discussão coerente. O segundo adversário é constituído pelas morais emotivas ou emocionais, segundo as quais os critérios do justo são os sentimentos, inclusive os sentimentos nobres e elevados, tais como a piedade, a compaixão, o respeito, a veneração etc. Por fim, o adversário mais constantemente tomado por alvo é o positivismo moral ou jurídico, parente do convencionalismo dos sofistas gregos, segundo o qual as regras que servem de arbitragem aos conflitos sociais são regidas por um princípio geral de utilidade, a cada vez concretizada por autoridades de fato. Como se vê, essa moral leva corajosamente em conta as situações de conflito passíveis de serem levadas ao nível da linguagem, na melhor das hipóteses num âmbito institucional comparável ao âmbito do processo judiciário; ela supõe da parte dos antagonistas uma vontade igual de buscar acordo, um desejo de coordenar em bons termos seus planos de ação e, finalmente, a preocupação com a preponderância da cooperação sobre o conflito em todas as situações de desacordo.

III

Precisamos dizer agora as razões pelas quais se mostra necessário acrescentar uma terceira dimensão à filosofia moral, a dimensão que denominei sabedoria prática, por um lado em consideração àquilo que Hegel chamou *Sittlichkeit* em *Principes de la philosophie du droit* e, por outro, à teoria aristotélica da *phrónesis* – termo traduzido em latim por *prudentia* – desenvolvida no capítulo VI de *Ética nicomaquéia*. Por que acrescentar uma terceira dimensão à moralidade? Se foi o conflito e, mais fundamentalmente, a violência que nos obrigou a passar de uma ética da vida boa a uma moral da obrigação e da interdição, o que nos leva a completar os princípios formais de uma moral universal com regras de aplicação preocupadas com contextos histórico-culturais é aquilo que se pode chamar de trágico da ação. Por trágico da ação devemos entender, em geral, situações típicas que apresentam as seguintes características comuns. Trata-se, primeiramente, de conflitos de deveres, como os exibidos pela tragédia grega; nesse aspecto, a tragédia *Antígona* é perfeitamente exemplar; Antígona e Creonte representam obrigações antagonistas que engendram um conflito inescusável. Ainda que seja verdadeiro, em termos absolutos, que o dever de amizade fraterna que move Antígona é perfeitamente compatível com o serviço político à pólis que move o príncipe Creonte, a finitude humana faz que cada um dos antagonistas não consiga atender ao princípio com o qual se identifica fora dos limites estreitos de uma observância passional e cega aos limites. O trágico consiste precisamente na exclusão de toda e qualquer composição, exclusão resultante da intransigência de cada um dos servidores de um dever absoluto e sagrado. Outra situação trágica: a complexidade das relações sociais multiplica as situações nas quais a regra moral ou jurídica entra em conflito com a solicitude para com as pessoas. Já se observou como, na formulação do segundo imperativo kantiano, o respeito às pessoas é enquadrado pelo respeito à humanidade. Mas não se trata da humanidade no sentido do conjunto dos homens, e sim da qualidade distintiva de humanidade presumida como comum a todas as culturas históricas. Ora, a prática médica, tanto quanto a prática jurídica, está sempre pondo o juízo moral perante situações nas quais a norma e a pessoa não podem ser satisfeitas ao mesmo tempo. Nesse aspecto, nós nos limitaremos a mencionar os difíceis problemas suscitados para a ética médica pelas situações de começo e fim de vida. Em relação às primeiras, há boas razões para dizer que toda vida merece proteção desde sua concepção, visto que o embrião desde o começo tem um código genético distinto do de seus genitores; mas os limiares de efetivação da"pessoa potencial"são múltiplos, provocando uma avaliação gradual dos deveres e dos direitos; ademais, ultrapassado o limiar do respeito absoluto à vida que a prudência recomenda à lei, a escolha aí é entre o mal e o pior. Ninguém ignora as situações de aflição nas quais a vida de uma mulher deve ser preferida à vida de um embrião; trata-se então de um problema de discussão pública, de argumentação que leva em conta a singularidade das situações, à qual é remetida a decisão ao cabo de uma deliberação honesta. Caberia também mencionar os casos nos quais a escolha não se dá entre o bem e o mal, mas, digamos, entre o cinzento e o cinzento: caberá, por exemplo, submeter às mesmas leis penais adolescentes delinquentes e adultos supostamente mais responsáveis? A que idade deve ser atribuída a passagem para a maioridade penal ou para a maioridade política? Outro problema mais temível ainda, aquele no qual a escolha já não se dá entre o bem e o mal, mas entre o mal e o pior; nossas legislações relativas à prostituição e, em particular, à criança, decorrem dessa alternativa que se pode dizer realmente trágica. Numerosas são as decisões morais e jurídicas cujo alvo não é promover o bem, mas evitar o pior.

Não quero dizer que a ética da sabedoria só conheça situações trágicas da espécie que acabamos de mencionar; esses são casos extremos destinados apenas a chamar a atenção para um problema muito mais geral: os princípios de justificação de uma regra moral ou jurídica deixam intactos os problemas de aplicação. Portanto, é a noção de *aplicação* que se deve considerar em toda a amplitude, para colocá-la em paralelo com a noção de *validação* que orientou a discussão anterior. Essa noção de aplicação vem de outro campo, que não o da moral ou do direito, a saber, do campo da interpretação dos textos, principalmente dos textos literários ou religiosos. É no campo da exegese bíblica e da filologia clássica que se formou a idéia de interpretação como algo distinto das idéias de compreensão e de explicação. A partir do fim do século XVII, principalmente com Schleirmacher e, mais tarde, com Wilhem Dilthey, a hermenêutica ganhou toda a sua envergadura, para além da exegese bíblica e da filosofia clássica; ela propunha regras de interpretação válidas para todas as espécies de textos singulares; assim, nunca se ignorou que a aplicação dos códigos jurídicos incitava a formular um terceiro tipo de hermenêutica, a hermenêutica jurídica; em breve, veremos sua aplicação a situações mencionadas na discussão das teses de Rawls sobre a justiça distributiva, e das teses de Habermas sobre a discussão pública. Nos dois casos, o problema da aplicação das normas universais a situações singulares põe em jogo a dimensão histórica e cultural das tradições mediadoras do processo de aplicação. Já na primeira fase desta discussão, por ocasião da concepção grega das virtudes, mencionamos a ancoragem da ética na sabedoria popular, donde o próprio substantivo ética aparentado à noção de costumes. Aristóteles, já em seu *Tratado da justiça* no Livro V da *Ética nicomaquéia*, concluía pela distinção entre a idéia abstrata de justiça e a idéia concreta de eqüidade, distinção que ele justificava com o caráter inadequado da regra geral a situações inéditas. Problemática semelhante foi levantada, principalmente em meio anglo-saxão, pela teoria rawlsiana de justiça e, na Europa ocidental, pela ética habermasiana da discussão. Voltando a Rawls, precisamos considerar os argumentos cuja formulação antecipamos acima. Conforme desenvolveu Michael Walzer em *The Spheres of Justice*, uma teoria da justiça distributiva não pode fazer abstração da natureza heterogênea dos bens por distribuir, limitando-se a um ponto de vista puramente procedimental; não se pode discutir do mesmo modo bens mercantis e bens não mercantis e, entre estes, bens heterogêneos como saúde, educação, segurança, cidadania etc. Walzer considera que cada um desses bens decorre de uma compreensão compartilhada por dada comunidade em certa época. Assim, a noção de bens mercantis está inteiramente subordinada à avaliação daquilo que pode ou não ser comprado ou vendido. A noção de bens mercantis decorre daquilo que o autor chama de "simbolismo compartilhado", definido em certo contexto sociocultural; desse simbolismo compartilhado resulta uma lógica distinta que rege todas as entidades pertencentes ao mesmo campo, que Walzer situa sob a idéia de "cidade" ou "mundo". Naquilo que Rawls discerne como processo universal de distribuição, Walzer vê cidades múltiplas a provocarem conflitos de fronteiras que nenhum argumento formal pode arbitrar. Então, composições frágeis expressam aquilo que chamamos um pouco acima sabedoria ou prudência. O pluralismo jurídico tende assim a ocupar o lugar de uma concepção unitária, mas apenas procedimental, de justiça.

Mas – pergunto eu – ocupa o lugar ou se soma? Eu seria tentado a dizer que, na falta de um projeto geral e universal de justiça, não se poderia justificar uma ética da composição que não tivesse por horizonte a constituição ou a reconstrução de algo como um bem comum. Nesse sentido, a polêmica provocada pelo universalismo vinculado por Rawls à idéia de justiça remete à mistura complexa de universalidade e historicidade que reconhecemos no nível mais elementar da moralidade, no nível da ética do bem viver. Nos textos posteriores a *Théorie de la justice*, o próprio Rawls reconheceu os limites de sua teoria, que podem ser chamados de históricos. Esta só é operacional no âmbito de democracias que ele chama de liberais ou constitucionais, a saber, dos Estados de direito, baseados no "consenso por intersecção" entre várias tradições fundadoras compatíveis entre si, a saber, uma versão esclarecida da tradição judaico-cristã, uma retomada da cultura do Iluminismo, depois da redução utilitarista e puramente estratégica da racionalidade e o surgimento do romantismo na forma de desejo de expressão espontânea em consonância com os recursos profundos de uma natureza criadora. Nesse sentido, o universalismo da teoria da justiça requer como complemento o reconhecimento das condições históricas de sua aplicação.

É para uma conclusão do mesmo estilo que me parece orientar-se o exame da ética da discussão. É possível objetar-lhe que ela superestima o lugar da discussão nas interações humanas e, mais ainda, o lugar das expressões formalizadas da argumentação. Procurar ter razão constitui um jogo social extraordinariamente complexo e variado no qual se dissimulam paixões diversas sob a aparência da imparcialidade; argumentar pode ser uma maneira astuciosa de continuar combatendo. De outro modo, pode-se objetar que a mediação da linguagem, legitimamente invocada como base de referência pela ética da discussão, pode orientar para outra conclusão, que não a de uma arbitragem pela argumentação. Uma meditação sobre a diversidade das línguas, aspecto fundamental da diversidade das culturas, pode levar a uma interessante análise do modo como são resolvidos na prática os problemas suscitados pelo fenômeno maciço que consiste no fato de a linguagem não existir em nenhum lugar em forma universal, mas apenas na fragmentação do universo lingüístico. Ora, na falta de qualquer superlíngua, não estamos completamente desaparelhados; resta-nos o recurso da tradução que merece coisa melhor do que ser tratada como fenômeno secundário, que permite a comunicação de uma mensagem de uma língua para outra; na tradução tem-se um fenômeno universal que consiste em dizer de outro modo a mesma mensagem. Na tradução, o falante de uma língua se transfere para o universo lingüístico de um texto estrangeiro. Em contrapartida, ele acolhe em seu espaço lingüístico a fala do outro. Esse fenômeno de hospitalidade da linguagem pode servir de modelo a toda compreensão na qual a ausência daquilo que, para encurtar, se poderia chamar de terceiro põe em jogo os mesmos operadores de transferência para..., e de acolhida em..., cujo modelo é o ato de tradução.

É principalmente no campo jurídico que se impõe a necessidade de uma aplicação propriamente criativa. É verdade que autores como Alexy tentaram derivar da ética da discussão uma teoria da argumentação jurídica. O esforço é perfeitamente legítimo, visto que não se pode conceber um juiz que considerasse inválida a sentença que pronuncia. Nessa medida, a validade de uma sentença singular apenas expressa a idéia geral de validade elucidada pela ética da discussão. Mas porventura essa validade ainda opera em situações que não satisfaçam aos pressupostos mais fundamentais da ética da discussão, a saber, um estado de discussão aberto, ilimitado e isento de coerções? A decisão jurídica é considerada estabelecida num contexto legal no qual o intercâmbio dos discursos é codificado por um procedimento coercitivo em virtude do qual cada parte toma a palavra em limites de tempo determinados; a própria deliberação põe em jogo um número limitado de protagonistas cujos papéis são nitidamente delimitados; a decisão final, a sentença propriamente dita, deve ser proferida em tempo limitado, e o juiz não está autorizado a subtrair-se à obrigação de decidir. Deslindar é a palavra que marca a distância entre as condições do debate no âmbito de uma ação judicial e a exigência da abertura ilimitada da discussão em vista do consenso. Mais importantes ainda que essas coerções são as próprias estruturas da argumentação jurídica que marcam a situação de processos interpretativos aparentados aos que são aplicados na exegese e na filologia. Assim, o tratamento de casos inéditos, que Dworkin chama de *hard cases*, incita a um duplo processo de interpretação: interpretação de algum modo narrativa dos fatos da causa e interpretação da regra de direito invocada na qualificação de um delito. A argumentação está longe de se deixar encerrar nas regras do silogismo prático; este se limita a configurar um processo complicado de ajuste mútuo entre a interpretação narrativa dos fatos e a interpretação jurídica da regra. No ponto de junção desses dois processos ocorre um fenômeno de ajuste em que consiste precisamente a qualificação jurídica do delito.

Essa mistura notável de argumentação formal e interpretação concreta, no âmbito do processo penal, ilustra perfeitamente a tese que quero desenvolver aqui, qual seja, a de que a escolha não é feita entre o universalismo da regra e a singularidade da decisão. A própria noção de aplicação pressupõe um plano de fundo normativo comum aos protagonistas. Para retomar o vocabulário de Aristóteles, não haveria problema de eqüidade, em situações singulares, se não houvesse um problema geral da justiça passível de reconhecimento universal.

A discussão de Rawls leva a uma conclusão da mesma ordem. Acaso se falaria de esferas de justiça se não houvesse uma idéia da justiça presidindo a manutenção das pretensões de cada esfera jurídica a invadir o domínio das outras esferas? E no âmbito da discussão da ética formal da discussão, como não reincidir na violência caso se eliminasse o horizonte do consenso? Mais fundamentalmente, como se subtrairia o conflito à violência, caso não se pudesse ter a esperança de que sua transferência para o campo da palavra fosse capaz de redundar, se não num consenso imediatamente acessível, pelo menos no reconhecimento de desacordos racionais, em outras palavras, num acordo sobre o desacordo? Em conclusão, proponho as três considerações seguintes.

1. O universalismo pode ser considerado uma idéia reguladora que possibilita reconhecer como pertencentes ao campo da moralidade atitudes heterogêneas passíveis de serem reconhecidas como co-fundadoras do espaço comum manifestado pela vontade de viver junto.

2. Nenhuma convicção moral teria força caso não elevasse uma pretensão à universalidade. Mas devemos nos limitar a dar o sentido de universal presumido àquilo que se apresenta inicialmente como universal pretendido; entendemos por universal presumido a pretensão à universalidade oferecida à discussão pública à espera do reconhecimento por todos. Nesse intercâmbio, cada protagonista propõe um universal pretendido ou incoativo em busca de reconhecimento; a própria história desse reconhecimento é movida pela idéia de reconhecimento com valor de universal concreto; o mesmo estatuto de idéia reguladora invocada na conclusão precedente possibilita conciliar em dois níveis diferentes – o da moral abstrata e o da sabedoria prática – a exigência de universalidade e a condição histórica de contextualização.

3. Se é verdade que a humanidade só existe em culturas múltiplas, tais como as línguas – no que consiste fundamentalmente a tese das contradições comunitaristas de Rawls e Habermas –, as identidades culturais presumidas por esses autores só são protegidas contra o retorno da intolerância e do fanatismo por um trabalho de compreensão mútua para o qual a tradução de uma língua para outra constitui notável modelo.

Seria possível reunir essas três conclusões na seguinte declaração: o universalismo e o contextualismo não se opõem no mesmo plano, mas pertencem a dois níveis diferentes da moralidade, o da obrigação presumidamente universal e o da sabedoria prática que assume a diversidade das heranças culturais. Não seria inexato dizer que a transição do plano universal da obrigação para o plano histórico da aplicação equivale a recorrer aos recursos da ética do bem viver para, se não resolver, pelo menos mitigar as aporias provocadas pelas exigências desmedidas de uma teoria da justiça ou de uma teoria da discussão que conte apenas com o formalismo dos princípios e com o rigor do procedimento.

Epílogo

Depoimento como testemunha: o desgoverno

Em 19 de fevereiro de 1999, Paul Ricoeur foi chamado a depor como testemunha perante a Corte de Justiça da República Francesa no caso do sangue contaminado. Seu depoimento foi solicitado por Georgina Dufoix, ex-ministra dos Assuntos Sociais e da Solidariedade Nacional, processada por "homicídio culposo e atentado culposo contra a integridade física da pessoa das vítimas". O depoimento que leremos respondia à pergunta de Cahen, defensor de Georgina Dufoix:

> O senhor ouviu há alguns anos a expressão utilizada pela Sra. Dufoix: "Responsável, mas não culpada." Gostaria que, como filósofo, nos desse seu parecer sobre essa expressão, sua atualidade e sua verdade.[1]

"Mm. Sr. Juiz, sou testemunha, não sou político, perito nem jurista, mas, digamos, um cidadão que reflete e se interessa pelos procedimentos de tomada de decisão em situações incertas.

Interessei-me por essa problemática em termos de juízos formulados nos campos médico, judiciário, histórico e político. Portanto é nessa qualidade que direi como recebo e interpreto a frase

---

1. A transcrição por estenotipia eletrônica sem correção ortográfica nem sintática, feita pelo estenotipista S. Bardot, foi publicada por *Le Monde des Débats* em novembro de 1999 com alguns cortes; esse texto foi aqui completado por mim.

'responsável, mas não culpada', maliciosamente voltada contra a Sra. Georgina Dufoix, como se essa frase a exonerasse não só de culpa, mas também de responsabilidade. Eu a compreendo assim: estou pronta para responder por meus atos, mas não reconheço falta que incida sob qualificação penal. *Então gostaria de conferir toda a sua força a essa afirmação de responsabilidade.*
Proponho uma definição operacional de responsabilidade. Vejo três componentes que enunciarei na primeira pessoa do singular para marcar bem que elas comprometem aquele que os pronuncia.
1. 'Considero-me responsável por meus atos.'
Meus atos são cometidos por mim e eu sou o seu autor verdadeiro. Eles podem ser lançados à minha conta, assumo esse lançamento em minha conta, e meus atos me são imputáveis. É a raiz comum desses dois grandes ramos que vou considerar depois: o ramo político e o ramo penal da responsabilidade.
2. 'Estou pronto(a) a prestar contas perante uma instância competente para pedir-me contas.'
À relação reflexiva de auto-imputação soma-se a relação com um outro que me pede contas e perante quem estou pronto(a) a prestar contas.
3. 'Estou encarregado(a) do bom funcionamento de uma instituição, privada ou pública.'
Esse terceiro componente passa para o primeiro plano quando a responsabilidade é de pessoas investidas por mandato numa posição de autoridade e poder, especialmente político. Sou então responsável pela ação de meus subordinados. Respondo por eles por seus atos perante a instância que me peça contas. Às duas formas de certa maneira horizontais de responsabilidade soma-se uma responsabilidade vertical, hierárquica.
O que ocorre com esses tipos de responsabilidade no presente processo?
Não me demorarei em torno do primeiro ponto: não imagino por um instante que a Sra. Dufoix nem o Sr. Fabius ou o Sr. Hervé pretendam subtrair-se à responsabilidade-imputação. No entanto, isso não é tão óbvio. Assistimos a uma grave deriva do direito privado e público, tendente a substituir a falta pelo risco, falta

EPÍLOGO

que pode ser de caráter técnico, profissional etc., sem ser delituosa ou criminosa. Favorecendo essa deriva, a socialização do risco ameaça dar lugar apenas à noção de seguro que, eu diria, é a mais desresponsabilizante de todas. Mas não é apenas a evolução do direito que pode obliterar a primeira responsabilidade. Foi também todo o clima de campanha de imprensa que impeliu a opinião para os dois extremos, a demonização e a invocação da fatalidade. Eu diria que a responsabilidade-imputação se mantém em igual distância desses dois extremos, de um lado a suspeita da vontade de prejudicar, do outro, o desaparecimento de qualquer espécie de responsabilidade. Prefiro me deter na responsabilidade-perante. É ela que está em jogo na polêmica que freqüentemente desempenhou o papel mais importante entre juristas, jornalistas e políticos, acerca da oposição entre responsabilidade política e responsabilidade penal.

O que se torna patente de início nessa oposição é a diferença das condenações: do lado político, nos casos extremos, é a destituição, tipo de morte política, o equivalente à pena de morte em política. Do lado penal, a privação de liberdade, a vergonha.

Mas é preciso remontar à origem dos dois procedimentos, a saber, o fato de o penal ser desencadeado pela queixa, ou seja, pela dor e pela morte. O risco que há no 'tudo penal' é que o âmbito político, submetido a uma espécie de intimidação, se entregue a um processo galopante de vitimação. Isso decorre do fato de que, em política, o que põe o processo em movimento, a saber, a disfunção na tomada de decisão em grupo – e vou insistir nessa lacuna inicial –, é muito mais difícil de definir do que o ponto de partida da queixa: encontramos nessas disfunções todas as variedades de erro, de decisão culposa e não dolosa ou criminosa.

Corolário dessa dualidade: no âmbito penal, a falta é individual, portanto a qualificação deve ser precisa e preliminar, assim como a escala dos delitos e das penas. No âmbito político, é muito mais difícil determinar o campo de aplicação daquilo que, se me permitirem, chamarei de fatos de desgoverno, que, em vez de serem previamente definidos, são o próprio alvo da investigação no processo que consiste em prestar contas.

Trago aqui uma grande perplexidade. Ela diz respeito à instância perante a qual se prestam contas. No âmbito penal, está claro: é o tribunal, com seu procedimento penal preciso, seus juízes e esta grande cerimônia de linguagem que é a ação penal. Mas o que dizer do âmbito político? Uma única resposta parece disponível na democracia eletiva e representativa: o Parlamento, suas comissões de inquérito, ou mesmo outras instâncias que emanem do Parlamento, talvez por inventar. Essa será minha sugestão final.

Aqui está o cerne da minha perplexidade: por que esta ação penal? E, antes, por que foi preciso um escândalo que só estourou em 1991? Por que disso se encarregaram a mídia e a imprensa, e não o Parlamento? Não terá havido inação inicial da instância capaz de instaurar, conduzir e concluir uma investigação política?

Interrogo-me sobre aquilo que poderia ter sido uma inação não isolada, mas sim constitutiva de um mal institucional francês. Portanto, minha interpretação aqui é política e da alçada da filosofia política. De fato, ao contrário dos anglo-saxões, não incluímos na origem do fenômeno político o debate contraditório, extraído de um dissensus primordial entre os poderes. Escolhemos Rousseau contra Montesquieu, Rousseau e a vontade geral indivisível, conforme demonstra a herança do jacobinismo revolucionário e do regalismo do Antigo Regime sempre renascente.

Daí o gosto pelas decisões discricionárias, a pequena atenção dada aos conflitos de interesses, aos duplos empregos, ao acúmulo de mandatos, às zonas de influência, aos feudos fechados, de cima para baixo, até a arrogância de chefões e chefetes. Quando digo isso, me incluo, pois acredito que faz parte da cultura política deste país não ter senso de debate contraditório como base de toda relação política; donde, mais uma vez, o silêncio institucional de 1985 a 1991; donde o escândalo em vez do debate; donde o tratamento pela imprensa no vazio da defrontação política; donde, enfim – chego ao que quero –, o tratamento penal, na falta de tratamento político de toda e qualquer disfunção política eventual e, pior, o medo justificado da opinião pública, o medo de que, não se punindo, se esteja escondendo e encobrindo.

EPÍLOGO

Mas o preço que se paga por isso é deixar o sistema de desgoverno instituído sem remédio e sem correção.

Donde também – permitam-me dizer em voz mais baixa – o mal-estar que causa a leitura paralela do libelo do promotor e da avocação da comissão de instrução, em que o primeiro leva mais em conta a dimensão da responsabilidade política, e a segunda leva a criminalização do político a tal ponto que só reconhece a responsabilidade pessoal e trata o exercício da responsabilidade no terceiro sentido da palavra – a dos feitos de meus subordinados, se estou em posição de poder –, sob a presunção de responsabilidade penal pelos feitos alheios, única categoria disponível no âmbito penal.

Minha sugestão é que, não se tendo conferido dimensão política à investigação, temos uma dimensão penal que impede de pensar politicamente o problema. Não quero dizer em absoluto que não deva haver lugar para o penal no âmbito político, mas acredito que ele deveria ser residual e ficar no nível dos grandes interditos do nível do Decálogo (assassinato, concussão, perjúrio, espoliação etc.). Nesse nível, acredito, é válido o argumento do decano Vedel e de Olivier Duhamel, segundo o qual a regra democrática exige universalidade, portanto igualdade perante a lei penal, aplicável a todos, inclusive aos ministros.

Em compensação, o vasto domínio do erro e da falta no plano do desgoverno não é levado em consideração por essa penalização do âmbito político. Pessoalmente, eu apresentaria em termos de desgoverno aquilo que foi visto excessivamente em termos penais, de negligência, lentidão nas decisões etc. Isso significa que tudo o que é da ordem da omissão de fazer deveria ser pensado mais politicamente do que penalmente.

De modo mais fundamental, a dissensão não deve ser pensada como o mal, mas como a própria estrutura do debate. Não é menor a exigência de pensar politicamente, e não penalmente, pois, removida a obsessão pela punição, podem ser postos às claras os erros de desgoverno, as suspeitas de erros de desgoverno. A qualificação do erro ou da falta, então, deixa de constituir o dado, e passa a ser o objetivo, assim como a codificação do debate, desde que o terceiro que julga não seja dado de antemão.

Trata-se então desse vasto domínio de governo sob suspeita de desgoverno, para o exercício da responsabilidade que situei no terceiro item, nas relações hierárquicas entre autoridade e poder. As coisas ocorrem no plano da responsabilidade hierárquica. É nesse contexto que se manifestam as maiores dificuldades da tomada de decisão às quais aludi no começo, tão grande é a variedade dos campos nos quais é possível inquirir as dificuldades atinentes à relação entre juízo e ação. E é na ação governamental que essas dificuldades são levadas ao extremo.

Insisto nessas dificuldades. Não em vista de exonerar quem quer que seja do ônus da responsabilidade de fazer – a imputação –, mas em vista de ressaltar, mais ainda do que fiz até aqui, a inação das instâncias políticas perante as quais os políticos deveriam ser chamados a prestar contas. É essa inação, justamente, que abre as comportas para as disfunções que espreitam a tomada de decisão e implicam a responsabilidade hierárquica. Nesse aspecto, tudo o que contribui para a complexidade e – acredito poder dizer – a opacidade do processo de tomada de decisão nas estruturas hierárquicas do poder deve ser lançado à conta da reflexão sobre a necessidade de reforçar ou mesmo de criar as instâncias perante as quais os políticos deveriam prestar contas, explicar, justificar suas ações.

O público, na minha opinião, conhece mal os problemas ligados às relações entre os ministros e seu gabinete, o papel dos consultores políticos, dos consultores técnicos, dos especialistas que estão à testa da tecnoestrutura; no caso em pauta, todo o universo médico está implicado, pesquisadores, escritórios, administradores, clientes, finanças, rivalidades, hierarquias internas e também seus riscos. Alguns especialistas nos fizeram penetrar nos mistérios dos gabinetes ministeriais: delegações, comissões interministeriais, anexos orçamentários, circulação de informações, dependência dos ministros em relação a seus consultores proporcionalmente ao nível de tecnicidade dos problemas[2]. Quero simplesmente ressaltar o perigo de resolver retrospectivamen-

---

2. Olivier Beaud e Jean-Michel Manquer, *La Responsabité des gouvernants*, Descartes e Cie, 1999, e O. Beaud, *Le Sang contaminé*, Paris, PUF, 1999.

te, perigo não só de acreditar saber qual eram as condições de conhecimento (pois alguns conheciam), mas também de definir qual era realmente o leque de opções de fato aberto para o âmbito político naquele momento.

Um conhecimento que se tornou indubitável pode ter sido apenas uma opção entre outras no momento. Abstenho-me aqui de entrar nos fatos nos quais não sou competente. Limito-me a enfatizar a dificuldade que existe para orientar-se na pirâmide de consultores e especialistas, nas condições de decisão então existentes; está mais na minha competência insistir em dois ou três pontos com os quais terminarei.

1. Confrontação de lógicas heterogêneas entre os âmbitos político, administrativo e científico, sem esquecer a administração penitenciária para a retirada de sangue nas prisões, o âmbito técnico, o industrial etc.

2. Confrontação entre ritmos temporais discordantes, entre a urgência do perigo sanitário e o ritmo de circulação das informações, das verificações, da gestão administrativa, da realização de testes, de sua homologação. Nesse aspecto, simplifica-se demais quando se tem por antológica a proverbial lentidão da administração.

3. A discordância dos tempos talvez não seja a dificuldade mais temível. Mais dissimulada é a discordância das implicações simbólicas. Pensemos na valorização que há na França da doação gratuita de sangue, com sua aura residual de sacrifício e resgate. Pensemos também na recusa que houve durante certo tempo de distinguir os chamados grupos "de risco" por temor de discriminações quase raciais. Pensemos também na fantasia da preferência quase patriótica pelos produtos franceses, sempre que se suspeite de interesses financeiros. Mas há fidelidades simbólicas muito respeitáveis.

Todas essas observações sobre os conflitos de competência, lógica, administração do tempo e referência simbólica só me servem para aguçar a questão que me atormenta nesta nossa cultura política: que instância política é capaz de receber e, antes, pedir contas ao político?

Deixo essa pergunta aberta, sonhando, com meu amigo Antoine Garapon[3], com uma instância de debates contraditórios que tenha em vista prevenir e corrigir as disfunções decorrentes do desgoverno. Algo como um tribunal cívico aberto para a sociedade civil, que valorize os valores herdados da época do Iluminismo: publicidade contra opacidade, celeridade contra dilação, mas, talvez mais ainda, visão prospectiva contra o atolamento num passado que não quer passar. Esta Corte de Justiça da República, Mm. Srs. Juízes, não poderia ser a semente da instância que nos falta? Nesse caso, ela não seria apenas excepcional, mas inaugural e cívica, ou seja, estaria situada além da bifurcação entre os âmbitos político e penal.

Peço vênia para terminar com a lembrança das vítimas, daqueles que sofrem, pois a Justiça não pode ser isenta de paixão e, como disse no início, é sob o horizonte da morte que estamos aqui refletindo acerca das eventuais inações de nosso pensamento político, de nosso sistema político.

Por que é preciso ouvir as vítimas? Porque quando elas vêm ao tribunal, o que se ouve não é uma queixa. É já o grito de indignação: é injusto! E esse grito comporta várias reivindicações. Primeiramente, a de compreender, de ouvir um relato inteligível e aceitável do que ocorreu. Em segundo lugar, as vítimas pedem uma qualificação dos atos que possibilite instaurar a justa distância entre todos os protagonistas. E talvez também caiba ouvir, no reconhecimento de seu sofrimento, um pedido de desculpas que quem sofre espera dos políticos. Só em último lugar vem o pedido de indenização.

Mas, acima de tudo, a sabedoria para todos consiste em lembrar que, em nossas investigações, haverá sempre algo de inextricável na tomada de decisão em grupo e, na desgraça, sempre haverá algo irreparável."

---

3. Antoine Garapon,"Pour une responsabilité civique", *Esprit*, março-abril de 1999, pp. 237-49.

IMPRESSÃO E ACABAMENTO:
YANGRAF Fone/Fax:
2095.77.22
e-mail:yangraf.comercial@terra.com.br